巣内尚子

# 奴隷労働

## ベトナム人技能実習生の実態

花伝社

奴隷労働――ベトナム人技能実習生の実態◆目次

# まえがき

「技能実習生の就労状況は問題が多いと聞いています。日本への移住労働には多額の渡航前費用がかかり、ベトナム人にとって大きな負担になっているでしょう」

それは２０１０年の夏、ハノイ市の新興開発地区にある非営利組織「ＩＳＤＳ（Institute for Social Development Studies）」のオフィスでベトナムの女性研究者、クアット・トゥ・ホン先生と話をしたときのことだった。

ベトナム出身のホン先生は、ロシアで学位を取ったジェンダー研究者で、ＩＳＤＳの創設者でもある。英語も堪能で内外の研究者と様々な研究プロジェクトを行っている人物だ。ベトナムの一定世代の知識人はロシア語を学び、旧ソ連圏に留学する人もいた。ホン先生もそうした世代の知識人の一人だ。当時ハノイ市内に住んでいた私は、ベトナムの英字紙でホン先生が取り上げられている記事を読み、先生が国境を越える人の移動とジェンダーに関する研究をしていることを知った。そしてホン先生が所属するＩＳＤＳに連絡を取り、面会の機会を得たのだった。

あの時、ベトナムにやってきたばかりだった私には調べずにいられないことがあった。移民、移住者にかかわる問題は２０００年代半ばから私の頭を離れず、ホン先生に会いに行ったとき、この問題を探るきっかけがつかめればと思っていた。それは、ベトナムに来る前にいくつかの国で出会った人たちとの交流の中で、国境を越えて移動する人たちの存在を強く印象付けられ、人間が国境を越えて移動することとはいったいどんな経験なのかを理解したいという思いを持つようになったからだった。

## ベトナムで手にした調査報告書

ベトナムへは2010年に初めて訪れ、後に日本とベトナムを往復しつつ合計3年余りを過ごした。ハノイ市で暮らしはじめてすぐ、地元の英字紙で移住労働に関する記事を見つけ、ベトナムからも海外に働きに行く人がいることを知った。さらに生活するうち、ベトナムからは政府の送り出し政策や移住産業の広がりを受け、他国への移住労働が拡大していることも分かった。それ以前に、インドネシアやフィリピンの移住労働者をめぐる課題を知っていたことから、ベトナム人が海外で安全に就労できているのだろうかと、気になっていた。

そんなときに、ベトナムの英字紙で見つけたのがホン先生の記事だった。突然の連絡にもかかわらず、ホン先生は面会の機会をくださり、移住労働やジェンダーに関連するベトナムの状況を教えてくれたのだった。あの日、ホン先生は私に1冊の調査報告書を渡してくれた。

その報告書「International Labour Migration From Vietnam to Asian countries : Process, Experiences and Impact（ベトナムからアジア諸国への国際移住労働――そのプロセスと経験、インパクト）」は、ISDSとカナダのウェスタンオンタリオ大学の共同研究をまとめたものだ。この報告書は、ベトナムにとって主要な移住労働先となっている日本、台湾、韓国、マレーシアへのベトナム人の移住労働に関する大規模な調査をもとに、ベトナムからの国際移住労働についてそのプロセスや移住労働者の経験、移住労働者へのインパクトについて分析している。調査では具体的に、日本、台湾、韓国、マレーシアへの移住労働を経験した1265人（うち男性が6割、女性が4割）を対象に、移住労働の動機、仲介会社に支払った手数料などの移住労働

若いベトナム人男性

にかかったコスト、移住労働先での労働条件、移住労働先からの仕送り、世帯経済への移住労働の影響などについて質問をしている。

報告書で特筆されるのが、ベトナムからの移住労働においては営利目的の仲介会社に対して高額の「渡航前費用」を支払った上で、仲介会社経由で各国へ短期滞在の期限付きの移住労働者として働きに行くシステムが構築されていることだった。ベトナムから他国に移住労働に行く場合、労働者は直接に雇用主と接触するのではなく、間に仲介会社が入り、その仲介会社が労働者と雇用主のマッチングを担当する。そして、仲介会社が労働者に対し海外の雇用主の情報を提供し、雇用主に対しては労働者の学歴や職歴などのプロフィールを提示する。海外に出る前の段階で、労働者と雇用主とのマッチングを行い、必要に応じてベトナム国内で労働者の面接が行われ、労働者はあらかじめ雇用主が決まった段階で、海外に働きに行くことになるのだ。

中でも、私の目を引いたのが、ベトナムから各国への移住労働にあたり、労働者がベトナム側の仲介会社に支払う「渡航前費用」の金額の大きさだった。この金額は移住労働先の国により異なり、2006年から2008年までの3年間の渡航前費用の平均額は韓国が6534米ドル、台湾が4420米ドル、マレーシアが1519米ドルとなっている。さらに、日本は1万1899米ドルもした。これを円換算すると、2006年の為替レートで約140万円にもなる。

最も安いマレーシアの金額でさえ、経済的な必要性から移住労働を希望するベトナムの人たちにとって大変な金額だ。なによりも日本に働きに行くための費用はあまりにも高い。

同時に、ベトナムからの主要な移住労働先となっている台湾、日本、韓国では移住労働の期間はあらかじめ決められており、契約の期日が来れば、ベトナムに戻ることが義務付けられている。国によっては一度受け入れた労働者に対し、要件を満たせば永住権の申請を認めるケースもあるが、ベトナム人が台湾、日本、韓国で働く場合、制度的にあらかじめ決められた期間だけの短期移住労働しか認められない。家族の帯同や呼び寄せもできない。ベトナム人移住労働者は出身地の収入ではとても払えきれないほどの多額の渡航前費用を支払うことを求められる半面、必ず帰国しなくてはならない。

## 多額の現金を工面してでも外国に

なぜ、これだけの大金を払い移住労働に出なくてはならないのか。そして、権利を制限された働き方をしなければならないのか——。そんな疑問が頭を離れなかった。さらに、これだけの渡航前費用を払うためにベトナム人移住労働者が借金をすることも当然考えられ、借金漬けの労働者であることで、就労先の国で雇用主に対して発言力が弱まるのではないかと懸念した。

海外で働こうという移住労働者を、自分の人生を切り開こうとする主体的な存在としてとらえることもできる。海外に行くことで、経済的なエンパワーメント（自立）を果たすなど、チャンスが広がることもある。

だが、インドネシアやフィリピン出身の移住労働者に対する搾取や虐待について見聞きし、さらにベトナムにおける高額の渡航前費用の存在を知った私は、ベトナムの人たちがどのような就労実態にあるのか、気になって仕方なかった。

その後私は、ベトナムで暮らす中でも技能実習生に関する課題を見聞きするようになる。聞こえてきたのは、ホン先生からもらった報告書にある通りの割高な渡航前費用や、就労先での低賃金の問題に加え、ベトナムの仲介会社による積極的な日本への送り出しビジネスの展開だった。

その一方で、ベトナムの若者からは「日本に行きたい。日本で働きたい」という話をよく聞いた。日本の技能実習制度をめぐってはかねて技能実習生への人権侵害や搾取が指摘されている。そして繰り返しになるが、渡航に必要な費用は高額だ。にもかかわらず、そうした技能実習制度における課題を十分に知らないままにベトナムの若い人たちが漠然と日本へのあこがれを持っていることが気がかりだった。いったいベトナム人技能実習生はどのような動機や経緯で日本行きを決め、どのように日本で働き、暮らしているのか。そんなことが頭を離れなかった。

それからしばらく経った２０１４年４月、私は大学院の修士課程で学び始めた。30歳をすぎ、保育園に通う子どもを抱え、仕事をしながら大学院に入った。無謀だったかもしれないが、滞在したフランス、インドネシア、フィリピン、ベトナムでの経験から得た移民、移住者への関心と、ベトナム人移住労働者の置かれた状況に対する懸念、そして移住労働をめぐる課題を知った者が何もしないのはおかしいという思いが、澱《おり》のように蓄積され、ベトナムの人たちの移住労働について調べ、研究することを諦めるわけはいかなかった。

２０１４年9月に私は、移住労働経験を持つベトナムの人たちへの聞き取りを開始した。中でも15年から16年の1年間はハノイにあるベトナム社会科学院傘下の家族・ジェンダー研究所（ＩＦＧＳ）に滞在し、普段はハノイで暮らし、定期的にベトナム北部のハイズオン省に1週間程度の泊まり込みでの調査に出た。ハイズオン省ではＩＦＧＳの協力を得てスノーボール方式で調査対象者を探し、インタビューを行った。

２０１６年春に帰国した後は東京、神奈川、名古屋、福島、岐阜、静岡、佐賀などで、技能実習生を支援している労働組合や個人の支援者の方たちなどを対象に聞き取りをしたほか、各地の技能実習生にも話を聞く機会を得た。16年夏にはベトナムと台湾で短期間の現地調査を実施した。

修士課程を終えた後、２０１７年9月からはカナダのケベック州にある大学の博士課程で移民研究を続け、２０１８年の夏にベトナムのハノイ市とハイズオン省で日本、台湾、韓国での就労経験を持つ人たちにインタビューを行っている。日本でも東京、福島で支援者や技能実習生に聞き取りを行った。この夏の調査は特に、雇用先から逃げた／出た経験を持つ人たちへの聞き取りが中心で、逃げるまでの動機形成や逃げるためのルート、その後の就労と生活の実態について聞いた。これまでの調査対象者は、ベトナム人１３９人（うち技能実習生は59人、ほかは台湾での家事労働・工場労働の経験者と韓国での就労経験者）とカンボジア人3人の合計１４２人となっている。

本書の内容は、私が続けてきた一連の聞き取りの中で知り得た技能実習生の事例の一部を取り上げたものだ。送り出し地での高額の渡航前費用を借金して払うあり方や、日本の受け入れ企業での人権侵害をはじめ技能実習生をめぐる問題が現在進行形で起きていることから、より多くの方たちに技能実習生の現状を知ってほしいと思い、本書では課題を分析するよりも、技能実習生一人ひとりの物語をルポの形で具体的に記述することに努めた。今この日本という国で起きている問題について、読者に知ってほしいと願っている。

# 1章　実態を調査したベトナム留学生

## 1　差別と搾取の技能実習制度

### 30万人近くの技能実習生が日本の産業を支えている

「現代の奴隷」という言葉で呼ばれることさえある外国人技能実習生。技能実習生とは、日本の「外国人技能実習制度」のもとで、「技能実習」という在留資格を得て来日した外国人労働者のことだ。

日本政府の正式な制度での受け入れにもかかわらず、以前から、技能実習生が低賃金で就労していることに加え、人権侵害やハラスメントへのリスクにさらされるなど、数々の課題が指摘されてきた。しかし、それでも技能実習生は増え続けている。

法務省の２０１８年9月19日付発表によると[1]、２０１８年6月末時点の在留外国人数は計２６３万７２５１人（前年比２・９％増）に上った。在留資格別では、「技能実習」の在留資格で日本に滞在する外国人は前年比４・２％増の計28万５７７６人となっている。さらに全体に占める割合は10・８％となっている。日本全国で働く技能実習生は28万人を超え、30万人に届く勢いだ。在留外国人に占める割合は１割を超えている。外国人技能実習制度のもとで来日した技能実習生は日本全国で働いており、その就労先企業の業種も製造業、農業、水産業、建設業など多様だ（巻末に収録した厚生労働省の資料「技能実習制度移行対象職種・作業一覧」[2]を参照、本書２７０〜２７１ページ）。

厚生労働省の資料「技能実習制度移行対象職種・作業一覧」によると、技能実習生が日本で働くことのできる「移行対象職種」は、２０１８年12月28日時点で80職種１４４作業にも上る。これには農業、漁業、建設、食品製造、繊維・衣服、機械・金属、その他（家具製作、印刷、製本、プラスチック成形、塗装、溶接、工業包装、紙器・段ボール箱製造、陶磁器工業製品製造、自動車整備、ビルクリーニング、介護、リネンサプライ）などがある。各職種の中にも多様な作業がある。例えば、農業は施設園芸から畑作・野菜、果樹、養豚、養鶏、酪農まで幅広い。

建設に至っては、22職種33作業にもわたり、その職種には建築大工、型枠施工、鉄筋施工に加え、とびや左官、配管、内装仕上げ施工などもある。２０２０年の東京オリンピックと、震災後の復興需要で建設労働者の需要が高まる中、建設部門でも技能実習生の受け入れが進んでいる。

さらに２０１７年11月の制度改正で、職種の中に「介護」が加わった。日本では介護部門の人手不足がかねて問題視されてきたが、「介護」が技能実習生の職種として追加されたことは関心を集めている。

他方、見方を変えれば、技能実習制度の職種の拡充を見ていくと、日本政府が建て前として掲げる「途上国への技能移転」「国際貢献」にどの程度の関連があるのかという疑問が浮かび上がる。むしろ日本の産業界の要請に応えた結果、受け入れ職種が拡大・多様化しているのではないだろうか。

日本では留学生がすでに多様な部門で就労している。私が聞き取りをした日本留学経験を持つベトナム人や留学中のベトナム人学生の中には、宅急便の仕分け業務に就いていた人に加え、野菜の加工施設や介護施設で働いた経験を持つ人がいた。日本人の配偶者や日系人もまた、各地の様々な産業部門で働いている。国会などでは「外国人労働者を受け入れるか否か」あるいは「移民の受け入れの是非」が議論されてきたが、実際には既に多数の外国人が日本各地に暮らし、それぞれの地域で働き、各地の産業部門を支えている。

２０１８年６月時点で都道府県別で在留外国人の数が最も多いのは、東京都で55万５０５３人、これに愛知県（25万１８２３人）、大阪府（23万３７１３人）、神奈川県（21万１９１３人）、埼玉県（17万３８８７人）が続いた。ただし、在留外国人を在留資格別に見ると、東京都の技能実習生の数は７９４７人と、愛知県の２万９９１９人、大阪府の１万１０３９人、神奈川県の９１４２人、千葉県の１万３８３７人、兵庫県の９２５７人、静岡県の１万９０４人、福岡県の９８１８人、茨城県の１万３５７１人などよりも少ない（法務省の２０１８年９月19日付発表）。[3]

在留外国人数が最多の東京は留学生数が10万人を超える一方で、技能実習生の数はほかの都道府県よりも少ない。技能実習生はより広範に日本各地で就労していると考えられ、中小・零細企業での受け入れが多いとみられる。

## ベトナム「労働力輸出」政策と合致した「技能実習制度」

近年、技能実習生の多くを占めてきた中国出身者は最近では減少傾向にあり、これをベトナム人技能実習生が補っている格好だ。様々な問題がある中で、それでも技能実習生として日本で働くベトナム人は増えている。日本の法務省が２０１８年９月19日付で発表した資料「国籍・地域別在留外国人数の推移」[4]によると、日本に暮らすベトナム人の数は２０１８年６月時点で前年同期比11・１％増の29万１４９４人となり、国籍・地域別で中国、韓国に続く第３位に付けた。以前はフィリピンが３位だったが、近年、ベトナム人が増加し、フィリピン人を追い抜いている。約10年前と比較すると、ベトナム人は２００８年末の４万５２４人から約７・２倍に拡大している。

なぜそれほど多くのベトナム人が日本にやってくるのか。背景にあるのは、国境を越える移住労働を促すシステムそのものだ。

ベトナムでは、政府がかねてから「労働力輸出（Xuất khẩu lao động）」政策を掲げ、労働者の送り出し人数の目標値を設定しているほか、政府が送り出しを担う仲介会社に事業免許を付与するといった仕組みができている。言うまでもなく、労働者は人間であり、輸出産品ではない。けれど、ベトナムでは「労働力輸出」という言葉が躊躇《ちゅうちょ》なく国営メディアで使われ浸透している。

日本の技能実習制度では、実質的に労働者であるはずのアジア諸国出身の人たちを「技能実習生」、受け入れ企業を「実習実施機関」、日本側で技能実習生と企業をつなぐ組織を「監理団体」と呼ぶなど、ある種、独特の言葉の使い方がなされている。

日本側で、技能実習生の送り出しを現地で担う組織は「送り出し機関」と呼ばれる。だが、ベトナムでは「送り出し機関」というのは、そもそも営利目的でビジネス展開する「仲介会社」であり、登記上も会社組織であることが多いとみられている。技能実習生に話を聞くと、「送り出し機関」を「会社（Công ty）」と呼んでいることが分かる。仲介会社はベトナム社会では、時に「労働輸出会社（Công ty xuất khẩu lao động）」とも言われており、あくまでも営利目的のビジネスを行う会社組織なのだ。

ベトナムはかつて旧社会主義圏に労働者を送り出していたが、近年では主に台湾、日本、韓国への労働者の送り出しを進めている。この中で、仲介会社が相手国の企業とベトナム人労働者とのマッチングを促すといった送り出し実務を行い、その一方では労働者から手数料を徴収するという、いわば「仲介会社」を核とする移住産業が構築されている。

日本側では、監理団体が事業を進めている上に、技能実習生が2年目の2号に移行する際の試験が産業化していることも指摘されるなど、技能実習制度に関連する事業者の動きが広がっている。

つまり日本とベトナムの間では、ベトナム人の移住労働を促す各ステークホルダー（利害関係者）が活動を広げ、結果的に国境を越える移住産業の拡大を後押ししているのだ。その結果、アジア諸国出身の外国人であれば、低賃金で、転職もできない状態で雇用し、期限が終われば帰ってもらえばいいとする〈もう一つの日本〉と言うべき労働市場の存在が常態化している。こうした状況下で、自身の権利が侵害される外国人労働者が繰り返し生み出されている。

## 2「憧れの日本」――送り出し地の実習生ビジネス

### 「ベトナム人技能実習生に対する調査は自分の使命」

そんな技能実習生を調査し大学の卒業論文を書き上げたベトナム人の男性留学生がいる。彼はなぜ、技能実習生を調査したのか。ベトナム人留学生が技能実習生を調査するに至った背景を掘り下げたい。

ベトナム人技能実習生のことを調査するのは自分の使命だと思った――。

ハノイ市郊外出身のグエン・ヒュー・クイーさん（27）は、こう切り出した。

それは2016年1月、ハノイ市の中心部にあるホアンキエム湖の近くのカフェでのことだった。クイーさんは京都の龍谷大学国際文化学部の学士課程に正規入学した後、4年の課程を終えて、2015年9月に卒業したという。卒業論文のテーマに選んだのが、日本の「外国人技能実習制度」により日本で働くベトナム人技能実習生の就労状況だった。

はきはきと話し、にこやかな表情を見せてくれるクイーさん。ときおり関西弁も出てくる流ちょうな日本語で自身について話してくれる。その日本語能力の高さと日本に関する知識の深さから、クイーさんが日本で必死に勉強をしてきたことがうかがえる。同時に、彼の話からは、彼自身が社会に関して批判的な視点を持っていることをひしひしと感じさせる。

「どうして技能実習生を卒業論文のテーマにしたのですか」

こう尋ねると、それまでにこやかだった彼の表情はすっと引き締まった。

彼はこちらをじっと見据えながら、「自分は技能実習生でした。自分が経験したことだから、これを研究して実態を明らかにしたいと、龍谷大学に入る前から決めていました。実習生の調査は自分の使命でした」と、言い切った。

## 「日本の製造業の高い技術を学びたい」という強い希望

クイーさんは1988年にハノイ市近郊のハタイ省（現在はハノイ市に吸収合併）に生まれた。ベトナムでは、長きにわたった戦争の後、1975年のサイゴン陥落、翌76年の南北統一を経て現在のベトナム社会主義共和国となった。

一方、「戦後」のベトナムはカンボジア、中国との武力衝突を経験するとともに、国際的に孤立する。旧ソ連をはじめとする東側諸国との外交関係をよりどころにしつつも、西側諸国との貿易や投資関係は進展せず、国内経済は困難に陥った。その後、1986年のベトナム共産党の第6回党大会で、市場経済の導入と対外開放を柱とする「ドイモイ（刷新）」政策が採択され、社会・経済体制の転換へと舵が切られた。現在に続く経済成長時代を迎えるのは、それ以降となる。

クイーさんが生まれたのは、「戦後」ベトナムの大規模な社会変革の最中だった。クイーさんの父親は技術者。母親は、以前は農業をしていたが、現在は主婦として家にいる。兄は医師だ。

こうしたクイーさんが技能実習生としての来日を決めたのは、高校卒業後に入学した専門学校時代の2007年のことだった。

ベトナムでは、短期大学や大学の卒業生の就職難が問題となっている。学歴を積んでもなかなか良い仕事に就くことのできない若者が少なくない。また、以前から「起業したい」という希望があったことから、クイーさんは高校卒業後に大学には行かず専門学校に入学し、旋盤などの技術を勉強していた。

そんなある日、在籍していた専門学校が日本への技能実習生の送り出しを手掛ける「送り出し機関」と提携し、技能実習生として渡日する学生の募集を開始した。情報を得たクイーさんは、「日本の製造業の高い技術を学びたい」と、技能実習生の募集に応募した。そして、面接やペーパー試験などの学内選考を通過した後、受け入れ企業の面接にも合格し、技能実習生として日本にわたることになった。専門学校で金属加工を学んだ彼にとって、金属加工をはじめとする製造業部門の高い技術を有する日本は、技術や知識を伸ばすことのできる大きな可能性を秘めた場所に思えたのだ。

クイーさんは、「自分の学んだ分野で技能実習生の募集があったので、応募しました。技術が生かせない仕事だったとしたら、技能実習生に応募しなかったでしょう」と話す。

彼は金属加工の専門性を高めるため、日本の技術に大きな希望を抱いた。日本の技術を学ぶことが、自分の夢を叶え、人生を豊かにすることだと思えたのだ。両親も彼が技術を学ぶために渡日することに賛成し、笑顔で送り出してくれることになった。

## 喧伝される「憧れの日本」

「日本の技術」への技能実習生の期待は大きい。

技能実習制度を推進する国際研修協力機構（ＪＩＴＣＯ）はホームページで、「この制度は、技能実習生へ技能等の移転を図り、その国の経済発展を担う人材育成を目的としたもので、我が国の国際協力・国際貢献の重要な一翼を担って」いるとする（https://www.jitco.or.jp/ja/regulation/old.html）。

一方、現行の技能実習制度の下で、実際には多くの技能実習生が単純労働部門で働くとともに、人権侵害にさらされる事例もあるなど、これまでに技能実習制度の「技術移転」「国際協力」という建前が有名無実化しているケースが多々指摘されてきた。

だが、ベトナムでは今も技能実習生として日本にわたる若者たちの中には、本国よりも高い収入を得るという経済的な利益だけでなく、「日本の技術」「日本の働き方」を身につけることへの期待に胸を膨らませている人も少なくない。ベトナムでは、日本の対ベトナム政府開発援助（ＯＤＡ）や日本企業の対ベトナム投資の規模が大きい上、日本製品が普及しており、日本はハイテク技術を有する「経済大国」として、とらえられているからだ。

そして、こうした「日本の高い技術」への期待を増幅させるのが、「実習生ビジネス」を担う「送り出し機関」だ。ベトナムでは政府の認可を得た仲介会社だけが技能実習生を送り出すことができるが、こうした仲介会社は技能実習生の候補者を集める際に「日本の技術」「日本の働き方」という文言を打ち出し、若者たちを日本での技能実習へと引き付けようとしている。

一方、送り出し地ベトナムで展開されている「実習生ビジネス」において、技能実習生は搾取にさらされている。技能実習制度においては、日本という受け入れ先国で技能実習生が搾取されるだけではなく、送り出し地においても搾取の構造が構築されていると言えるだろう。

## 「実習生ビジネス」の広がりと100万円の渡航前費用

ベトナム人が技能実習生として来日することは、そうたやすいことではない。

クイーさんは、当時在籍していた専門学校の学内でのペーパー試験などの選考に加え、受け入れ企業との面接にも合格する必要があった。

さらに、なによりも大きなことは、日本にわたる前に、仲介会社に対して高額の渡航前費用を支払うことが求められたことだ。クイーさんは来日にあたり、60万円程度を仲介会社に「保証金」として預けることが要求された。銀行口座をつくり、そこに60万円程度の預金をしてから、その口座の通帳を仲介会社に預けたという。

この「保証金」は契約期間を満了すれば手元に戻ってくるもので、契約に違反すれば没収されるという預け金だ。この「保証金」を取り戻そうとすれば、何か起こっても、途中で技能実習生としての就労をやめることができなくなる。

クイーさんはさらに、渡航前訓練センターで学ぶ日本語の授業料、ビザ（査証）やパスポートの手数料、航空券、各種の必要書類の手数料として、40万円以上を仲介会社に支払った。つまりクイーさんは来日前に、まだ何も稼ぎを得ていない段階で、日本へ技能実習生としてわたるため渡航前費用として計100万円程度を支払ったことになる。100万円という金額は非常に大きなもので、ベトナムの人々にとって簡単に支払うことができないものだと分かるだろう。もちろん日本の水準から見ても、100万円は高額だ。

しかも、「仕事をする」という目的を持った人、つまりお金を稼ぐ必要のある人が、これだけの金額を支払うのだ。

ベトナムでは、技能実習生として日本にわたる場合、ベトナム労働・傷病軍人・社会省（ＭＯＬＩＳＡ）の認可を受けた仲介会社を通じて手続きを行うことが必要になる。技能実習生にとって仲介会社の利用は必須であるため、仲介会社はその事業活動を活発化させている。そして仲介会社が設定する高額な手数料や保証金を支払うことが一般化している。

私がベトナムで、日本や台湾など海外への移住労働の経験者に、「なぜ仲介会社を使うのですか」と尋ねた際、「仲介会社を利用しなければ、海外に行けない」と答えた人もいた。

ベトナムでは、技能実習生としての日本をはじめとする海外への送り出しは、もはや仲介会社が重要な役割を担う「実習生ビジネス」になっているのだ。

## 借金によって工面する渡航前費用、奪われる自由

技能実習生の多くはクイーさんのように渡航前費用として、渡航前訓練センターの授業料、ビザ、パスポート、各種手続きの手数料、航空券などの費用を仲介会社へ支払う。渡航前費用は人によって異なるが、日本への技能実習生としての渡航の場合、１００〜１５０万円という高額になるケースも少なくない。

さらに、渡航費用だけ徴収して、実際には海外に送り出さない仲介会社や、仲介会社を紹介するとして手数料をだましとる仲介者もおり、こうした詐欺行為によって大金を失う人も出ている。

また、クイーさんの事例のように「保証金」が渡航前費用に含まれるケースもある。「保証金」は契約を満了して帰国すれば返金されるが、契約を満了しなかった場合、返金されない。

技能実習生として来日するベトナム人は、そもそもお金を稼ぐという目的と必要性に迫られた人たちであ

り、こうした大金を手元に持っていないケースがほとんどだ。そのため、ベトナム人技能実習生の大半が借金をして、渡航前費用を工面している状況がある。私が移住労働経験者に話を聞いた中では、渡航前費用のほぼ全額を借り入れたというケースも少なくなかった。

つまり、技能実習生の多くは、ベトナムで普通に働くだけではとうてい稼ぐことが不可能な莫大な額の借金を背負った形で来日し、働くことになるのだ。

## 3　搾取にさらされた労働と技能習得の「不可能性」

### 打ち砕かれる技術習得への希望——技能実習制度を知らない受け入れ企業の現実

クイーさんは借金により工面した１００万円に上る渡航前費用を仲介会社に支払った後、来日前の日本語研修を経て、２００8年3月に来日した。日本到着後、監理団体による日本語研修を京都で受け、その後、滋賀県の実習先機関（受け入れ企業）での就労をスタートした。

しかし、ほどなくしてクイーさんは受け入れ企業で予想しなかった事態に直面する。専門学校で学んだ技術や知識を生かせると思い、期待に胸を膨らませて来日したものの、受け入れ企業の工場では、彼に金属加工の技術や専門性の高い仕事を丁寧に教えてくれることはなかったからだ。

そもそも現場で働く従業員は、技能実習制度についてよく知らない様子だったという。そして、クイーさんに与えられたのはいわゆる「雑用」で、技能習得のチャンスはなく、単純労働を毎日繰り返すほかなかった。

## 技術を教えることを拒否された技能実習生

こうした中でも、クイーさんは工場の日本人従業員の技能を目で追いながら、技術を「自分のものにしよう」と考えるなど、簡単には希望を捨てなかった。クイーさんは勤務後、毎晩のように自室で日本語の勉強をするとともに、技術関連の資料を読みこんだ。

日本の高い技術を身につけたい——。

日本の技術を身につけてからでないと、帰国できない——。

そんな思いを抱くクイーさんはある時、自分で工場の機械を動かしてみようとした。

それは現場の従業員の許可を得ないままの「勝手な」行動だった。しかし、技術を身につけたいと来日したクイーさんにとっては、なんとかして技術を学びたいという切実な願いから出たものだ。

だが、この彼の行動は現場の従業員を怒らせることになり、彼は従業員から厳しく注意を受けた。この際、クイーさんは泣きながら、「なぜ技術を教えてくれないのですか」と日本人従業員に訴えた。しかし、返された言葉は、クイーさんをさらに打ちのめすことになる。

「おまえに技術を教えても、3年間の実習が終わったら国に帰る。おまえに教えても、うちの会社のためにはならない」

日本人社員はこう言い放ったのだという。それまで技術の習得を期待してきたクイーさんは、この言葉を前にして身動きできなくなった。

彼は「日本の高い技術を身につける」という希望を抱き、学内での選考を通過した上で、高額の渡航前費用を借金してまで工面し、人生の貴重な3年間を日本で過ごそうと思いながら、来日したのだった。彼は技能実習生としての来日に、自分の人生を賭けていたのだ。

けれど、日本で技能実習生としてのクイーさんに求められていたことは、決して技術の習得ではなかった。その上、クイーさんを悩ませたのは、「思うように稼げない」という状況だった。もともとの低賃金に加え、当時はリーマンショックの時期でもあり、職場ではほとんど残業がなかったからだ。

前述のように、技能実習生の多くは高額の渡航前費用を「送り出し機関」に支払って来日している。渡航前費用は借金によって工面しているケースが多いこともあり、技能実習生の中には、「残業によってより多くの稼ぎを得たい」と考える人は少なくない。限られた賃金しか得ることのできない技能実習生にとって、残業の持つ意味は大きいのだ。

しかし、リーマンショックの影響は大きく、クイーさんの実習先企業も残業をするほどの仕事量がなかったようだ。そのため彼は技術を習得する道を阻まれただけではなく、思ったような稼ぎを得ることもできなかった。

## 手にした賃金でまず借金返済、「お金が貯まらない」

クイーさんが直面した課題は他にもあった。

彼の収入は、研修1年目には基本給9万3000円程度で、そこから税金、保険料、「家賃」2万5000円を引かれると、手取りは6万5000円だけだった。この手取りから食費などを出すと残ったのは月に3～4万円だけになる。

2年目、3年目は基本給が11万8000円ほどで、保険料、税金、「家賃」を引くと、手取りは9万5000円程度になった。そこから食費などの生活費を払うと、残るのは5万円程度である。クイーさんは、基本的に自炊し、昼食も自分たちでお弁当をつくって職場に持って行くなどして支出を切り詰めていたが、手元には思ったほどのお金が残らなかった。

クイーさんの手元に残ったお金は、まず借金返済に充てられた。もともと限られた収入。そして借金の返済。貯金は容易ではなかった。

さらに、クイーさんが支払っていた「家賃」には疑問がつきまとっていた。

クイーさんは同僚のベトナム人実習生1人と会社が用意した部屋で同居をしていた。この際、1部屋に対し「家賃」は1人2万5000円ずつ、2人で5万円を支払っていたことになる。

ただし、会社が用意した部屋は2DKと広さこそ十分にあったものの、古く老朽化した建物だった。設備は不十分で、夏はとにかく暑く、冬はとても寒かった。クイーさんは、電気代節約のために夏もクーラーは極力使わないようにしていた。少ない賃金しかないため、電気代も馬鹿にならないのだ。

また、部屋にはこたつがあったものの、途中から壊れて使用できなくなった。クイーさんたちには余計なものを買う経済的な余裕がないため、ほとんどものがないがらんとした和室で、暑さや寒さに耐えながら過ごすほかなかったのだ。

冬の寒さは特に厳しく、「外よりも部屋の中のほうが寒かった」ほどだったため、クイーさんは室内でも常にコートを着て寒さをしのいだ。あまりの寒さに耐えかね、会社に訴え、やっとのことで電気ストーブとカーペットを支給されたが、それまでずっと我慢して過ごしていた。

ベトナムでは日本はまだまだ経済大国として憧れの存在であり、技能実習生の募集に当たっては「日本の高い賃金」が喧伝されている。私もベトナムにいた際、ベトナム人から「日本では月の給料は25〜30万円が普通でしょう？」と聞かれたことがあった。こうした日本の賃金や就労に関するイメージと、技能実習生の実際の日本での賃金実態や就労状況はかけ離れているとしか言いようがない。それでも多くのベトナム人が、日本での技能実習生としての就労に自分たちの夢や希望を託そうとするのだ。

## 4　親切と搾取の間で――運次第の労働環境

### 受け入れ先企業の社長と3年間続けた「交換日記」

クイーさんはこうも語る。

「実習先は中小企業だったので、そもそも日本人社員も楽ではなかったのだと思います。技能実習生とはもちろん給料は違うけれど、日本人社員も残業をするなど、仕事で大変なことがあったと思います」

また、もともとこの企業が技能実習生を受け入れたのは、クイーさんともう一人の実習生が初めてのことで、技能実習制度についても社内ではよく知られていなかったようだ。そして、日本人社員自身が仕事に追われていたという。

日本人社員の中にはクイーさんを地域のボランティア日本語教室に連れて行ってくれるなど、親切にしてくれた人もいた。同時に、この会社の社長とクイーさんは、日本語学習のためもあり、3年にわたり日本語で日記を交換したのだという。社長はクイーさんのことを気にかけて、日本語のことだけではなく、自身の考えや仕事の哲学を日記に書いて教えてくれた。社長との日記の交換は、日本での技能習得の希望を打ち砕かれてしまったクイーさんをはげますこととなった。

クイーさんのケースは、現場での仕事では、雑用を押し付けられ技術を教えてもらえない上、低賃金で働かされる反面、親切にしてくれる人もいるというように、その状況は複雑なものだったのだ。搾取され、労働現場で希望に沿わない不当な扱いを受ける一方で、一定の親密さを有する人間関係も構築していたのだ。

技能実習生の経験者からは、クイーさんが経験したような日本企業の日本人との交流の話を聞かせてもらうことが少なくない。また、技能実習生の経験者と話していたとき、彼ら彼女らから「会社の人とまた会いたい」「会社がある町を再訪したい」という発言が出たこともあった。たしかに、海外からやってきた若者たちの面倒をみたり、親切にする人もいるだろう。

さらに、ベトナム人技能実習生の受け入れ企業の中には、実習生の働きぶりにほれこみ、ベトナムに進出して、現地法人の幹部に元実習生を充てるケースも出ている。企業の中にも、技能実習生を事業を支える重要な存在としてとらえ、関係を構築したり、現地法人の幹部に登用したりする企業もあるのだ。

## ベトナム人技能実習生の比較対象はベトナムの賃金水準や就労状況

この反面、「日本の会社の人に親切にされた」と話す技能実習生経験者に、就労状況や賃金について詳しく聞くと、実際には低賃金の搾取的な労働をさせられていた話がでてくることもある。けれど、そうした状況を、彼ら彼女らは一定程度、受け入れてもいるのだ。

なぜだろうか。

ベトナム人技能実習生にとって比較の対象になるのは、日本の賃金水準や就労状況ではなく、ベトナムの賃金水準や就労状況だからだろう。技能実習生の賃金は、日本人労働者にとっては就労を躊躇《ちゅうちょ》する金額であっても、ベトナムの水準とくらべればたしかに高い。その上、ベトナムでは労働者保護や関連法規の整備は現在でも課題となっている。技能実習生としての日本での就労は、場合によっては「自国よりはよいし、まし」としてとらえられることもある。

何よりも、経済発展の最中にあるベトナムからの技能実習生にとって、お金を稼ぎ、家族に送金することは、家族の暮らしを支えるという重要な意味を持つ。家族のため、自分の人生のために、様々なことを我慢してでも、日本での就労を乗り切り、ベトナムよりも高い賃金をできるだけ多く持ち帰りたいと思うだろう。だが「自国よりはよいし、まし」という技能実習生としての就労を、技能実習生本人が許容したとしても、それを日本社会の側が許容してもいいのだろうか。

技能実習制度では、たしかに場合によっては「人と人との交流」が生まれる可能性があり、受け入れ企業やそこで働く日本人と技能実習生との間で「個人的な関係」が構築されることもあるだろう。

しかし、受け入れ企業と技能実習生とが常に良好な関係を構築するとは言えない。技能実習制度をめぐっては、賃金水準の低さや差別的な待遇、長時間労働、賃金の未払いなど数々の課題が既に起きている。私が聞き取りをした元技能実習生の中にも、就労先企業の日本人に暴力やセクハラを受けた人もいた。

重要な問題は、技能実習生がどのような受け入れ企業で就労するのかは、「偶然」に左右されることが少なくないということだ。さらに、技能実習生は受け入れ企業との間で課題があっても、別の企業に転職することができない。そのため技能実習生が日本で搾取的な処遇に直面するのか、あるいはきちんと処遇してくれる受け入れ企業で働けるのかどうかは、「運まかせ」なのだ。

## 5　「受け入れ企業が怖い」

### ボランティア日本語教室に通いつめる――最難関のN1を取得

クイーさんが、滋賀県の受け入れ企業で与えられたのは、いわゆる「雑用」だった。技能実習生として日本の製造業の技術を身につけるという希望は、打ち砕かれたのだ。

だが、このまま3年の技能実習の期間をやりすごすわけにはいかない。そう考えたクイーさんが懸命に取り組んだのは日本語の勉強だった。それまでも仕事が終わった後、毎晩、日本語を学んでいたが、技術関連の勉強をやめ、日本語の勉強に集中することにした。

仕事の後、スーパーマーケットで買い物し帰宅して、そこで夕飯を済ませてから、夜7時から12、1時まで日本語を独学で勉強した。

さらに、会社が休みとなる土日など、外出の時間がある日には、地域のボランティア日本語教室をいくつかはしごしてまわった。日本にはボランティアが無料で日本語を教える教室が各地にある。こうした日本語ボランティア教育は日本に暮らす外国人の日本語習得を支援している。クイーさんは自分の自宅周辺のいくつかのボランティア日本語教室を1日に何カ所かめぐり、そこで日本語会話の勉強をしていたのだ。

こうして毎日こつこつ勉強を続けたクイーさんは、来日から2年目の２００９年に日本語能力試験（ＪＬＰＴ）の「Ｎ２」を取得した。

日本語能力試験は、国際交流基金が主催する日本語を母語としない人の日本語能力を測定・認定するための試験で、能力はＮ１～５のレベルで測定される。Ｎ２は上から2番目のレベルで、「日常的な場面で使われる日本語の理解に加え、より幅広い場面で使われる日本語をある程度理解することができる」水準という。[5]

クイーさんはさらに勉強を継続し、２０１０年には最難関の「Ｎ１」に合格した。

技能実習生は就労に時間を取られるほか、日本語を学ぶ機会も不十分なため、たとえ日本で3年暮らしたとしても、高いレベルの日本語を身につけられることのできる人は、実際にはそう多くはない。日本語能力試験に合格したとしても、そうとう勉強した人でも「Ｎ２」が良いほうである上、これより下のレベルの

「N3」を取得することも簡単ではない。働きながら外国語を学ぶことは、容易ではないのだ。

そうした中でのクイーさんの「N1」取得は快挙と言える。技能実習生を管理している監理団体はクイーさんの「N1」取得を称えるため、彼に米アップルの「アイパッド（iPad）」を贈ったという。

## 龍谷大学に合格し、研究を開始

一方、クイーさんの目標はただ単純に日本語を身につけることではなかった。彼は日本の大学への正規入学を目指していた。ただし、大学の試験はペーパー試験に加え、面接もあった。面接では高度な日本語の会話能力が求められる。クイーさんがボランティア日本語教室に通い詰めたのは、より多くの日本人と会話をすることにより会話能力を習得するためだったという。

こうした取り組みの甲斐もあり、その後、クイーさんは京都の龍谷大学の入試に合格したのだった。技能実習生にとって、日本語を身につけることだけでもハードルが高い。さらに、日本の大学の入試を突破するのは異例といっていいだろう。クイーさんは技術を身につけるという当初の希望を果たすことはできなかったが、独学で勉強を続けることで、大学に合格を果たした。

こうして大学生になったクイーさんは入学前から研究テーマを決めていた。それがベトナム人技能実習生の就労実態だった。彼自身が経験した技能実習生として日本での就労と暮らしから、クイーさんはベトナム人技能実習生の就労実態を明らかにすることを「自分の使命」だと思ったのだ。

だが、彼の固い決意とは裏腹に、ベトナム人技能実習生の調査は思うようには進まなかった。フェイスブックなどを使い、インタビュー協力者を募ったものの、まったく反応がなかったのだ。

日本でもお馴染みのＳＮＳ（ソーシャル・ネットワーキング・サービス）だが、ベトナムでも若者の間に急速に浸透しており、ベトナム人のフェイスブック使用は活発だ。ベトナムの若者にとってＳＮＳはなくてはならないものになっている。そのためフェイスブックなどに投稿すれば、あっという間に関係者に情報が広がる。しかし、クイーさんの投稿に対する反応は皆無だった。

なぜだろうか。

後で分かったことは、ベトナム人技能実習生がインタビューへの協力によって受け入れ先企業や監理団体から注意を受けたり、インタビュー協力を問題視されたりすることを恐れていたことだった。

これまでも書いたように、技能実習生の大半は、借金をして高額の渡航前費用を支払って来日している。クイーさんのように高額の保証金を仲介会社に預けているケースも多い。借金を返済する必要がある上、保証金は契約期間を満了しなければ戻ってこない。そのため、技能実習生は日本の受け入れ企業との間でトラブルを抱えたり、最悪のケースとして「強制帰国」させられたりすることを恐れているのだ。借金を返すだけのお金が貯まらないうちに「強制帰国」させられれば、後に残るのは借金だけだ。ベトナムの所得水準と比べ、はるかに高額の借金をベトナム国内での就労で返済することは困難だろう。

技能実習生の中には、実習先の企業との間でのトラブルをさけようという気持ちが働くのではないだろうか。クイーさんは、「実習生は企業を怖がっていた」と話す。

このためクイーさんは知人などのつながりを経てたどり着いたベトナム人技能実習生に対し、一人ひとり時間をかけて説得し、インタビューをお願いすることにした。調査の目的や意図、調査を行う理由などをできるだけ丁寧に説明し、調査対象者それぞれとの関係を構築してから、インタビューを実施したという。

## 6　不当な「家賃」と巧妙化する搾取

### 時給制や日給制で少ない賃金がさらに安くなる

龍谷大学での卒業論文を書くために、やっとこぎつけた調査。技能実習生としての自らの経験から、日本の「外国人技能実習制度」に疑問を持ったクイーさんは技能実習生の調査は「自分の使命」だとし、調査対象者をなかなか得られない中でも、なんとか調査を続けた。

2014年、クイーさんはアンケート調査、LINEやスカイプを使ったヒアリング調査、そして岡山県と滋賀県での実地調査を実施した。複数の調査手法を用いることにより、総合的にベトナム人技能実習生の就労実態や日本での暮らしの状況を明らかにしたかったのだ。実地調査では、岡山県で建設業に従事しているベトナム出身の男性技能実習生と、滋賀県で縫製業に従事しているベトナム人女性技能実習生の居住地を訪れ、実際の就労実態を探るとともに、居住状況も調べた。

その結果明らかになったのは、ベトナム人技能実習生が置かれた数々の過酷な状態だった。

クイーさんがまず驚いたのは、技能実習生の中に賃金を月給ではなく、時給や日給で計算されている人がいたことだった。

アンケート調査では、就労先の企業によっては、「仕事のある日」「仕事のある時間」だけ給与を支払う時給制や日給制の賃金制度を導入しているところがあり、アルバイトのように実質労働分しか賃金が支払われていなかったのだという。対象となったベトナム人技能実習生38人中、給与計算方法として日給制が適用されている人が8人、時給制が適用されている人が5人いた。

日給制や時給制の給与計算方法が導入されていたのは、就労状況が天候の影響を受けやすい農業や建設業だった。農業部門の技能実習生の中には、時給制の契約で、土日など関係なく、雇用主に命じられた日に働いている上、天候が変わり作業が中止になると、その分の給与が払われなくなるという人がいた。

受け入れ先の企業にとっては、日給制や時給制は技能実習生に支払う賃金を圧縮するなど、人件費節減に効果があるだろう。しかし、ベトナム人技能実習生の多くは高額の渡航前費用を借金して工面し、それを返済しながら日本で就労している。技能実習生として働く中では、まず借金を返すという目標があり、借金返済が終わってからやっと貯金をすることができるようになる。

それにもかかわらず、日給制や時給制が適用され、「仕事がない時間」が増えれば、賃金は低く抑えられることになる。技能実習生の賃金水準はもともと低いが、日給制や時給制はその低い賃金がさらに低くなるという可能性があるのだ。

技能実習生は基本的に、最初の就労先から職場を変えることができない。転職できないのだ。そのため技能実習生は、こうした時給制や日給制を我慢して受け入れることが多いのではないだろうか。会社との間でトラブルが起きたり、あるいは最悪の場合、途中で「強制帰国」させられたりすれば、技能実習生に残るのは高額の借金だけだからだ。なんとしてでも、日本で就労を続け、借金を返し、そして生活費をできるだけ切り詰め、なんとかしてできるだけ多く貯金し、家族に仕送りしようとする技能実習生は少なくない。

途中で「強制帰国」させられれば、本国の所得水準ではとうてい返済不可能な高額の借金だけが残り、技能実習生とその家族の経済状況は破たんしてしまう。こうした背景から、ベトナム人技能実習生は、期待とは裏腹の低い賃金を受け入れ、帰国の日までひたすら我慢することにもつながる。

## 「家賃」という名の不当搾取

さらに、クイーさんが調査の過程で驚かされたのは、自ら経験したように、多くの技能実習生がもともと低い賃金の中から「家賃」という形で不当な金銭を徴収されていたことだ。

例えば、岡山の技能実習生の事例では、20平方メートルの部屋に6人で暮らしており、1人当たりの「家賃」は2万円だった。6人で計12万円が20平方メートルの部屋に払われていたことになる。

大阪のケースでは、30平方メートルの部屋に5人で暮らし、「家賃」は1人当たり2万5000円。30平方メートルの部屋に対し、5人で計12万5000円の家賃が払われている格好だ。

そして、「家賃」が最も高額だったのは滋賀のケースで、30平方メートルの部屋に5人で暮らし、「家賃」は1人当たり3万3500円もした。この30平方メートルの部屋に対して、5人分の「家賃」16万7500円が徴収されていた。

また、クイーさんが実際に訪れた岡山のベトナム人技能実習生の住居では、40平方メートルの室内に6人が暮らしていた。外壁の崩落が激しいなど老朽化している上、日当たりが悪いために暗く、換気も良くなかった。6人はそれでも1人当たり月2万円を「家賃」として払っている。

滋賀の縫製業で働く技能実習生の住居では11人が暮らしており、二段ベッドが詰め込まれ、プライバシーのない状況だった。しかも、11人は1人当たり月2万8500円を「家賃」として引かれていた。11人分で「家賃」は月に31万3500円にも上る。その上、割高な共益費と光熱費も支払っていたのだという。

## 対日感情を悪化させる現行の技能実習制度

さらにクイーさんが調査で明らかにしたのは、技能実習生の対日感情の変化だった。

クイーさんは調査協力者に対し、来日してから日本のイメージが変化したかどうかを聞いた。その結果、来日前の日本の印象については「とても良かった」が63％、「まあまあ良かった」が34％で計97％にも上った。そのほか３％は無回答だったものの、来日前の日本への印象はおおむね肯定的だったと言える。

これに対し、来日後の日本への印象については「良かった」が８％、「まあまあ良かった」が50％となり、肯定的な回答をした人は58％に大きく減った。さらに「あまりよくなかった」が37％になり、日本に対する印象が悪化したことがうかがえたという。

厳しい就労環境や貧弱な居住空間、日給制や時給制などもあり低く抑えられる賃金といった事態を受け、ベトナム人技能実習生の中には日本への印象が悪化した人が出たと考えられるだろう。外国人技能実習制度はアジア諸国への技術移転や国際協力をうたいながらも、実際には低賃金労働者を受け入れるとともに、アジア出身者を厳しい環境の中で低賃金で働かせ、結果的に技能実習生たちが抱く日本への印象を悪化させているということだろうか。

調査によりベトナム人技能実習生の課題を把握したクイーさん。一方、技能実習制度はいまも継続し、ベトナムなどアジア諸国出身の技能実習生たちが日本で就労を続けている。

「この制度をやめれば、問題を解決できる。でも、こんなに稼げるビジネスはないと思う人もいるのでしょう」と、クイーさんは語る。彼が言うように、抜本的な制度改革がなければ、外国人技能実習生を取り巻く様々な構造的課題は容易には解決できないだろう。

同時に、技能実習生というアジア出身の若者たちを、一人ひとりの人間としてとらえ、彼ら彼女らが何を考え、何に困っているのか、何をしたいのか、そのことへ寄り添っていくことが求められる。外国人技能実習生は〝代替可能な外国人労働者〟ではないし、〝顔の見えない匿名の誰か〟ではない。それぞれの人生を切り開こうとする一人の個人がそこにいる。
そのことへの想像力を持つことが、日本という受け入れ国とその社会、そして、送り出し国であるベトナムのとその社会に問われている。

注

1　法務省入国管理局、２０１８年、「平成30年６月末現在における在留外国人数について（速報値）」、http://www.moj.go.jp/nyuukokukanri/kouhou/nyuukokukanri04_00076.html、２０１９年１月８日最終閲覧

2　厚生労働省、「技能実習制度移行対象職種・作業一覧」、https://www.mhlw.go.jp/content/000465403.pdf、２０１９年１月17日最終閲覧

3　法務省、「国籍・地域別在留外国人数の推移」、http://www.moj.go.jp/content/001269620.pdf、２０１９年１月17日最終閲覧

4　同前

5　日本語能力試験、「N１〜N５　認定の目安」、https://www.jlpt.jp/about/levelsummary.html、２０１９年１月８日最終閲覧

# 2章　隆盛を極める〝実習生ビジネス〟

## 1　ベトナム人はなぜ日本に来るのか？

### 「国策」としての出稼ぎ者送り出しと家族の生計を助けるための日本行き

日本へ行きたい――。

海外で働きたい――。

私は調査を行ったベトナムでこうした言葉を多数の人から投げかけられた。ベトナムから海外への労働者の送り出しが拡大し、日本などで働くベトナム人が増えているからだ。

出稼ぎ者から本国への送金による経済効果が期待される中、ベトナム政府は「国策」として移住労働者の送り出し拡大を目指している。

しかし、ベトナム人移住労働者の中に、就労先での長時間労働や低賃金、虐待など数々の課題に直面している人がいることも、ベトナムからの移住労働の一つの側面だ。

そんな中、日本行きを目指すベトナムの人たちは何を思い、国境を越えるのだろうか。

「家族を助けるために、日本に行きます」

あの日、私が訪れた小さな教室で、ベトナム人の学生たちは少し緊張しながらも、覚えたばかりの日本語でこう語ってくれた。それは2014年の9月、ベトナムの首都ハノイ市郊外にある、技能実習生として来日する人たちに向けた日本語訓練センターでのことだった。この訓練センターは、日本に技能実習生を送り出す仲介会社によって運営されていた。

ベトナム人が日本や台湾、韓国など、海外に移住労働に出る際には、各種の手続きを代行するとともに、企業や雇用主とのマッチングや面接の機会を提供する、一般に「送り出し機関」と呼ばれる仲介会社を利用することが一般的だ。仲介会社や面接の結果などによって渡航前訓練の期間は異なるが、技能実習生としての来日を希望する学生たちは渡航前訓練センターで数カ月～1年間ほど日本語を学んでから、技能実習生として日本へわたるケースが多いという。

仲介会社の中には、移住労働者の送り出しを成長産業と位置づけ、積極的な営業活動、広告宣伝活動、農村でのセミナーなどのリクルーティング活動を行うところもある。また一つの会社の中に、日本部門、台湾部門（家事労働、工場労働）、韓国部門、留学など複数の部門が存在することもある。

私が訪れた技能実習生向けの渡航前訓練センターは、ハノイの郊外にある新興開発地域の一角にあった。その日は、まだまだ暑い季節で、小さなビルの1階にある教室のドアは開け放たれていた。授業の時間になると学生たちがおしゃべりをしながら、あるいは友人と連れ立って、教室に続々と集まってきた。気温が高くても、教室にクーラーはない。それでも、学生たちは気にする様子もなく、にこにこしながら席についた。

教室は日本の小学校の教室の半分くらいの面積で、そこに小さな机やイスが詰め込まれており、十分なスペースがあるようには見えなかったが、これから日本に行こうとする技能実習生の候補者たちはそうした環境に文句をいうこともなく、真剣な面持ちで授業を受けていた。

私が教室に入ると、学生たちはにこやかに会釈してくれた。制服なのか、お揃いのユニフォームを身につけている。女性たちは長い髪の毛をきっちりと後ろにまとめ、男性は髪の毛を短く切り揃えている。はつらつとして若々しく、そして元気いっぱいの雰囲気を持つ学生たちだった。学生の年齢は、20代前半から30代前半で、男女はほぼ半数といったところ。農村部を中心に地方出身者が多く、渡航前訓練の期間中は、訓練センターのある都市部に出てきて、センター付属の寮で共同生活をしているケースが少なくないという。

訪問したセンターでの日本語教育は、ベトナム人の教師が文法などをベトナム語で教えた後、日本人教師が、学生たちが覚えた文法や文型を発話させたり、発音を確認したりする形をとっていた。

その日は日本人の教師が担当する日で、学生たちが以前に習った表現を実際に話すという授業が行われていた。これから日本へ行くという学生たちは真剣そのものだった。授業を担当していた日本人教師に話を聞くと、技能実習生として日本にわたる若者たちは、とにかくよく勉強し、日本語の習得に熱心だという。

教室には、「5S（整理・整頓・清掃・清潔・しつけ）」のような日本の製造業の現場で重視される言葉が書かれた紙も貼ってあり、ここが単に日本語を学ぶ場ではなく、日本での技能実習生としての就労に向けた教育を施す場所であることが分かる。

教室で学ぶ日本語は、技能実習生が日本で就労する際に欠かせない。それだけに必死で勉強するのだ。

## 社会保障の未整備と格差の広がり——家族のつながりが暮らしを支える「命綱」

授業の様子を見学した後、学生一人ひとりに質問する機会をもらった。日本語を学び始めてからまだ数カ月という初級の段階だという。名前、年齢、出身地などから聞いていったが、たどたどしいながらも学生たちは丁寧に答えてくれた。子どものいる人は私のノートに自分の子どもの名前を書いてくれたりもした。「なぜ日本に行きたいのですか？」と質問すると、学生たちは口を揃え、「家族を助けるために日本に行きます」と、その理由を話してくれた。

ベトナムでは、経済成長を続ける一方、経済格差が広がっている。海外への出稼ぎは、国内にいるだけでは豊かになることの難しい層の人々にとって、自分と家族の生活を大きく改善する可能性を持つものとしてとらえられている。

また社会保障制度が十分に整備されていないため、医療費や教育費は家計の負担になる。医療保険に未加入の人がまだいる上、医療機関でわいろや付け届けが横行していると言われ、入院や手術の費用が数十万円を超えたという話も聞かれる。こうした高額の医療費は庶民にとって大変な負担だ。社会インフラの未整備を家族や親族による助け合いが支えている面が少なくないことも、海外出稼ぎを促す一因だろう。

親の老後の世話は子どもたちにゆだねられ、子どもたちが親の暮らしを経済的にも支えている。また、ベトナムでは女性の労働参加率が高く共稼ぎが一般的なこともあり、祖父母が孫の面倒をみたりするなどして、若いカップルの暮らしをサポートすることも当たり前に行われている。若者が就職すると、その稼ぎを故郷の両親に送ることも多い。中には最低限の生活費だけ手元に残して給与の大半を送ってしまう人もいる。

教育についても、経済成長時代を迎えたベトナムでは、教育熱が高まり、多くの人が子どもに高い教育を受けさせようとしている。高学歴化が進む中で、よい仕事に就くために学歴がより重要になっているのだ。

ベトナムでは都市部を中心に、子どもたちが学校での勉強とは別に補習塾に通うケースが増えており、受験戦争が激しくなっている。親たちはわが子の勉強が遅れないようにと、子どもたちを補習塾に入れているが、この費用はばかにならない。私が訪れたことのあるベトナムの農村部の技能実習生の出身世帯でも、子どもたちを補習塾に通わせており、教育熱の高まりはなにも都市部に限らないようだ。

その上、せっかく短期大学や大学に合格しても、短期大学や大学は都市周辺部に立地しているため、農村出身の学生は短期大学や大学の近くに下宿することが必要になる。短期大学や大学の学費に合わせ、学生寮の寮費や食費などもろもろの下宿費用は家族にとって負担となる。このように暮らしの中で欠かせない医療や教育などで、お金がかかってくるのだ。

さらに公共交通機関が整備されていないがゆえに、二輪車が生活に欠かせない。また、各企業が様々な消費財を売り出すなど、消費者に向けた企業の展開も進み、これまでよりも多くの商品が出回っている。技能実習生の多くも、家族の生活を改善したり、維持したりするために、現金収入を得ることを必要としているのだ。それもベトナムでは通常では稼ぐことのできない、より多くの収入を。

## 小さな子どもを故郷に残して日本に行く20代の女性

この訓練センターで学ぶ20代後半の女性、ヒエンさん（仮名）もそうして家族を助けるために日本行きを決めた一人だった。無駄な贅肉のないすっきりとした体つきに、やや日焼けした顔は凛としていた。髪の毛は後ろですっとまとめ、化粧気はないものの、強いまなざしを持つ女性だった。

ヒエンさんはベトナム北部ハイズオン省の出身だ。

ハイズオン省は首都ハノイ市から60～70キロほどのところにある省だ。もともと農業を地場経済の中心とする地域だが、最近は工業団地が整備され、製造業の進出が進んでいる。日本企業の工場も進出している。ハノイからのアクセスが良い上、北部の主要な港湾都市、ハイフォン市にも近いことが進出企業にとっての

牛のいるベトナムの風景

魅力となっている。

それでも、現地を訪れると、あたりには田んぼや畑が広がり、牛やニワトリの姿もみられ、農村の景色が広がっている。季節ごとに様々な花が咲き誇り、田畑があちこちに見えるその景色はどこか日本の田舎を思い出させる。「バインダウサイン（Bánh đậu xanh）」という緑豆を使った甘いお菓子もハイズオン省の産品だ。口にするとほろりとくずれる甘くやさしい味のこのお菓子を口にすると、その素朴な風味が、ハイズオン省という土地の風土を感じさせる。

ヒエンさんは既に結婚しており、幼い子どもが2人いる。それでも、子どもを故郷の家族にたくして、日本に行くのだと、覚えたばかりの日本語で一生懸命に教えてくれた。その表情はすこし緊張しながらも、これから始まる日本での技能実習生としての就労への期待にあふれていた。

話すうちに緊張がとけてきたのか、彼女は少しだけ笑顔を見せてくれた。子どもを残し、家族と離れて日本へわたることは簡単ではない。それでも、彼女は日本には大きな希望があると思っているようだ。

しかし私は、日本における技能実習生の就労状況を思いながら、ヒエンさん、そしてほかの学生たちにどのような顔を向ければいいのか分からなかった。いったいヒエンさんは今後どうなるのだろうかと、彼女の顔をみながら、私は何も言えなくなった。

## 2 〝送り出す側〟に転じた元実習生

### 「実習生はビジネスになる」と考えて渡日した元技能実習生

「実習生はビジネスになると思ったので、日本に行きました」

前項で紹介したハノイ郊外にある技能実習生向け渡航前訓練センターを運営する仲介会社の男性社長は、私を前に、淡々とした口調でこう話した。

私が驚かされたのは、彼自身がもともと技能実習生として日本で就労した経験を持つことだった。ベトナム北部出身で、30代前半。一見、どこにでもいそうなごく普通の若いベトナム人男性。しかし、彼は、「ベトナムでは移住労働者の海外への送り出しが今後に大きなビジネスになる」と踏んで、その事業ノウハウを得るため、技能実習生として日本で働くことを決めたのだという。

ベトナム人実習生からは、日本行きの理由として、「ベトナムよりも高い収入を得たい」「稼いだお金で家族を助けたい」「日本の技術や働き方を身につけたい」といった話をよく聞く。だが、彼はそうした理由とは異なる視点から、戦略的かつ意識的に、技能実習生としての来日を選んだのだった。

日本行きは、彼にとって、ビジネスにおける大きな成功を手にするための賭けだったのかもしれない。そして、彼は、少なくとも私が訪問した時点では、この賭けによって生じた大きな利益を手にしていたようにみえた。彼は日本から帰国後、兄と共にハノイ市郊外に移住労働者の送り出しを手掛ける仲介会社を立ち上げた。事業は順調に伸びていき、これまでに日本をはじめ複数の国にベトナム人労働者を送り出している。

英語の堪能な兄はマレーシアや中東などの担当、日本語の堪能な彼は日本の担当と、それぞれ異なる送り出し先を担当し合って、事業を行っているようだ。とりわけ技能実習生の送り出しでは、彼が日本滞在中に築いた日本企業とのネットワークが事業に生かされているという。

さらに彼自身、年に何度か日本を訪れるなど、日本とのネットワークの維持に余念がない。私が訪問したその日、この仲介会社の入り口には、海外への移住労働の希望者がひっきりなしに訪れていた。受付で私が名前を告げた後に通された会議室は、広く、とても立派なつくりだった。来客用の装飾の施された頑丈そうな大きなテーブルとイスとが配置されている。この仲介会社のビジネスが今まさに伸びているという、そんな勢いが感じられた。技能実習生としての滞日経験と日本で培った日本語能力や事業ネットワークを武器に、経営は順調なようだった。

彼のように元技能実習生が移住労働者の送り出し側に転じるケースはほかにもある。

別の元技能実習生の男性は帰国後、同じく元技能実習生の妻と共に地元で日本への留学生の送り出しビジネスを開始した。日本では足場の会社で働いていたという彼は、受け入れ先企業の社長に気に入られ、飲食を共にする機会もあった。そして、日ごろから社長や社員と日本語で頻繁にコミュニケーションをとっていたため、日本語が上達した。

技能実習生の中には職場で日本人の管理職や社員とほとんど会話がない人もいる。技能実習生の日本語教育は、実質的に無償で日本語を教える地域のボランティア日本語教室がほとんどを担っているが、地域によってはそういった教室がないところもあるほか、あったとしても仕事をしつつ通うことは容易でない。そのため日本で技能実習を終えても日本語がほとんどできない元技能実習生も少なくない。そうした中で、受け入れ企業の日本人と関係を構築し、日本語を学べたことは彼にとって幸運だったかもしれない。

ハノイで仲介会社を起業した元技能実習生のように、彼ら夫婦も日本で得た日本人とのつながりと日本語力を生かす形で留学生の送り出しビジネスを開始した。さらに彼は技能実習生の送り出しにも参入したいと、労働・傷病軍人・社会省（ＭＯＬＩＳＡ）からの事業許可取得に向けた手続きを進めていた。

さらに、送り出し機関や渡航前の研修センターでは営業職や日本語教師として元技能実習生が働いているケースがよくみられる。技能実習制度は本来の趣旨は「技術移転」だが、実際には帰国後、日本で就労したのと同じ職種で働くことを選ばない人が少なくない。私が聞き取りをした技能実習の経験者の中では技能実習と同じ職種についていた人は限られていた。

ベトナムで工業化が進み外資のベトナムの製造部門への投資が広がる中、例外的に、日本で金属加工の仕事をしていた元技能実習生の男性たちの中には、帰国後も地元で金属加工関係の仕事をする人たちがいたが、その他の職種の技能実習生の中で帰国後に技能実習と同じ職種の仕事に就いている人は見当たらなかった。

例えば、建設部門は、ベトナムでは農村出身者が日雇いという非正規雇用の状態で、都市部などに出て建設現場で働くケースも多い。安全管理は十分ではなく、サンダル履きで作業をする姿もよく見かける。建設の仕事を引き受ける、日本でいうところの「親方」として采配をふるえるようになれば一定の収入を得られるというが、そうでなければ危険と隣り合わせの不安定な労働となる。また日本とベトナムでは建設部門の仕事の方法や技術が異なるといい、日本で建設部門で技能実習生として働いたとしても、帰国後に建設の仕事を行えるとは限らない。

技能実習生はわざわざ高額の手数料を借金してまで払い、国境を越え、外国で働くことを選んだバイタリティーのある人だ。帰国後に、ホワイトカラー職やより収入の高い仕事に就きたいと希望する人も多い。

だが、実際には日本での仕事が単純労働であれば、帰国後に思うような仕事に就けないことも多い。そんな中で浮上するのが、技能実習生を送り出す仲介会社での仕事なのだ。日本への技能実習生の送り出しが増える中でベトナム側では日本語教師の需要が増えており、一定レベルの日本語ができる元技能実習生が、これから日本に行く技能実習生の候補者に日本語を教えることになる。そして、前述の自ら仲介会社を起業した男性のように、より高い収入と社会的な成功を求めて、仲介会社の経営を行う元技能実習生もいる。元技能実習生もまた、ベトナムからの移住労働者送り出し産業の一翼を担っているのだ。

## 官民が関与する「成長産業」としての技能実習生送り出しビジネス

技能実習生の送り出し国であるベトナムでも、技能実習生の送り出しは、もはやビジネスとしてとらえられている。それも、大きな利益をもたらす「成長産業」として。

数々の課題を抱える技能実習制度を支える中には、元技能実習生だったベトナム人もいる。もともとの野心、そして技能実習生の経験があれば、日本企業との交流がある上、「外国人技能実習制度」のうまみやこの制度を利用していかにして利益を得るかということも十分に分かっているのかもしれない。「技能実習生はビジネスになる」と考え、技能実習生ビジネスのノウハウを得るために来日し、技能実習生として働いた彼の存在――。

この入り組んだ構造からは、ベトナムの技能実習生をめぐる状況がより複雑化し、その中で、技能実習生をビジネスの種にするシステムが形作られ、そのシステムが拡大していることが浮かび上がってくる。

このようにベトナムでは仲介会社、個人のブローカー、銀行、個人の高利貸し、日本では後述するような監理団体、試験実施機関といった様々なアクターが事業活動をしながら、両国間で国境を越える移住産業が構築されている。

さらにベトナムと日本の間の労働者の移動は拡大しており、それに合わせて移住産業も拡大していると言える。技能実習生が帰国後に、送り出し機関で営業職や日本語教師として働いたり、元技能実習生が送り出し機関を立ち上げたりするケースもあり、元技能実習生もまた移住産業の維持・拡大の一翼を担っている。

## 3　国策としてのベトナムの「労働輸出」

### 労働者の「輸出」を促すベトナム政府の方針——その歴史的経緯

「労働輸出」を拡大せよ——。

今年の「労働輸出」は14万人を超えた——。

ベトナムの新聞や公的文書を見ると、この「労働輸出（Xuất khẩu lao động）」という言葉とともに、こうした文言に出会うことが多々ある。

私は「労働輸出」と聞くと、人間をあたかも輸出産品のように扱うような言葉との印象を受けるが、ベトナムでは移住労働者の送り出しを表す言葉として「労働輸出」という言葉がよく使われている。実際に、「労働輸出」がベトナム政府にとって重要政策となっている中で、同国政府の文書や地元メディアの報道では、頻繁に「労働輸出」という言葉が使われている。

「労働輸出」政策において、ベトナム政府がなによりも期待をするのは国内の失業対策に加え、海外出稼ぎ労働者からの送金だろう。政府は「労働輸出」は送金受け取り額を拡大するための重要な施策としてとらえている。

激変するベトナムの街並み（ハノイ）

ベトナムからの移住労働者の送り出しには、一定の蓄積がある。１９７５年のベトナム戦争終結以降から１９８６年の改革開放政策「ドイモイ（刷新）」の採択前後の時期は「政府主導の社会主義兄弟国への契約労働者送り出し期」、それ以後から現在までが「労働力輸出政策と移住産業の拡大による移住労働者送り出し期」として位置づけられる。

１９７５年の「サイゴン陥落」を経て、長きにわたるベトナム戦争が終結し、１９７６年に南北が統一し、現在のベトナム社会主義共和国が成立した。

しかし、平和な時代を迎えたはずのベトナムは再度試練の時を迎える。１９７８年にベトナムはカンボジアに侵攻し（カンボジア問題）、翌79年には中越戦争が起きた。その上、急速な社会主義化や中国との関係悪化、さらに経済状況の悪化などを受け、ベトナムからは人々が難民として大量に国外に出て行った。こうした人々は「ボートピープル」「ランドピープル」と言われる。

海外へ逃れた人たちに対するベトナム政府の対応は、国際社会から批判を受けることになる。カンボジア問題の発生後、１９７９年には米国の上・下院が対越禁輸措置を含む外国援助法案の修正案を可決する。「戦後」の復興に向けて、経済の立て直しが急務なはずのベトナムだったが、カンボジア、中国との武力紛争に加え、国際社会で孤立したことで、経済的な困難に直面した。[1]

そうした国際情勢を受け、ベトナムの外交は旧ソ連をはじめ東側諸国との関係が中心になった。この時期にはベトナムから旧ソ連や旧東ドイツ、旧チェコスロバキアなどといった「社会主義友好国」への労働者送り出しが行われていた。ベトナム政府は「労働協約（labor cooperation agreement）」に基づいて、「コメコン（経済相互援助会議（Council for Mutual Economic Assistance＝ＣＯＭＥＣＯＮ））」諸国へ労働者を送り込んでいたのだ。[2]

ベトナムで知り合ったポーランド人の友人によると、ベトナムからはポーランドへも労働者が送り出され、現在でもポーランドにはベトナム人のコミュニティが存在するという。またハノイ在住時、私が滞在した家族・ジェンダー研究所（ＩＦＧＳ）で働いていた男性はベトナム戦争中、激戦地の中部に派遣されるなどして長きにわたる従軍経験を持っていたが、戦後は旧チェコスロバキアに送られ、そこで仕事をしていた。他にもハノイでは旧東ドイツで働いていたという人に出会ったこともある。またハノイの大学でロシア語を専攻した後、旧ソ連に派遣され、現地で通訳や翻訳の仕事をしたという女性もいた。学術的にも、旧社会主義圏に住むベトナム人に関する研究がなされており、旧社会主義圏におけるベトナム人の移住労働やコミュニティ形成は注目されている。

１９８６年、ベトナム政府が国際社会での孤立と経済の行き詰まりの中で改革開放政策「ドイモイ（刷新）」を採択するなど、冷戦構造の崩壊で社会主義諸国は激動の時代を迎える。ベトナムは、対外関係を社会主義圏以外に広げていった。そして、１９９２年の日本による対越援助の再開や、１９９５年のアメリカとの国交正常化と東南アジア諸国連合（ＡＳＥＡＮ）加盟など国際社会との交流拡大を受け、近年はベトナムから日本、台湾、韓国などアジア諸国への移住労働者送り出しが活発化していった。

以前から東南アジアで移住労働者の送り出し国として知られてきたのは、フィリピンである。フィリピンでは前述のように、海外への移住労働は一般的だ。さらに、およそ2億5000万人に上る巨大な人口を抱えるインドネシアもまた、移住労働者の送り出し国として知られている。ベトナムも、フィリピンやインドネシアのように、海外への自国民の送り出しを拡大させているのだ。

ベトナム政府は海外への移住労働者の送り出しが、自国民の雇用機会の創出に加え、失業対策になることを期待している。そのために法規制が整備され、労働・傷病軍人・社会省（MOLISA）[3]の傘下に、海外への労働者の送り出しを管轄する海外雇用局（DOLAB）が設置されたほか、2007年には法律「Luật Người lao động Việt Nam đi làm việc ở nước ngoài theo hợp đồng（契約にもとづき海外に働きに行くベトナム人労働者の法律）」を制定した。[4]

また、政府の移住労働の推進策には、移住労働者の希望者が仲介会社に支払う手数料向けの融資も含まれている。農業・地方開発省傘下の国営銀行、アグリバンク（ベトナム農業・地方開発銀行）などが、移住労働の希望者に仲介会社への手数料を貸し付けている。[5]

## 仲介会社のビジネス活動が活発化

このような政府の政策を受けて、移住労働者を送り出す仲介会社のビジネス活動が活発化している。

ベトナムではすでに営利目的の仲介会社が移住労働希望者の採用や渡航前訓練、雇用主とのマッチングを担い、これに対して移住労働希望者が手数料を払う仕組みが構築されている。

日本の技能実習制度では送り出し国で労働者の送り出しを担う組織を「送り出し機関」と位置付けている

が、ベトナム側の仲介会社はあくまで営利目的の会社組織だ。そして移住労働者の希望者、受け入れ国側の仲介組織（日本は監理団体）と雇用主は、仲介会社にとって「顧客」ということになる。

仲介会社はビジネスの維持、拡大に向けて、移住労働者の希望者を積極的に集めている。この際、移住労働者の主な出身地となっている農村部でセミナーを開催したり、ネットやテレビに広告を出すこともある。また仲介者を農村に送り、この仲介者に移住労働の希望者を集めさせることもある。そのケースでは、仲介会社は仲介者に対して希望者を紹介したことに対する見返りとして、紹介料を払う。この紹介料が技能実習生が仲介会社に払う手数料に上乗せされることもあるとみられている。

さらに、ベトナムの仲介会社は大事な「顧客」を囲い込むため、受け入れ国の仲介組織や雇用主を接待することもある。接待には様々あるというが、飲食店での飲食にとどまらず、女性のいる店での接待が含まれるケースもあるという。

仲介会社は社内に日本部門や台湾部門のように複数の部門を抱えるケースがあるほか、「営業」担当者が労働者を受け入れる「市場」の開拓や候補者の採用を行う。移住労働者が仲介会社に支払う手数料は渡航先ごとに異なるが、たいていは移住労働希望者の支払い能力を超える高額なもので、１００万円を超えるケースもある。移住労働の希望者は農村出身者が多く、手数料を一度に払えるだけの資金を持っていることはまれであり、大半が借金をし手数料を工面する。台湾への家事労働についても、筆者の聞き取り調査では高額の手数料を仲介会社に支払う人が少なくなく、アグリバンクなどから借り入れをしていた。移住労働の希望者は、自身や家族が耕作や住まいのために使用している土地の使用権や家を借り入れの担保としており、返済できなければ、土地や家を失うリスクがある。

このように、ベトナムでは仲介会社が労働者から手数料を徴収することができる上、移住労働の希望者が高い手数料を工面する必要に迫られる中、国営銀行が労働者に融資をする。送り出し国の中には家事労働者として海外で働く労働者から仲介会社が手数料をとることを規制しているところもあるが、ベトナムの場合はそうではない。[6] 仲介会社だけではなく、国営銀行もまた、債務を背負った移住労働者を生み出す構造を持つ移住産業の一翼を担っていると言える。

## 国別の送り出し数で日本が1位に

これまでに、ベトナム政府による「労働輸出」政策は、政府の期待通りに広がり、海外に働きに行くベトナム人の数は増えている。ベトナムの労働行政を管轄するベトナム労働・傷病軍人・社会省（ＭＯＬＩＳＡ）のまとめによると、ベトナムから正規ルートで海外に送り出された労働者は、２０１０年に計８万５５４６人、２０１１年に８万８２９８人、２０１２年に８万３２０人、２０１３年に８万８１５５人となった上、２０１４年には前年比18・７％増の10万６８４０人に上り、10万人を突破した。そして、２０１５年には計11万５９８０人に達した。さらに２０１９年１月１日付のベトナム紙『Lao động Thủ đô』[7] は２０１８年通年の送り出し数が前年から７％増えて14万人超になったと報じている。非正規ルートで海外に働き行く人もいるとみられ、海外で働くベトナム人はさらに多いと推測されている。

ベトナムからの主な渡航先は現在、台湾、日本、韓国というアジア諸国だ。さらに、最近ではサウジアラビアなどへも労働者の送り出しが広がっている。そんな中でも、とりわけベトナム政府は日本を重要な送り出し先としてとらえている。日本への送り出し数は２０１８年には６万７０００人に達し、初めてこれまで首位だった台湾を抜いた。台湾への送り出し数は６万５０００人で、日本に次ぐ２位となった。日本と台湾だけで送り出し数全体の９割超を占める。韓国への送り出し数は６０００人超の３位で、ほかにサウジアラビア、ルーマニア、マレーシア、クウェートなどに送り出された。日本への送り出し数は２０１５年に２万７０２０人だったものから大きく増えている。同年の送り出し数を見ると、台湾へは６万７１２１人、韓国へは６０１９人、サウジアラビアへが３９７５人だった。この期間の送り出し数の増加は日本への送り出しが大きく拡大したことを受けたものだと言える。ベトナム政府の文書の中には、日本は「労働輸出」の「主要市場」だとの文言がみられることもある。実際に日本へと働きに行く労働者だけではなく、ベトナム政府も日本に対して大きな期待を抱いていることがうかがえる。

## 同胞からの巨額の送金が下支えするベトナム経済

政府がこうして自国民を送り出す背景には、国内での失業対策に加え、在外同胞からの送金への期待があるだろう。収入を目的とする移住労働者は、海外で就労して得た収入を祖国の家族に送るケースが多い。

世界銀行が２０１５年12月に発表した「Migration and remittances factbook 2016（移住と送金のファクトブック２０１６年版）」[8]によると、２０１５年のベトナムへの海外からの送金額は推定１２３億米ドルとなり、前年の１２０億米ドルから３億米ドル増加したとみられる。

ベトナムの送金受け取り額は世界で11位、アジア地域では世界首位のインド（７２０億米ドル）、中国（約６４０億米ドル、２位）とフィリピン（約３００億米ドル）などに続く金額だ。ベトナム戦争に際し難民として海外に渡った人など、在外ベトナム人からの送金もかなりの額に上る。さらに、最近増加した移住労働者による送金が加算され、これだけの額になっているとみられる。

まだまだ開発の途上にあり、国内に貧困問題を抱えるベトナムにとっては、在外同胞からの送金は人々の日々の暮らし、ひいては経済全体を下支えする貴重な経済資源となっている。在外同胞からの送金は、受け取った家族によって日用品などの購入に充てられ、消費市場に流れ込む。また、この送金を利用し、民間の割高な医療や教育サービスを受ける人もいる。

移住労働者を含む在外ベトナム人からの送金は、人々の日々暮らしを支えるとともに、政府が供給しきれていない基本的な社会インフラの不足をも補っていると言えるだろう。

## 移住インフラの形成と搾取・人権侵害の継続

英オックスフォード大学ビャオ・シアン教授とスウェーデンのストックホルム大学のヨハン・リンドクイスト教授の2014年の共同研究論文で[9]示された「移住インフラ（Migration Infrastructure）」という概念がある。これは移住労働を促す、あるいは条件づける仕組みの総体を移住インフラとして位置づけるものだ。シアン教授とリンドクイスト教授は、移住インフラには移住労働に関する「法的」側面、仲介会社をはじめとする「商業的」側面、人間関係など「社会的」側面、支援組織など「人道的」側面、インターネットなどの「テクノロジー」の側面という5つの側面があり、これらの側面が連関し合いながら、国境を越える移住労働を促進させるとともに、移住労働の行き先や移住労働期間、就労できる職種を限定するなどの条件付けが行われると説明する。

日本で働く技能実習生の増加と前述した移住産業の形成を踏まえれば、既に様々な側面が関連し合いながら、両国間の移住インフラが構築されてきたと言えるだろう。

他方、移住インフラという一度動き出したシステムの総体の中には、既得権益を持つ人や組織が出てくる。そのため、移住インフラ自体を維持することもまた、日越間の人の移動の広がりを促すことの一つの目的になっているとも言える。同時に、既得権益を持つ個人・組織の存在からは、移住インフラを是正する、あるいは壊すことへの抵抗が生じることも想定される。そのため技能実習生に対する人権侵害が継続する状況にもかかわらず、技能実習制度をつぶせないという状況が続くのだ。

## 営利目的の「仲介会社」が日本への実習生送り出しの要《かなめ》に

移住労働を希望する者は、ハノイ市やホーチミン市など主に都市部に集中している仲介会社に出向き、そこでビザ（査証）やパスポートの取得手続き、航空券の購入、その他の関連手続きなどを代行してもらう。同時に、仲介会社は送り出し先となる日本の管理組合や受け入れ企業などと連絡を取り合うとともに、実習生の候補者に管理組合や受け入れ企業との面接の機会を提供するなどし、労働者と送り出し先とのマッチングをはかっていく。

これまでの聞き取りからは、仲介会社へのアクセスについて、⑴家族や友人、知人、地元の人の紹介、⑵仲介会社と提携した仲介者（Người môi giới）による紹介、⑶インターネットやテレビで仲介会社の広告を見て自分でコンタクトをとる――というルートがそれぞれ存在した。

多数の仲介会社が存在し、中にはお金だけとり、移住労働者を送り出さないような詐欺行為を働くところがあるため、ベトナム人は「口コミ」などからより信頼できるところを選ぼうとする。ただし、それでも仲介会社の数が多い上、多くの仲介会社は通常、営利目的で事業展開しているため、割高な手数料をとる。

技能実習の経験者から「仲介会社はビジネス。良い仲介会社などない」という発言を聞いたことが何度かある。ビジネスであるからこそ、仲介会社は常時、移住労働者を送り出し続けなければならない。そのために移住労働の希望者を集める必要があり、インターネットやテレビなどに広告を出して宣伝する。移住労働者の送り出し地となっている農村に出向いてセミナーを行い、直接、現地で採用活動を行うこともある。

他に、フリーの仲介者を雇って移住労働の希望者を集めさせるケースもある。この場合、仲介会社は仲介者に手数料を支払うため、この分が技能実習生が仲介会社に支払う手数料に上乗せされ、手数料の高額化の一端になっているとみられる。仲介者を雇って人気のない職種に人を集める場合もあり、とある仲介会社の関係者は「最近は建設業の人気がないので仲介者を使って候補者を集めている」と話していた。

加えて実習生候補者は、来日前に渡航前訓練センターで、一定期間にわたり日本語研修を受けることになる。そこで、実習生候補者は基本的な日本語を勉強するのだ。

私が取材した中では、仲介会社の傘下にある渡航前訓練センターと、複数の仲介会社から日本語研修を請け負っている独立した訓練センターとがあった。多くのセンターが全寮制で、実習生候補者は、訓練期間中に寮でほかの候補者と集団生活をしながら、午前と午後の日本語の授業を受けるという例が少なくない。

仲介会社は、技能実習生の候補者をできるだけ多く確保するため、「日本は稼げる」「日本の賃金は高い」「残業もたくさんあるため、収入は基本給よりもずっと多くなる」といった言葉巧みな宣伝を行い、多くのベトナムの人々を日本での技能実習生としての就労へと誘っている。

## 4　借金に縛られた実習生――聞き取り調査の結果から

### 高額な渡航前費用が移住労働者の重荷に

こうした仲介会社の営利目的の事業活動が広がる一方、海外で働きたいと希望するベトナム人の重荷になっているのが、高額の渡航前費用だ。渡航前費用とは、仲介会社に支払う手数料と渡航前研修の費用、さらに場合によっては個人の仲介者に払う紹介料、仲介者に準備することが求められた保証金を合算したものだ。技能実習生が来日前に支払う費用は、仲介会社への手数料にとどまらず、学費や場合によっては仲介者への紹介料も含まれる。私が行った聞き取り調査では、これらを合算した渡航前費用全体の金額を尋ね、渡航前費用を各聞き取り対象者の渡航年の為替レートに合わせて円換算した。

ベトナムの労働・傷病軍人・社会省（MOLISA）は2016年4月6日付の公文書[10]において、仲介会社が技能実習の候補者から徴収して良い手数料の上限を3年の技能実習で3600米ドル、1年の技能実習で1200米ドルと規定している。これは2019年1月時点の為替レートで換算すると、前者が約39万円、後者が約13万円となる。それ以上の金額を徴収すれば違反となる。ただし、実際にはこの金額を超える額を払っているケースが多い。

また、技能実習の候補者は来日前に仲介会社の持つ研修センターか、仲介会社の提携する研修センターにおいて、渡航前研修を受ける。渡航前研修では寮に入り、ほかの技能実習候補者と寝起きをともにしながら、数カ月にわたり、日本語教育を中心とする渡航前研修を受けることが一般的だ。この際に、研修の費用を支払うことになる。これも前述の公文書において、590万ドン（約2万8000円）以下にすることが規定されており、これを超えれば違反となる。一方で、ベトナムからの技能実習生の送り出しにおいては、受け入れ企業の面接に合格する前の段階で研修センターの寮に入り、研修を開始することも少なくない。そのためなかなか面接に合格しない場合、研修期間が長引くことになり、時に1年近く研修を受けるケースもあり、その分、費用がかさんでしまう人もいる。

さらに、保証金を準備することが要求されることがある。保証金は技能実習の期間が終わると返される、いわゆる「預け金」だ。技能実習の途中で会社から逃げた場合、保証金は返ってこないもので、技能実習生が会社から逃げることを「防止」する目的で徴収されている。日本の法令で保証金は禁止されているものの、ベトナムの仲介会社の中にはこれを徴収しているところが存在するのだ。

私の聞き取り対象となったベトナム人技能実習生及び元技能実習生59人は２００５年から２０１７年にかけて来日しており、この期間の１人当たりの渡航前費用の平均額は約94万４３００円だった。さらに、渡航前費用の支払いのために59人中57人が借金をしていた。渡航前費用を支払うためにした借金額の平均は約76万８３００円となっている。つまりベトナム人技能実習生は１００万円近くの渡航前費用を支払って来日している上、その多くを借金により賄っていることが明らかになった。

聞き取り対象者の中で、１人だけ渡航前費用をまったく支払わず来日した人がいた。この人は親族が仲介会社を経営していたことから、その仲介会社で1年程度にわたり無給で働く代わりに、渡航前費用を払わずに済んだという特別なケースだった。日本にタダで行けると言えば好都合のように思えるが、実際にはタダ働きをしたことの代わりとして、渡航前費用が無料になった。これは特別な事例のため、このケースを除くと、ベトナム出身の技能実習生及び元技能実習生58人の渡航前費用の平均額は約96万４５００円となり、さらに１００万円に近づく。また、借金額の平均額は約78万２１００円となる。

この特別ケースを除いた場合、渡航前費用の最低額は31万円で、最高は２０６万円だった。借金額の最低はゼロ円で、最高は２０６万円となっている。

日本貿易振興機構（ジェトロ）によれば、[11]ベトナムの最低賃金は２０１９年1月に、最低賃金が最も高いハノイ市やホーチミン市などが入る「地域１」で月４１８万ドン（約2万４８２円、１ドン＝約０・００４９円）に引き上げられている。このベトナムの賃金水準と比較して、日本への技能実習生としての移住労働にかかるコストはあまりにも高い。

同時に、日本行きの渡航前費用は、台湾と韓国への移住労働に必要な渡航前費用に比べても割高で、際立っている。

例えば、聞き取りした中で韓国へ渡った4人の渡航前費用の平均額は66万1000円で、借金額はこれと同額だった。

また台湾への移住労働については人数が多く、現時点ですべてを分析できていないものの、台湾での家事労働に関しては、2000年から2010年に渡航した8人のベトナム人女性のケースを見ると、支払った渡航前費用の平均額は約18万1000円で、借金額は約16万6000円だった。一方、台湾で工場労働を行ったベトナム人10人の渡航前費用の平均額は約49万2000円で、借金額は約42万9000円となっている。

このように、ベトナムから技能実習生として来日するには、台湾、韓国に行くよりも高額の100万円近くの高額の渡航前費用を支払い、かつそれを借金して賄っていることが分かる。技能実習制度においては、送り出し地の送り出し機関、ベトナムの場合は仲介会社と、受け入れ地である日本では監理団体とが技能実習生と受け入れ企業との間に必ず入ることになる。そのためベトナム側で仲介会社を利用することは必須となるのだ。つまり、技能実習制度の構造から、借金漬けの労働者が生み出されていると言える。

## 台湾や韓国への移住労働にも課題

手数料が日本よりも相対的に安いように見える、台湾と韓国への移住労働においても様々な課題がある。注意が必要なのは、台湾への家事労働者としての渡航においては、聞き取り対象者の多くが、台湾での就労開始後に、台湾側の仲介会社により賃金から手数料を追加で徴収されていたことだ。そして、台湾での家事労働者の賃金は、技能実習生や台湾での工場労働、韓国での移住労働に比べて相対的に低い。このため、台湾での家事労働者に関しては、渡航前費用の負担が軽いようにみえても、実際には移住労働に費やす手数料が台湾での就労後にも賃金が低いにもかかわらず、手数料が追加徴収されている。

また、韓国への移住労働については、韓国の雇用許可制（Employment Permit System＝ＥＰＳ）により、仲介組織は排除されており、本来は労働者と企業との間に仲介組織は入らないはずだ。ベトナム側では、ベトナム政府の機関で手続きをすれば、仲介組織を使わずとも、韓国にわたることができる。しかし、実際には聞き取り対象者の中に、仲介者に多額の手数料を払っている人がいた。これは、韓国行きは人気が高いことや語学試験があることで、「韓国に行くには時間がかかる」「韓国に行くのは難しい」などと言われていることが背景にあるとみられる。

雇用許可制の場合、韓国では就労できる期間が日本より長いほか、一定の範囲内で勤務先企業を変更できる[12]。また私の聞き取りでは、韓国で就労したベトナム人労働者には、雇用主から無料の宿舎や昼食が提供されており、家賃や食費の負担が一定程度軽減されていた。日本の技能実習生の場合、聞き取りでは家賃を支払うことが一般化している上、昼食の支給を受けていたケースはほとんどないため、技能実習生は自分で食事を用意する必要があり、家賃と食費の負担が生じていた。

このような事情により、韓国行きはベトナム人の間で人気となっている。ただしそれゆえに競争率が高いとみられ、中には「確実に韓国に行ける」と吹き込む仲介者や仲介会社に高い手数料を払う人が出ている。こうした韓国の事例からは、たとえ制度的に仲介組織が規制されていたとしても、仲介者や仲介会社がそれに反して、インフォーマルな仲介業を行う動きがあり、そのインフォーマルな仲介業に取り込まれ、高い手数料を払ってしまう人が存在することがみてとれる。

ベトナムからの移住労働をめぐっては、日本への技能実習生としての移住労働だけではなく、台湾や韓国への移住労働についても、仲介者や仲介組織による様々な形のビジネスや搾取が存在することに注意しなければならないだろう。

## 銀行からの融資による費用調達

ベトナムからの国境を越えた移住労働をみる上で重要な点に、渡航前費用を工面する手段がある。聞き取り対象者は技能実習生を含め、(1)家族のたくわえからの流用、(2)親族からの借金、(3)銀行からの借金、(4)コミュニティ内の高利貸しの利用、(5)上記の組み合わせ――により、費用を工面していた。

前述したように、技能実習生については大半が借金をしている。中でも借り入れ先として多かったのは、実は銀行なのだ。私は聞き取りを始めるまで、ベトナムの人たちは手数料を払うために、親族から借り入れをしているのではないかと考えていた。銀行が移住労働のための融資を行うという発想がなかったのだ。だが、ベトナム政府は、移住労働者の海外への送り出しを進めるにあたり、銀行による移住労働希望者への融資を推進している。私の聞き取りでは、日本の技能実習生に限らず、台湾への移住労働においても、アグリバンクから借り入れを行っている人が少なくなかった。

銀行から借り入れをする場合、土地使用権や家を担保にすることが一般化している。ベトナムは社会主義国のため、土地は私有できないものの、土地使用権が売買されたり、融資の際の担保として使われたりする。移住労働希望者はおおむね、農村部の出身者が多く、特に農業を営んでいるケースでは現金収入が限られることも多い。そのため、土地使用権を担保に入れ銀行から融資を受け、渡航前費用を支払うことになる。

ここからみえることは、農村部における金融システムの整備が進む中、政府による移住労働の推進と、それに伴う移住労働希望者向けの融資政策により、本来は高額の渡航前費用を支払う能力がない人でも、移住労働に必要な渡航前費用を支払うことができるようになるということだ。それは移住労働に必要な経済資源をもたない人に移住労働のチャンスをもたらす半面、ベトナムで普通に働いていたのではなかなか返済することができないほどの高額の借金を背負った移住労働者を生み出すことにつながる。

移住労働の広がりを受け、親族中の移住労働経験者が親族のメンバーに移住労働の費用を提供する動きも出てきている。例えば、聞き取り対象者の中では、台湾で家事労働者として働いた女性が、自分の子どもが日本に技能実習生や留学生として行く際の手数料を台湾での収入から出していたケースがあった。

また20代前半が多く、独身者が少なくない技能実習生の場合、銀行から借金をする場合、自身ではなく家族が保有する土地使用権を担保として用いることが多い。つまり借金は本人だけではなく、その出身世帯全体に影響を及ぼすのだ。技能実習生は出身世帯の代表として移住労働に出ている格好となり、そのために収入の大半を家族に仕送りするとともに、特に独身の技能実習生の場合、仕送りの使途は本人ではなく親が決めている。自身の仕送りの使途を技能実習生本人がよく知らないケースがあるなど、仕送りの使途の決定権は親にあるケースが多いのだ。もし渡航前費用の借金が返済できずに、土地使用権を取られてしまった場合、技能実習生本人にとどまらず、出身世帯は土地を失うことになり、世帯全体が不利益を被ることになる。

## ベトナムでまかり通る、あまりに高額な借金

ベトナム政府による移住労働希望者への銀行融資政策は、本来は経済的に不利な状況にある人に対して、移住労働に出ることで経済的なエンパワーメントを促すという意味あいがあるだろう。しかし、仲介会社が移住労働の希望者から徴収している手数料は、ベトナムの一般の人たちにとっては不当に高額であり、融資でその手数料が賄われたとしても、移住労働希望者は結果的に高額の借金を背負ってしまうことになる。

一方、移住労働者の送り出しの歴史的蓄積を持つフィリピンでは、仲介会社が技能実習の候補者から手数

料を徴収することは禁じられている。1ペソでも手数料をとれば、政府から罰せられ、その仲介会社は事業免許を取り消されることとさえある。

だが、ベトナム側では、政府の定める手数料の上限自体も実際にはそう安い金額ではない。前述した労働・傷病軍人・社会省（ＭＯＬＩＳＡ）の定める手数料の上限にしても、3年の技能実習で３６００米ドル（約39万円）となっているが、これにしても、ベトナムの平均的な収入を超える上、日本での技能実習生の月収をも超えている。

もし、自分や自分の家族がどこかに働きに行くにあたり、それまでの収入をはるかに超える金額、それも新たな就労先の月収を超え、借金が必要になるほどの金額を渡航前費用として払うことを求められた場合、それをそのまま受け入れられるだろうか。しかも、働けるのは限られた職種だけで、就労先の国ではそう賃金の高い部門ではない。家族は帯同できず、何かあっても就労先を変更できない。契約期限がくれば、帰国しなければならない。自分や自分の家族に、そうした形での移住労働が選択肢として示されたとき、それを受け入れられるだろうか。

聞き取りをしたフィリピンの仲介会社で働いた経験を持つ日本人男性は、「フィリピン政府は送り出しを厳しくみており、もしも技能実習生から手数料をとれば、厳しく罰せられる。ベトナムの手数料は非常に高い上、フィリピンでは絶対に考えられないことだ」と指摘している。

だが、ベトナムの場合、労働・傷病軍人・社会省（ＭＯＬＩＳＡ）が規定している手数料の上限を超える手数料や保証金が平然ととられているなど、法規制の違反行為が放置されている。そうした中で、１００万円ほどの高額の手数料を支払って海外に働きに行き、借金漬けの状況で就労しながら返済をする形が、当たり前となっている。

## 人身取引との関連

移住産業が拡大し、結果として、高額の渡航前費用を借金して賄い、かつその借金を返しつつ、就労する仕組みが広がっていることは、人身取引との関連でもみるべきだろう。

「国際的な組織犯罪の防止に関する国際連合条約を補足する人、特に女性及び児童の取引を防止し、抑止し及び処罰するための議定書（人身取引議定書）」では、人身取引をこのように定義する。

「搾取の目的で、暴力その他の形態の強制力による脅迫若しくはその行使、誘拐、詐欺、欺もう、権力の濫用若しくはぜい弱な立場に乗ずること又は他の者を支配下に置く者の同意を得る目的で行われる金銭若しくは利益の授受の手段を用いて、人を獲得し、輸送し、引渡し、蔵匿し、又は収受することをいう。搾取には、少なくとも、他の者を売春させて搾取することその他の形態の性的搾取、強制的な労働若しくは役務の提供、奴隷化若しくはこれに類する行為、隷属又は臓器の摘出を含める。」（同議定書第3条（a））[13]

ベトナムから日本へ技能実習生としてわたる場合、技能実習生は確かに自身の意思により、仲介会社を利用した上で、正規の移住労働者として、日本の受け入れ企業で働くことになる。これは一見すると、本人の自由な意思に基づくもので、問題がないようにみえる。

しかし、この状況を、自分が決めたことなのだから自己責任だと切り捨てていいのだろうか。制度的に、技能実習生は必ず仲介会社を通してしか来日ができないため、出身者の経済水準を超える高額の渡航前費用という債務を背負い、日本に来たのち、働きながら返済することが求められる。借金があるため、仕事をやめるわけにはいかず、技能実習制度の規定で職場を変えることもできない。もし受け入れ企業において何か問題があったとしても、我慢して働き続けるほかない。

さらに言えば、技能実習生の賃金は受け入れ企業がたとえ違反行為をせずに、規定通りの金額を払ったとしても、決して高い水準ではないのだ。技能実習生は、仲介会社や受け入れ企業との非対称的な権力関係のもとに、制度の特質から、組み込まれてしまっている。

人身取引の研究をしている齋藤百合子明治学院大学准教授は論文で、人身取引被害者の中には、「自分が受けている被害や搾取を認識しない、もしくはできない人がいる」と指摘し、「このような人々を、行政当局から被害者として認知されるかどうか不明確、もしくは白か黒かはっきりしないという意味で、グレーゾーン被害者と呼ぶことにしよう」と述べている。[14]

さらに齋藤准教授は、「人身売買禁止議定書の定義に忠実に解釈すれば、契約や渡航先での仕事や生活状態についての説明に虚偽があり、移送と引き渡しの際に金銭の収受が行われ、就労現場において強制的かつ搾取的な労働が強要されていれば、国際結婚や研修生にもグレーゾーンの人身売買ととらえられる例があるかもしれない」とも説明している。借金漬けの労働者として日本で働く技能実習生について、「グレーゾーンの人身取引」と言えるケースもあるだろう。

私が聞き取りをしたある実習生は、日本の就労先で長期間、日本人の男性従業員から殴られていた。この実習生は暴力に耐えかね、警察に相談することも考えた。

だがこの実習生の家族は、高額の渡航前費用の大半を借金をして工面していた。そのため、この実習生は途中で強制的に帰国させられることを恐れ、結局、警察に相談することはできず、長期間、暴力に耐えざるを得なかったという。

## 相次ぐ詐欺事件や人身取引——移住労働希望者が直面する数々の困難

ベトナムからの移住労働者の送り出しをめぐっては、ほかにも多くの問題が発生している。よく聞かれるのが、「海外に行くとたくさん稼げる」などの誘い文句を受け、高額の渡航前手数料を払ったものの、実際にはだまされて海外に行けないというケースだ。

現在ベトナムでは、海外への渡航は一種のブームになっており、海外での就労を希望する人は少なくない。経済成長の中での格差の広がりと、地方や農村部を中心に貧困問題がいまも残る中で、ベトナムよりも高水準の収入を得られると期待できる海外での就労は、庶民にとって自分とその家族の人生を変え、暮らしの改善につながる希望となっている。

そんな人々の切実な希望につけこんで、「日本は稼げる」「残業が多い」といった誘い文句で、移住労働をあおる事業者は少なくない。お金だけとって、実際には渡航させないといったケースが存在するのだ。

もう一つ問題視されるのは、移住労働の希望者をだまして、人身取引の対象にする事例である。「海外で良い仕事がある」とだまされ、女性や子どもなどベトナムの人たちが、中国やカンボジアなど他国に売られていくケースが存在する。こうした被害者には少数民族の女性も含まれる。ベトナムでは少数民族の経済状況は最大民族のキン族に比べて悪いと言われ、教育へのアクセスが制限されるケースもある。海外への出稼ぎがブームになる中で、経済的、教育的に不利な状態に置かれた少数民族の人々が「海外でよい仕事がある」と言われ、だまされたり、人身取引のターゲットになったりする事例があるのだ。

## 5　日本の監理団体

### 日本側にとっての「ビジネスチャンス」

ベトナムからの移住労働者の送り出しの増加は日本側にとっても「ビジネスチャンス」としてとらえられている。

日本の技能実習制度では、「企業単独型」と「団体監理型」の受け入れの2つのルートがあり、その大半は団体監理型の受け入れだ。国際研修協力機構（ＪＩＴＣＯ）[15]によると、監理団体は商工会議所・商工会、中小企業団体、職業訓練法人、農業協同組合、漁業協同組合、公益社団法人、公益財団法人などの「営利を目的としない法人」であることが設置の許可基準となっている。

監理団体は本来、実習実施機関と呼ばれる受け入れ企業が適切に技能実習を行っているかどうかを「監理」する役目を担っている。具体的には、3カ月に1回以上、受け入れ企業を訪問し、ア　技能実習の実施状況の実地確認、イ　技能実習責任者及び技能実習指導員から報告を受けること、ウ　在籍技能実習生の4分の1との面談、エ　実習実施者の事業所における設備の確認および帳簿書類などの閲覧、オ　技能実習生の宿泊施設など生活環境の確認――を行わなければならない（国際研修協力機構＝ＪＩＴＣＯ）。

ほかにも、第1号（1年目）の技能実習生に対する入国後講習の実施、技能実習計画の作成指導、技能実習生からの相談対応も、監理団体の仕事となっている。

また新制度への移行に伴い、監理団体は許可制となり、許可がなければ設立できなくなった。これは「監理事業を行おうとする者は、主務大臣の許可を受けなければならないこととされており、当該許可に当たっては、許可基準が設けられ、当該許可基準に適合しなければ許可を受けることはできない」と技能実習法により規定されている。

一方、監理団体は「監理費」を受け入れ企業から徴収しており、これが収入源となっている。監理費は技能実習生1人当たり1カ月に3〜5万円という話を聞くが、監理団体によって差があるようだ。場合によっては、紹介料が発生する場合もあるという話もある。残念ながら、紹介料の詳細を突き止めるに至っていないが、紹介料は1人当たり30〜50万円に上ることもあると聞く。こうしたお金が技能実習制度の中で動いている。

さらに技能実習生が1年目の1号から2年目以降の2号に移行する際、必ず技能実習評価試験を受けることが求められる。この試験については、実習先企業が試験実施機関に受験料を払うことが必要になる。労働組合など支援者からは、この試験が技能実習制度の建前を維持するためのアリバイになっているのではないかとの声が出ている。同時に試験の受験料は受験生1人当たり数万円となっており、企業の負担は小さくない上、これが一つの試験産業になっているとも指摘されている。

監理団体は大きな規模のところから、小規模のところまで様々である。都心に本拠を置き、全国レベルで事業を行う規模の大きな監理団体から、少人数の職員で運営し限定された地域で事業を行う監理団体まで、その規模にはばらつきがある。大規模に事業を行い、多数の職員を抱えるほか、日本各地に加え、海外にも拠点を置く監理団体がある一方で、小規模な監理団体もあり、小規模団体についてはホームページを持たないケースもある。

監理団体は海外出身の技能実習生と受け入れ企業それぞれのサポート業務を行うため、ベトナム語のできるベトナム人社員や中国語のできる中国人社員を雇用し、こうした外国出身の社員が通訳業務や技能実習生の相談を受け付けたりしているケースもある。

技能実習制度という制度のもとで受け入れ企業と技能実習生をつなぎ、受け入れに必要な手続きや技能実習生のサポートを行うことから、監理団体は技能実習生や受け入れ企業と密接にかかわっていく。

## 監理団体の仕事──佐藤さんの例

では、監理団体の関係者は技能実習制度の中でどのような仕事をしているのか。それを探るため、2017年の夏、監理団体を運営する佐藤太一（仮名）さんの元を訪れた。

佐藤さんは、半そでシャツをさらりと着こなす男性だった。面差しは一見すると硬派な印象だが、会話をはじめると、あたたかみのある話し方をする。

佐藤さんはこれまでずっと自営業をしてきたが、数年前から技能実習生の監理団体を運営している。技能実習生の受け入れ事業にかかわるようになったのは、海外旅行が好きで様々な地域を訪れるうちに佐藤さんがベトナムと出会ったからだ。ベトナムを訪れるうちに、技能実習生の送り出し・受け入れの事業があることを知ったのだ。

数年前に、大きな監理団体の一支部として、自身の監理団体を立ち上げた。これまでに受け入れた技能実習生の数は100人程度に増えている。

佐藤さんが監理団体を始めた際の動機は、ベトナムとの出会いとともに、佐藤さん自身が監理団体の運営が「儲かると思った」からだった。技能実習制度の建前では監理団体は営利目的に事業を行わないとされているが、実際には受け入れ企業から入る「監理費」は監理団体にとって収入となり、そこから事業コストを引いた金額が利益となる。こうした中で、佐藤さんはこの監理団体の仕事を起業の一つとしてとらえ、新たなビジネス分野に新規参入したのだった。これまで人に雇われるのではなく、自分で事業を行い、稼ぎを得てきた佐藤さんは、自営業者として長年事業を行う中で身につけた経営者の視点から、監理団体事業に参入したことになる。

## 求められる「キックバック」

佐藤さんは、監理団体立ち上げからここ数年の事業経験を通じて、監理団体の体質に関して問題意識を抱いてきた。それはほかの監理団体の中に、ベトナムの仲介会社に対して高額の接待やキックバックを求めるところがあるからだ。

監理団体の職員は技能実習生候補者の面接などのために頻繁に送り出し国を訪れ、その際にベトナム側の仲介会社と接触する。佐藤さんによると、監理団体によっては、この際の渡航費用や宿泊費を送り出し機関に負担させたり、レストランや女性がいるカラオケ（ナイトクラブ）での接待を要求したりする事例がある。また、監理団体によっては、技能実習生を受け入れ企業に送り出す際に、「1人当たり○○円」というような「キックバック」を要求するケースがある。こうした接待やキックバックはインフォーマルな形で行われるが、これらにかかる費用はベトナム側の仲介会社が一度負担したとしても、最終的には技能実習生が支払う「手数料」に上乗されるケースが多いとみられている。

監理団体の経営を数年前に始めたばかりの佐藤さんにとって接待やキックバックの存在は驚きであり、「おかしいこと」だと認識した。同時に佐藤さんはこうした接待やキックバックが「技能実習生の負担になる」と考え、接待やキックバックの要求はせず、また接待やキックバックをする監理団体とは付き合わないという方針を持つようになったという。

ベトナムの仲介会社の接待やキックバックについては、明確な調査がないため詳細が明らかではないが、筆者が送り出し機関の関係者に聞き取りをしたところ、地域差があり、ハノイ市では接待やキックバックをする仲介会社が多く、それゆえに技能実習生が支払う手数料がホーチミン市の仲介会社よりも高くなるという傾向があるとの話も聞かれた。

他方、技能実習生が支払う手数料には、仲介会社の職員に対して「面接を早めてもらうための賄賂」「書類を作成してもらうための手数料」なども含まれる事例があり、「ブラックボックス」化しているケースも少なくない。そのため、手数料について正確に把握するには、仲介会社だけではなく、技能実習生本人にきちんとした聞き取り調査を実施し、実際にいくら総額で支払ったのか、その内訳と、規定の手数料との差異を調べることが求められる。

こうして、技能実習生の受け入れ事業に新規参入した佐藤さんは、監理団体の体質に驚き、そこから距離を取り、接待やキックバックを拒否するとともに、不正行為を行う仲介会社とは一緒に事業をしない方針をとることになった。

### 受け入れ企業の選定――きちんと意見を言う

受け入れ企業は監理団体に対し、技能実習生の監理費を納めている。監理団体は本来、受け入れ企業が技能実習を適正に実施しているのか「監理」する立場にあるものの、監理費が監理団体の収入になっている現実があり、受け入れ企業は監理団体にとってはある意味で取引先であり、顧客でもある。

実際に佐藤さんの監理団体では受け入れ企業に技能実習生を紹介すると、1カ月につき1人当たり3万円程度の監理費を受け入れ企業から徴収している。Aさんの監理団体はこれまで、日本側では佐藤さんだけで事業を行ってきたというが、それでも入国させた技能実習生は計100人程度に上っており、単純計算しても月に300万円の監理費収入がある。そこから、様々な事業コストが引かれることになるわけだが、監理団体にとって監理費とは収入の柱なのだ。

それでも佐藤さんは「受け入れ企業が技能実習生を人間として見ずに、物のように扱っているケースでは、受け入れ企業側に抗議を行った上で、最終的に当該企業との取引をやめたこともあった」と語る。

佐藤さんは「あの子たち（技能実習生、筆者注）に幸せになってもらうことが一番だから、ひどいところには送らない」と語る。具体的には、縫製業、建設業、農業・漁業などの一部の産業分野には技能実習生を送りこまないことを決めた。佐藤さんは、上記の産業分野では長時間労働や最低賃金を下回る時給や暴力などの事例が発生しているため送り込みたくないという。また佐藤さんは、受け入れ企業に対し、「きちんと意見を言う」と決めている。

もともと「儲かると思い始めた」監理団体の事業だが、佐藤さんは自身の経験から培った自分自身の方針があり、接待やキックバックなどの監理団体と送り出し機関の不当な癒着、受け入れ企業での技能実習生の不当な扱いについては、看過することはできなかった。

佐藤さんは自身の監理団体で来日させた技能実習生とSNSや直接の訪問などを通じて関係を維持し、話を聞くようにもしている。

## 帰国を強いる監理団体も

佐藤さんのような監理団体がある一方で、監理団体は数が多く、様々だ。技能実習生よりも受け入れ企業のほうを優先する監理団体もあり、中には、受け入れ企業と監理団体とにより、意に反して帰国させられそうになった技能実習生から話を聞いたこともある。暴力を振るわれたり、ケガをしたりした技能実習生が、監理団体に相談してもまったく取り合ってもらえなかったという事例もある。そして、佐藤さんが証言した接待やキックバックに関しては、ベトナムの仲介会社の関係者からも「キックバックを求められたが、そうした監理団体とは付き合わない」「接待をお願いされたけれど、それは自分たちでやってくださいと、断った」という話が出たこともある。監理団体の元職員からは「監理団体での仕事に疑問を抱き、退職することを選んだ」という話を聞いたこともあった。

受け入れ企業からは「監理費が高い」といった声があるなど、技能実習生と受け入れ企業との間に監理団体が間に入ることで生じるコストへの不満が聞かれた。受け入れ企業には地方の中小零細企業も少なくない。監理費は負担になるのだ。

一方、受け入れ企業も様々だ。技能実習生から評判の良い会社もあれば、その逆もある。問題を解決するには、やはり技能実習生の自由を認めることと、受け入れ企業と外国人労働者との間に入り、手数料をとる中間組織を排除することが必要だろう。そしてこれだけ複雑に形成された技能実習制度の廃止と、正面からの労働者の受け入れが求められる。

## 6　来日前に受ける「軍隊式」の研修

### 「軍隊式」が売りの渡航前訓練センター

「うちは軍隊式を取り入れています」

ベトナムで実習生候補者を対象にした渡航前訓練センターを経営する30代初めのベトナム人男性は、自信たっぷりにこう語った。男性はハノイの名門大学を卒業した後に日本の有名大学に留学した経験も持つエリートで、日本語は相当のレベルだ。身のこなしも颯爽《さっそう》とし、若手実業家といった雰囲気がただよう。

ハノイ市近郊にある彼の訓練センターでは、実習生として来日する前のベトナム人を対象に、日本語などの渡航前研修を提供している。その渡航前研修の中で、規則を厳格に守らせ、規律を身につけさせ、日本企業側のニーズに応える実習生を育成することが彼の会社の方針なのだという。そのために取り入れているのが、細かな規則を導入した「軍隊式」の渡航前研修だった。

彼は私に、「軍隊式」の渡航前研修の重要性を説くとともに、ベトナム人に対する「躾《しつけ》」が必要だと強調する。彼は、ベトナム人にとって日本の企業で働くことは、学ぶことが多い上に収入も得られるなどメリットが大きいが、来日前には、ベトナム人実習生候補者に対して「躾」をし、日本企業での就労を乗り切れるようにすることが必要なのだ、とする。実習生候補者は、彼の訓練センターで日本語を中心に学んだ上で、5Ｓ（整理・整頓・清掃・清潔・躾）や「カイゼン（改善）」をはじめとする日本の企業文化や習慣などを学ぶことになる。

では、いったいなにが「軍隊式」なのかというと、企業の規則と「上」からの指示を忠実に守ることのできる実習生を育成するため、彼の訓練センターでは、様々な規則が決められ、それを順守することが求められるのだという。研修の時間だけではなく、朝起きてから寝るまでの生活全般においても様々な規則を守り、規律を身につけることが目指されるというのだ。

### 日本人は「先生」――日本人を〝敬う〟ことを叩きこまれる

彼が手配した車に乗り込み、彼自慢の訓練センターまで連れて行ってもらった。思いがけず黒塗りの高級車で、彼の「実習生ビジネス」が順調であることがうかがえた。

訓練センターは、日本の古い小学校を思わせるような、どこか懐かしく、そして質素なコンクリートの建物だった。敷地内には中庭があり、そこでちょっとした運動ができるようになっている。

スタッフに連れられ教室のドアに足を踏み入れた途端、その場にいた訓練生すべてが一斉に立ち上がり、直立した状態で、驚くほどの大きな声を出し、「先生、こんにちは」と言った。なるほど、これが「軍隊式」の挨拶らしい。たしかに、おなかの底から出しているような大声と、その直立不動の姿勢から、「軍隊式」の挨拶と言われれば、そうかとうなずくほかない。どうもここでは、来訪者、とりわけ「日本人」はみな一様に「先生」と呼ばれているらしい。

しかし、私は先生でもなく、何者でもない。

訓練生の勢いにあっけにとられつつも、なんとか「こんにちは」と挨拶してみた。にこにことほほ笑む訓練生の好奇心に満ちた視線が私に集中する。普段は決して呼ばれることのない「先生」という言葉と、彼ら彼女らの笑顔とその視線を受け、私は一瞬どうしていいのか分からなくなった。「なにか訓練生に聞きたいことありますか?」と話しかけられ、やっと何か話さなくてはならないと気が付いた。そこで、訓練生に対し、一人ずつ名前と出身地、年齢を聞いてみた。日本語の初学者のクラスというが、これらの基本的なことはなんとか言えるのではないかと思ったからだ。

私の質問に対し、1人の訓練生は、「ナムです。ハイズオン省の出身です。23歳です」と、大きな声で勢いよく答えてくれた。ほかの訓練生たちもそれぞれ、クラスメートがどうやって話すのか、耳をそばだてて、息を飲むように聞き入っていた。

訓練生たちは日本人と接すること、覚えたての日本語を話すことが嬉しいといった感じに見えたが、直立不動の姿勢と大声とは最後までそのままだった。彼ら彼女らの様子を見ると、ここで訓練生が日本人を〝敬う〟よう叩きこまれているのではないかと感じざるを得なかった。

しかし、誰かほかの人に会った際、すぐに起立し、直立不動になって大声で挨拶をしたり、初対面の相手を「先生」と呼んだりする習慣は、日本にあるのだろうか。日常の暮らしや仕事の中で、いったいどれだけの人がそんなふるまいをしているのか。

私はそんなことを思いながら、戸惑いを感じずにはいられなかった。

## 7　「軍隊式」と「躾」を好む日本企業

### 〝規律・訓練〟と徹底した管理――〝命令〟に従う実習生をつくる渡航前研修

この訓練センターでは、さらに細かな規律が多数決められ、それを厳守することが訓練生一人ひとりに求められていた。

訓練生が共同で暮らす寮の一室には、二段ベッドが何台か詰め込まれていた。決して広くない空間であるものの、モノが少なく、部屋全体がきっちりと整頓されているため、狭苦しさを感じることはなかった。ここで何人かで共同生活をしているのだという。

部屋は隅々まできちんと整頓され、チリ一つ落ちていないとてもきれいな空間だった。見ると、各ベッドに備えられた枕は、みな同じ位置に置かれ、シーツもしっかりとかけられている。このようにベッドメイキングをしっかり行うことも、この訓練センターでは重要な決まりであり、指示された通りにきれいにしていないと「指導」があるのだという。

さらに、訓練生個人が寮に持ち込める洋服や靴といった私物の数も決まっている。決められた数を超える私物は持ちこめない。その上、モノの置き場所もすべてきっちりと定められている。所定の場所に置かなければこれも「指導」の対象になる。

その部屋から出て、洗面所やシャワーのあるスペースを見せてもらうと、さらに徹底した管理を否でも応でも感じることになった。洗面所には、歯ブラシやコップが整然と並べられているが、そうした小さな私物もすべて置き場所が決まっており、少しでも決められた所定の位置にきれいに置かないことは許されない。一人ひとり、「コップはこの位置に」、「歯ブラシはここに」と、すべて決まっているのだ。

訓練生が、ベッドメイキング、私物の数、モノを置く場所などの各種の規則をもしきちんと守らなければ、「指導」の対象になる。「指導」というのは、訓練生一人ひとりの「規律違反」を来日後に就労する予定の日本企業に伝えるというものだった。

訓練センターの訓練生は、借金をして高額の渡航前費用を工面してでも日本に行きたいと、このセンターで必死に日本語を学んでいる。だが、もし「規律違反」が積み重なれば、受け入れ予定の日本企業に報告され、結果的に来日できなくなることもあるのだという。

規則に従わなければ、日本には行けない――。これは訓練生にとって強力な〝脅し〟になるだろう。細かく決められた規則の存在とその規則を徹底して守らせようとする訓練センターのあり方は、訓練生を自然と規則、そして命令に従わせていく。彼ら彼女らを受け入れる日本企業が喜ぶような労働者として社会化する機能がこのセンターにはあると言えるだろう。

技能実習生は国境を越える移住労働を行うことで日本の職場での上司や同僚との付き合い方や慣習などを身につけるが、来日前の時点でセンターにおいて〝日本向け〟の労働者として教育される。ベトナムの若者は、日本に来る前の時点で既に、仲介会社と、実習生を受け入れる管理組合や日本企業によって、コントロールされていると言えるのかもしれない。

## 日本語教師もまた搾取されている

その後、２０１７年に日本で、この研修センターでボランティアの日本語教師として働いていた日本人男性、柳川寛人さん（仮名）に会い、話を聞いた。柳川さんは日本で日本語教師の資格を取り、ベトナムにわたりこの研修センターで働くことになった。

柳川さんがそこで見たのは、私が見たのと同じ、軍隊式の渡航前研修だった。それだけではなく研修センターでは、夜にヘッドフォンでベトナム語の音楽を聴いていた研修生に対し、翌朝の7時から正午まで5時間にわたり屋外に立たせるという罰が科されることもあったという。また、自習時間には部屋に鍵をかけられ、外出も禁止されていた。シャワーも水しか出ない。

さらに日本語教師に対する搾取もあったと、柳川さんは主張する。

柳川さんはもともと「ボランティア」としてこの研修センターに行ったものの、実際には授業を週に20コマ担当していた。日本語教師は授業の準備や試験の採点など授業外の仕事も多い。週に20コマも授業をし、それ以外の仕事もこなせば、相当な仕事量になる。これを無給の「ボランティア」として行うことが求められたのだ。

日本語教師の処遇の不十分さは何もこの研修センターに限ったことではなく、日本においても日本語教師はボランティア日本語教室で無償で日本語を教えたり、非正規雇用で日本語学校や大学などで教えることも少なくない。本来は専門知識や経験、スキルが求められる専門性の高い仕事のはずだ。日本社会で生きていく外国人にとっては、日本語は重要であり、日本語教育はますます重要になっている。

けれど、これだけ外国人が日本におり、日本の経済を支えているにもかかわらず、日本語教師の処遇の問題が残る上、地域のボランティア日本語教室が地域における外国人の日本語教育の受け皿となっているなど、日本語教育は軽視されていると言える。それに付け加え、この研修センターでは無給での労働だったのだ。技能実習生に限らず、日本語教師もまた搾取されていることに、柳川さんは怒りと戸惑いを抱いた。後に帰国を選んだという。

## 駐在員出身の「日本人校長」が戸惑いを隠せない日本企業の〝差別意識〟

さて、訓練センターを見学していくうち、職員のいる部屋に通された。そこで出会ったのは、この訓練センターの「校長」をしている一人の日本人男性だった。

男性はもともと日本企業の駐在員としてベトナムに来たのだという。ベトナムではそれまでに培った技術や知識を活かして日本メーカーの製造拠点で仕事をしてきた。その後に会社をやめ、日本企業での実務経験を買われ、この訓練センターに校長として迎えられたのだった。私の突然の訪問に校長は少し驚いたように見えたが、それでも丁重に接してくれた。長年にわたり現場で仕事をしてきたというのがすぐに分かる、飾らない実直な話し方をする人だった。

校長は訓練センターについて一通り、丁寧に教えてくれた。会話を続けるうち、校長はふと、「下に見ているというか……。ベトナム人を……」とつぶやいた。

聞けば、仕事上、実習生を雇用する日本企業の関係者とかかわる機会が多いというが、中には訓練センターに対し、「ベトナム人にもっと躾をしてくれ」と言ってくる人がいるというのだという。躾といっても、実習生として渡航するベトナム人の多くは20代と若いものの、決して子どもではない。だが、日本企業の中には、実習生の仕事のミスや日本語でのコミュニケーションの困難、生活習慣の違いなどを受け、「ベトナム人実習生は躾が足りない」として、訓練センターに「躾の徹底」を求めるところもあるのだ。なるほど、この訓練センターで展開されている「軍隊式」の渡航前研修とは、日本企業側の〝ニーズ〟をくみ取ったものなのだろう。

日本語が十分にできないことや日本の慣習を知らないといったことで、仕事上でのミスや生活における課題が出てくることはあるかもしれない。たしかに来日前の研修は重要で、実習生候補者に日本語を中心に十分に研修を提供する必要があるだろう。一方で、受け入れ側の企業や管理組合が様々な問題の理由を、ただ実習生自身や実習生への〝躾不足〟に求めるのではなく、受け入れ側自体が課題となるような事態に配慮するとともに、解決策を実習生と共に、歩み寄りながら考えていくことも必要なのではないだろうか。

校長はさらに、「日本企業はベトナム人を下に見ている」と話し、気まずそうな顔をした。日本企業のベトナム拠点で仕事をしてきた経験を持つ校長は、きっとベトナム人の従業員とも仕事を通じて様々な交流をし、ベトナムの人や文化、習慣などについて理解を深めていっただろう。そのため、日本企業の差別意識に敏感に反応しているのではないかと、私には感じられた。

だが、校長の戸惑いとは裏腹に、この訓練センターでは「ベトナム人を下に見る」日本企業のニーズに応えるべく、日本人を尊重する態度を身につけさせるような教育が堂々となされている。直立不動で、大声で挨拶をし、日本人とみれば「先生」と呼ぶように求める。こういったことが「教育」や「躾」として実施され、日本企業にとって都合のよい「実習生」を育成しようとしている。

ベトナムの中で、このような訓練センターが存在するということは、日本の受け入れ側企業や管理組合が、ベトナム人実習生に何を求めているのかということを、如実に映し出している。

## 注

1 中野亜里（2016年）「米越関係――戦後40年の軌跡と新たなパートナーシップの構築」、『立教アメリカン・スタディーズ』No.38、7-23ページ

2 Anh, Dang Nguyen., Labour Migration from Viet Nam : Issues of Policy and Practice, *ILO Working Papers* 994111993402676, International Labour Organization, 2008.

チェ・ホリム（崔昊林）著、イ・ミジ（李美智）訳（2010年）「韓国へのベトナム人移住労働――政策、社会資本、仲介業および連鎖移住」、『東南アジア研究』48巻3号、242-264ページ

Huy, Phung Quang. 2008年「Exported Labour - Practice and Policy Issues: Vietnamese Case」. p. 15.

石塚二葉（2012年）「第5章　ベトナムにおける国際労働移動――政策、制度と課題」、山田美和編『東アジアにおける人の移動の法制度』調査研究報告書、アジア経済研究所、19ページ

Ishizuka, Futaba., International Labor Migration in Vietnam and the Impact of Receiving Countrie's Policies, *IDE Discussion Paper* Np. 414 , p.35, 2013.

3 労働・傷病軍人・社会省のベトナム語表記は同省ウェブサイトによると、「BỘ LAO ĐỘNG - THƯƠNG BINH VÀ XÃ HỘI」で、英語表記は「MINISTRY OF LABOUR – INVALIDS AND SOCIAL AFFAIRS」。本文では英語表記の頭文字を（　）内に表記した。

4 Huy 2008, ベトナム労働・傷病軍人・社会省ウェブサイト、2018年9月14日最終閲覧

5 同前

6 移住労働の送り出しで先行するフィリピンでは、政府が仲介会社に対し家事労働者として海外での渡航を希望する人から「Placement fee」と呼ばれる手数料の徴収を禁止している。他にも受け入れ国の側で仲介会社が労働者から紹介手数料をとることを禁じているニュージーランド、カナダ、英国、アイルランド、オランダ、米国への送り出しに際しても「Placement fee」の徴収は禁止である。日本への技能実習生の送り出しに際しても、仲介会社は手数料を労働者からとることは禁じられている（POEA　2018年）。これに対し、ベトナムでも規定

があるものの、高額の手数料を徴収することが一般化してきた。後述。

7 Lao động Thủ đô：http://laodongthudo.vn/nam-2018-hon-140000-lao-dong-viet-nam-di-xuat-khau-lao-dong-85556.html、２０１９年１月８日最終閲覧

8 http://siteresources.worldbank.org/INTPROSPECTS/Resources/334934-1199807908806/4549025-1450455807487/Factbook2016_Countries_M-Z_Glossary.pdf

9 Xiang, Biao and Johan Lindquist., Migration Infrastructure, *International Migration Review* 48(s1): S122-48, 2014.

10 労働・傷病軍人・社会省（ＭＯＬＩＳＡ）、「Thông tin」văn bản 1123/LĐTBXH-QLLĐNN」、http://www.molisa.gov.vn/vi/Pages/ChiTietVanBan.aspx?vID=34909、２０１９年１月20日最終閲覧

11 日本貿易振興機構（ジェトロ）、「ジェトロ・ビジネス短信　２０１９年の最低賃金決まる、平均引き上げ率５・３％」、https://www.jetro.go.jp/biznews/2018/12/9ddb9d3a5985ce07.html

12 法務省、第６次出入国管理政策懇談会（２０１４年７月１日）、佐野孝治「韓国の雇用許可制について」、http://www.moj.go.jp/content/001127579.pdf、２０１９年２月22日最終閲覧

13 国際移住機関（ＩＯＭ）、http://japan.iom.int/activities/trafficking_top.html、２０１９年３月３日最終閲覧

14 齋藤百合子（２００６年）「人身売買被害者とは誰か――日本政府の『人身取引』対策における被害者認知に関する課題」、『アジア太平洋レビュー　２００６』、67－76ページ

15 国際研修協力機構（ＪＩＴＣＯ）、https://www.jitco.or.jp/ja/regulation/、２０１９年３月３日最終閲覧

# 3章　厳しい就労実態——孤立する技能実習生

本章では、ベトナム人技能実習生が日本で何を経験しているのか、いくつかのケースを紹介することで追ってみたい。

## 1　期待はずれの低賃金と借金の重荷

### 手取りは8万円以下、電子部品を組み立てるベトナム人女性

1990年にベトナム北部で生まれた女性、フエさん（仮名）は技能実習生として日本で働くベトナム人の一人だ。来日前は、ベトナムに進出した日本企業の工場で働いていたというフエさん。高校を卒業してから、工員として働いていた彼女の当時の給料は月400〜500万ドン（約2万1500〜2万6900円）だったという。

一方、彼女の家族は経済的に苦しく、毎日の暮らしは大変だった。そのため、フエさんは家族を助けるため、技能実習生としての日本行きを決めることになる。また若い彼女は、日本人の働き方や日本語の勉強もしたいと思ったのだという。彼女はその後、実習生として日本にわたり、北陸地方の工場で電子部品の組み

立ての仕事をしている。

フルタイムで働いても、給与は月に12万円。そして、そこから家賃と保険料、税金などが引かれると、残るのは8万円となる。さらに、ここから、ガス料金なども引かれることになる。ガス料金は、春が1カ月当たり5000〜6000円で、冬には同8000円にもなる。もともと低い賃金がさらに少なくなる。

それでも彼女は、家族への仕送りを続けるためにも、3年の実習生としての就労期間中、日本で働き続けるのだ。

## 養鶏場を支える20代の女性

1992年にベトナム北部で生まれた女性、ニャンさん（仮名）は、高校を出た後に地元から他の省に出稼ぎに出て、韓国企業の工場に勤務していた。韓国企業での仕事は1日12時間労働、立ちっぱなしで座ることのできないきつい仕事だったが、当時の給料は日本円で月2万円くらいだった。

また、彼女は2万円の給与のうち1万3000円ほどを毎月、故郷の両親に送金していた上、工場の近くに借りていた部屋は月4000円の家賃がかかっていた。そのため、残りの給与は食費で消えてしまい、自分のためのお金はなにも残らなかった。

彼女の両親は故郷で農業をしているというが、農業はきつい労働のわりに、現金収入にはならず、ニャンさん家族の家計は厳しかった。その上、きょうだいの学費もかかる。

こうした家族の経済的な課題を受け、長女であるニャンさんは家族を助けるために技能実習生として渡日して働くことを希望したのだった。彼女も、前述のフエさんのように家族を助け、自分の「人生を変える」ために渡日を決めたのだ。彼女にとって、とても大きな賭けだろう。

ニャンさんは日本行きにあたり、仲介会社に渡航前費用として計８３００米ドル（約90万円）を支払った上、ハノイ市で受けた渡航前研修の費用も支払った。これにより、渡航前には１００万円ほどを費やした。このお金は借金によって工面したという。

来日後は、養鶏場で実習生として働き、給与は月に15万５０００円である。ここから家賃や保険料、税金などが月３万５０００円引かれており、手元に残るのは12万円になる。養鶏場の仕事は１日８時間労働で、残業はない。

残業がないというのは「良いこと」だと思われがちだが、渡航前費用のために借りた多額の借金を返済することに加え、家族の暮らしを改善するだけの収入を得るためには、少しでも残業によって稼ぎたいと思う実習生が多く、ニャンさんは「残業がほしい」と率直に語る。

来日するためにした約１００万円の借金。そして給与は月に12万円程度。ニャンさんは、給料にはほとんど手をつけず、毎月10万円ずつ家族に送金している。

それでも、ニャンさんにとって就労先の会社は楽しいようだ。ほかの職員と一緒にお菓子を食べたり、おしゃべりをしたりして関係を構築しており、ニャンさんは「もっと一緒に働きたい」と語る。

ニャンさんは実習生として最初の1年目は渡航前費用の借金を返すために、携帯電話も使わず、食事の量を抑えて節約をした。その後、渡航前費用の借金を返し終えたニャンさんは、両親に給与のほとんどを仕送りしつつ、やっと自分のことにも少しはお金を回せるようになった。

「大変だけど、お金を家族に送れれば嬉しい」

「両親の笑顔を見たい」

こう話すニャンさん。そんな彼女もまた、来日前にこれほど高額の借金を背負った上で渡航前費用を支払い、そして、日本で働いている。

## ２　〝奴隷労働〟でも相談先がない

### ＳＮＳで助けを求める声

日本で暮らす外国人技能実習生と実際に話してみると、彼ら彼女らが相談相手を持たない状況がみえてくる。日本社会で外部との十分なつながりを持たず、孤立している人が存在するのだ。技能実習生はなぜそうした状況に置かれてしまうのか。

２０１６年の夏のある夜。パソコンを開いて仕事をしていた私は、ベトナムからＳＮＳ経由でこのメッセージを受け取った。

「妻がこまっています。心配です。助けてください」

いったいなんのことだろうと思い、メッセージを読み進めるうちに、これが岐阜県の縫製工場で技能実習生として働くベトナム人女性ニュンさんの、ベトナム北部に住む夫ドゥックさんからのメッセージだということが分かった。ニュンさんと私が知り合いだということ、そして私が日本にいることから、ドゥックさんはわざわざベトナムから私に連絡をくれたらしかった。

「妻は就労する縫製会社で長時間労働などの苦しい事態に直面しており、日々思い悩んでいる」

夫であるドゥックさんは妻のことを思い、私に連絡をくれたのだった。

若いベトナム人女性たち

## 岐阜の縫製工場で働くベトナム人女性たち

私が、ドゥックさんの妻ニュンさんと出会ったのは、2016年の夏、岐阜県内のある駅だった。

その日、私は別の技能実習生と会うため、駅で相手を待っているところだった。岐阜の空は真っ青に晴れ渡り、その分、つきさすような日差しにくらりとするような気候だった。近くにあるビルにかかげられた電光掲示板には、「35度」との表示が見える。

じりじりとしたこの日差しを少しでも避けようと、私は日かげを探し、バスの停留所近くのベンチで待つことにした。ベンチに座り、一息ついて、ふと周囲をみわたすと、隣のベンチで数人の女性たちがなにか不安げな表情をし、所在なげにしているのがみえた。女性たちはみなTシャツにジーパンという格好で、大きなリュックサックやスーパーのビニール袋などいくつかの荷物を抱えていた。

女性たちのほうを気にしていると、かすかに彼女たちの話し声が聞こえてきた。驚いたことに、それは日本ではあまり聞くことのない、そして、私にとってはとても懐かしいベトナム語の響きだった。女性たちはどうもベトナム人らしい。久しぶりに聞くベトナム語の音を耳にし、私は彼女たちから目が離せなくなった。

そのうち、私はつい、彼女たちに話かけてしまった。それが、ニュンさんとの出会いだった。ニュンさんは最初、私にベトナム語で話しかけられたことに、とても驚いていたが、出身地のことなどを話すうちに、少しずつ自分たちのことを語ってくれた。

少しして、私の待ち合わせの相手もやってきた。彼女も同じようにベトナム出身の技能実習生の女性だった。彼女がニュンさんたちと話すうちに、女性たちは徐々にうちとけた雰囲気になった。

彼女たちが少しずつでもうちとけていったのは、女性たちそれぞれがいくつかの共通項を持っていたからだった。女性たちは偶然にもみな、ベトナム北部出身の既婚女性であるとともに、子どものいる「母親」であり、家族を故郷に残して、日本に働きにきていた。また、日本ではみな、岐阜県内の縫製工場で技能実習生として就労し、故郷に仕送りをして家族の暮らしを支えている。そして、なによりも、彼女たちはそれぞれ、岐阜県の就労先企業で深刻な状況に直面し、大きな悩みを持っていたのだった。

話を聞くと、彼女たちは一様に、過労死ラインを越える長時間労働や最低賃金を下回る残業代、就労先企業の日本人による暴言やハラスメントなど、その就労状況に数々の課題を抱えていた。しかしニュンさんたちは、それまで外部に相談する方法も知らず、実際に相談をしたこともなく、ひたすら我慢を重ねていた。しかし、それでもついに我慢が限界となり、ある時、やっとの思いで、外部の支援組織の情報をみつけ、そこに相談しようと思い立ったのだ。

私と出会った日、ニュンさんは外部の支援組織への相談を決意し、近隣の都市部にいる相談相手のもとへと電車に乗って相談に行くところだった。

同じような困難な状況に置かれていた女性たちは、あの夏の日、やっと手にした休日に炎天下の中でその場で話し込み、それぞれの情報を交換しあったのだ。女性たちはこれまでは誰とも悩みを共有することができずにいた。とても暑く、立っていると汗が噴き出てきたあの日、屋外にいることは肉体的にきつく感じられたものの、女性たちにとってはその暑さというものは何も問題にならないようだった。ニュンさんたちの真剣な表情から、彼女たちがいかに問題の多い状況に置かれているのかが、伝わってきた。

## 「母親」への稼ぎ手としての期待——仕送りで家族支える

前述したように、ニュンさんたちが外部に相談をするのはその日が初めてのことだった。彼女たちは、それまでは誰にも相談することができず、問題を抱え込んでいた。

では、女性たちはなぜ、問題を共有する機会を持てなかったのだろうか。

ニュンさんたちは日ごろ、岐阜県にある勤務先企業の日本人社長から「ベトナムへ帰れ」と怒鳴られていた。外部に相談することにより、社長の機嫌を損ね、強制的に帰国させられることを恐れていたのだった。

ニュンさんのような岐阜県の縫製業で働く女性たちの中には、子どものいる既婚女性、つまり「母親」が少なくないということも、外部へ相談せずに我慢する一因になっているとみられる。

ベトナムでは共稼ぎが一般的で、とくに農村の女性は農業や工場労働などにより収入を得つつ、炊事・洗濯など家事全般と育児・介護の責任を負っている。つまり「母親」たちは世帯内で稼ぎ手としての役割と、家事・育児を主体的に行うという役割とを、両方担っているのだ。こうした農村の「母親」たちにとって、日本での技能実習生としての就労は、自分たちに課せられた世帯内の稼ぎ手としての役割を最大限に果たす機会としてとらえられる。

来日にあたりニュンさんは仲介会社に、合計1億8000万ドン（約89万2900円）を支払ったという。

このうち6500万ドン（約32万2400円）は「保証金」で、3年の実習期間を終えれば、返金されるものだ。しかし、3年の実習期間を全うしなければ、「保証金」は戻ってこない。1億8000万ドンという金額はベトナムの所得水準からいってあまりにも高額だ。ニュンさんの家族はこのお金を支払うために、借金をして、資金をかき集めたという。

日本での稼ぎは、出身地に残した家族の生活費や子どもたちの教育費にあてることが期待されており、契約期間満了を前に途中で帰国してしまうと、そうした期待に応えることができなくなってしまう。

高額の渡航前費用を支払って来日し、その借金を返済しながら就労するあり方に加え、ベトナムの農村の「母親」たちに求められる稼ぎ手としての期待から、ニュンさんたちは日本での就労を継続することが必要となる。

## 日本語能力の問題――限られた日本語支援

ニュンさんたちが、日本語能力を十分に持たないということも、外部に相談できない状況を招く一因になっているだろう。彼女たちは来日前の渡航前研修で短期間の日本語研修を受けてはいるものの、来日後は長時間労働が続く毎日の中で、日本語を学ぶ時間を持つことが難しい。ニュンさんたちの場合、就労先の企業が日本語学習を支援することもないという。

地域によっては、8章で紹介するような無料で学べるボランティア日本語教室があるものの、そうした教室がない地域も少なくない。実際に、ニュンさんたちはボランティア日本語教室に参加していなかった。

このような状況の中、ニュンさんたちは日本に暮らし、日本人が経営する縫製工場で就労しつつも、日本語能力は限られ、簡単なやり取りしかできず、複雑なことを表現することができなかった。彼女たちが、自身の就労状況や残業代といった複雑な事柄について、日本語で外部に相談することは難しいだろう。外部の支援組織に関する情報を日本語で取得することも困難だ。

ニュンさんたちはやっとの思いで外部の支援組織をみつけだし、相談することを決めたものの、それを実行するにはさらに勇気が必要だった。そのため彼女たちは、あの日、相談の当日になっても、外部への相談に対する不安をぬぐうことができなかったのだ。

ニュンさんたちが駅にやってきたのは、相談相手との待ち合わせ時間の何時間も前のことだった。やっと決意した外部への相談だったが、それでも相談相手に実際に会いに行くには勇気が必要だった。何時間も前に駅に来て仲間と話し合うことで、不安を払拭しようとしていたのだった。

## 3　限られた行動範囲と支援情報の不足

### 不十分な権利意識、人権や労働者としての権利意識はどこに？

ベトナムではまだまだ人権や労働者としての権利への意識が十分ではない人が少なくない。ベトナムは1986年に採択された改革開放政策「ドイモイ」により外資への門戸開放と資本主義経済の導入を図ってきたが、政治体制については今も共産党一党体制を維持している。唯一のナショナルセンターであるベトナム労働総同盟は政府の傘下組織だ。ベトナムではさらに、デモや集会は基本的に禁じられている。私がハノイに滞在していたころ、南シナ海での領有権問題を受け、ベトナムの市民がハノイ市にある中国大使館の前で中国政府に抗議するデモを行った。ベトナムにとって中国との関係は複雑だ。歴史的に長い関係を持つ上、中越戦争の経験もある。一方で中国の経済力が増す中で、中国はベトナムにとって経済面で重要な存在となっている。反中国デモは一時的に黙殺されたものの、後に当局はデモ参加者を逮捕するに至った。また民主活動家の中には逮捕、投獄されている人も存在し、かねて国際社会から非難の声が上がっている。

こうした社会状況の中で、ベトナムでは移住労働者の権利保護に対する社会的な運動はまだ十分に行われていないと、私は考えている。世界各国に移住労働者を送り出しているフィリピンではフィリピン人海外出稼ぎ労働者（ＯＦＷ）の権利保護に向けた国境を越える社会運動が存在する。日本にもフィリピン人女性の支援組織「ＫＡＦＩＮ（カフィン）」などの組織が活動している。しかし、ベトナム人の移住労働者をめぐってはベトナム本国での支援活動は限定的だ。ハノイ在住時、移住労働者の支援組織を探したもののみつけることができなかった。

自分たちに人権や労働者として守られるべき権利があるということを十分に認識していない人もいるため、何か問題が起きたとしても、それを問題として認識することができないことが起こりうる。さらに、権利を自ら守るための市民の運動もまだまだといった状況だ。ベトナム人技能実習生の中にも、問題を問題として認識できず、さらに、権利を守るための行動に慣れていないために、自らの権利を守るために行動することがなかなかできない人がいることが考えられる。

実際に、ベトナム人技能実習生の就労状況や賃金の中に「違法ではないか」「権利侵害ではないか」と思われるものがあったとしても、本人たちがそのことを問題視していないケースもある。本人が「これはおかしい」と思っていても、抵抗するという発想そのものや、法律の知識や社会運動経験、自由になる時間、語学力といった「抵抗のための資源」を持っていないという印象を受けることがある。

そうした権利意識の低さは技能実習生個人の問題ではなく、彼ら彼女らが置かれた送り出し国の社会的背景に影響を受けたものだ。そうであるならば、送り出し前の来日前研修や来日後の監理団体での１カ月にわたる研修の場面、そして日本社会における就労と暮らしのなかで、言葉や習慣、文化、法律の異なる日本で働くベトナムの人たちのために、権利を守るための支援が必要になる。しかし、実際に権利を保護するための支援はどの程度実効力を持つ形で存在しているのだろうか。

ベトナム人技能実習生に話を聞くと、労働組合や外国人支援組織といった外国人支援の経験やノウハウを持つ組織のことを知っている人が少ないことに気づかされる。

私がベトナム人技能実習生にインタビューをした中では、仲介会社が技能実習生の来日前に技能実習制度を推進する「国際研修協力機構（ＪＩＴＣＯ）」の情報を教えているケースは少なくないものの、より踏込んだ支援をしている労働組合や外国人支援組織に関する情報を提供している事例はみあたらなかった。日本の労働法規についての知識を十分に持っているのかも、疑問が残る。

ベトナム側の仲介会社は、来日前の技能実習生にＪＩＴＣＯや監理団体の情報を伝えているものの、より実践的な支援を行っている労働組合や外国人支援組織については、十分に情報が提供されているとは言えないだろう。技能実習生への支援体制がどの程度整備されているのか不明だ。

## 職場と寮だけに限られる行動範囲——日本での移動経験の乏しさ

ニュンさんたちの行動範囲が職場と寮に限られていたことも、彼女たちが外部への相談ルートを持たない要因となっている。

ニュンさんたちは日々長時間労働をし、休みが少ないため、外出時間をとることは難しい。また、仕送り目的で来日した彼女たちは支出を切り詰めて生活しており、外出の費用を捻出できず、行動範囲が狭まる。

ベトナム人技能実習生と話をすると、職場と寮以外の外出先は近所のスーパーマーケットくらいで、移動手

ベトナムではバイクが交通手段の主流

段は交通費を節約するために徒歩か自転車だという話をよく聞く。

私がインタビューを行った中では、日本にいてもどこにも旅行に行ったことがないという人が少なくなく、たとえ旅行したことがあったとしても3年の契約期間のうち限られた回数であるという人が多かった。実際にニュンさんたちも普段は職場と寮の周辺だけで暮らしていた。

そうしたニュンさんたちが相談相手につながることができたのは、あるとき偶然、インターネットの口コミを通じて支援組織があることを知ったからだった。相談相手につながることができたのは、あくまで偶然にすぎず、送り出し機関や監理団体、受け入れ企業が問題解決のための情報や相談先を紹介していたわけではなかった。

このような状況下で就労してきたニュンさんたちにとって、電車に乗って支援組織のもとへ向かうことも不安要素の一つだった。普段から長時間労働を続け、外出の機会の限られていた彼女たちは、そもそも日本の電車にほとんど乗ったことがなかったのだ。

ベトナムでは公共交通インフラの整備が道半ばで、とりわけ農村部では徒歩、自転車、バイクが主な移動手段だ。離れた場所に行く場合にはバスや鉄道も利用するが、それでもまだ十分には整備されていない。

## 技能実習生を知らない日本社会と日本社会を知らない技能実習生

「私たちと一緒にきてください」

ニュンさんたちと話すうち、私は彼女たちから、こう頼まれた。ニュンさんたちだけで電車に乗り、相談にいくことへの不安が大きいため、私に一緒に来てほしいのだという。3人は私をじっと見つめて、「一緒にきてください」と、もう一度繰り返した。突然の頼み事に私はすこし驚いたものの、彼女たちの不安げな表情をみて、放っておくことはできないと感じた。そして、一緒に電車に乗り、目的地まで行くことにしようと決めたのだった。

その駅から目的地までは、電車でわずか20~30分程度だった。ただし、移動はそう順調ではなかった。トラブルが起きたのは駅の構内に入ってすぐのことだった。

切符売り場で切符を買い、改札を抜けてホームに向かう途中、1人がキオスクでペットボトルのミネラルウオーターを買おうとしたとき、問題が起きた。

「お金払って」

キオスクの店員の怒鳴り声があたりに突然響いた。

1人がキオスクで人数分のミネラルウオーターを買うためにお金を払おうとし、ほかの何人かがペットボトルを受け取ったところ、キオスクの店員はその状況をみて、ベトナム人女性たちが料金を払わずに水を飲もうとしたと勘違いしたらしかった。そして、事情も聞かず、怒鳴りつけたのだ。

ニュンさんたちはお金を払わずに水を持ち去ろうとはしておらず、きちんとお金を払おうとしていた。だが、店員の女性のところからは、その様子がみえていなかったのだろうか。

ニュンさんたちは日本語があまりできない。怒鳴られたことは分かるだろうが、なぜそうした対応をされたのかはよく分からなかっただろう。ニュンさんたちは店員の突然の怒鳴り声に驚きつつも、お金を払って、さっとその場を離れた。

一方、店員の女性がベトナム人女性たちをにらみつけているので、私が「彼女たちはちゃんとお金を払おうとした。怒鳴ることはないのではないか」と抗議すると、店員の女性はなにも語らず、苦々しい顔をし、こちらをにらんだだけだった。

お金を払おうとしているのに、なぜ怒鳴りつけられなければならないのだろうか。お金を払おうとしているのがみえなかったとしても、頭ごなしに怒鳴りつけることはないだろう――。ちょっとした行き違いだったのかもしれないが、ニュンさんたちは普段、駅のキオスクを利用することが限られていたため、お金の払い方がスムーズにいかなかったのだろう。店員はそうしたニュンさんたちを静かに待つことはなく、怒鳴りつけて対応したようにみえた。しかし、店員は果たして日本人にも同じような対応をとるだろうか。

ニュンさんたちは電車を利用することも、キオスクでものを買うこともあまり経験しておらず、日本社会の習慣やルールをよく知らない。長時間労働を続けているほか、日本語支援も十分ではないため、日本にいても日本語を学ぶ機会がなく、日本語の能力も限られている。

キオスクの店員にとっても、ベトナム人技能実習生の就労状況やそれに影響を受けた彼女たちの日本社会に関する知識・経験や日本語能力の不足についてはよく知らないだろう。もしかしたら店員は状況がよく分からなかっただけで、さほど悪気はなかったのかもしれない。

ハノイで売られる新鮮な果物

双方が双方をよく知らないために、こうした出来事が起きてしまったのではないだろうか。

電車の中でも、みな緊張して落ち着けなかった。そして、ベトナム人女性のうちの1人は電車に乗ってすぐに乗り物酔いのために気分が悪くなってしまったのだった。電車に乗るのは緊張することだろう。この日は意を決して外部に相談に出向くのだから、なおさらだ。

**果物に込めた思い**

私たちは電車に揺られ、なんとか目的の駅までたどり着いた。ニュンさんたちにとっては、ほとんど初めてといっていい日本の大都市だった。

約束の時間までまだ少しだけ時間があったことと、体調を崩した女性がいたため、みなで近くにあるコーヒーチェーンに入った。冷房のきいた店内に入り、席についたことで女性たちはやっと人心地がついたようだった。たった数十分の電車での移動にもかかわらず、みな疲労し、ぐったりしていた。アイスコーヒーを前に、女性たちは疲れきった表情を隠せなかった。

そんなニュンさんたちの様子を見ていると、ふと彼女たちが座席近くに置いたスーパーマーケットの袋が目に入った。それはニュンさんたちが大事に抱えてきたものだった。袋の中に入っていたのは、彼女たちが相談相手のためにお土産として買った、甘い香りがするきれいな桃だった。

農業が盛んで、様々な果物がとれるベトナムでは、贈り物やお土産に果物を選ぶことが少なくない。市場に行けば、女性たちがロンガン、ドラゴンフルーツ、マンゴー、グアバ、パイナップル、ミカンなどを売っている。ニュンさんたちは、きっと相談相手に感謝の気持ちを表すため、このきれいな桃を選んだのだろう。日本のスーパーで買い求める桃は決して安い買い物ではない。彼女たちがこの美しい果物を選び取ったことの重さが伝わってきた。

## 暴力と暴言を長期間にわたり我慢――「相談すれば帰国させられる」

こうしたニュンさんたちとの出会いにより私が思い出したのは、ベトナム北部の農村を訪れた際に出会った元技能実習生の男性、トゥアンさんだった。彼もまた、日本での就労中に困難に直面しながらも、相談相手に恵まれずに、思い悩む日々を過ごしていたという。

ベトナム北部の農村で生まれたトゥアンさんは高校卒業後、両親と共に農業をしていたが、実家の経済状況は厳しかった。そのため、家族を助けたいと思い技能実習生として渡日することを決意し、手数料1500米ドル（約17万円）と「保証金」1万米ドル（約108万円）の計1万1500米ドル（約125万円）に上る渡航前費用を仲介会社に払い、19歳の時に来日し、技能実習生として就労した。契約期間を満了し、帰国すれば「保証金」が返金されるが、もし何かの事情で契約を満了できなければ、返ってこない。

トゥアンさんの家族は生活が苦しく、費用はすべて借金で賄った。これだけの借金をしてでも、仲介会社の喧伝する「稼げる日本」で働いて、高い収入を得ることにより、家族の生活を改善したかったのだ。

来日後、トゥアンさんは工場で金属塗装の仕事をしていたものの、彼は職場で1年以上にわたり週1回の頻度で日本人社員から殴られ、また毎日のように怒鳴られていた。

彼は暴力と暴言に悩み困り果てていたが、借金をして来日していたため、途中で「強制帰国」させられると、「保証金」は返金されない上、借金だけが残ることになる。トゥアンさんは警察に行くことも考えたものの、「強制帰国」を恐れ、結局のところ、警察には行けなかった。日本側の監理団体には当初から職場での暴力と暴言について相談していたものの、監理団体側はトゥアンさんに「がんばってください」と言うだけで、何もしてくれなかったという。

ニュンさんたちはやっとの思いで、外部への相談に踏み出したが、トゥアンさんは外部には相談できなかった。2人の事例からは、技能実習生が相談相手をみつけることが難しいこと、相談先をみつけたとしても容易には相談に踏み出せないということが浮かび上がる。

## 4　不安を募らせる故郷の家族

### 戦争・戦後・現在の社会変動とベトナムの家族

岐阜での出会いから少し経ち、同年の夏、ベトナムを訪れた私は、同国北部の農村を目指した。ベトナムに暮らすニュンさんの家族を訪れることにしたのだ。

首都ハノイ市を抜け、アスファルトの道を小型タクシーが目的地へと進む。車に揺られるうちに、あたりには田畑が広がっていく。ベトナム北部の農村でよく目にする茶色の牛がみえてくる。ハノイを出てから、

2時間半ほどが経過し、大きな道路からわき道に入るところに、ニュンさんの夫ドゥックさんが迎えに来てくれていた。バイクに乗ったドゥックさんの先導で、小型タクシーは集落の路地の奥へと入っていった。

コンクリートづくりの家にたどり着いた。草木がにぎやかに生い茂る広々とした前庭があり、そこでは犬やニワトリがかわれている。庭に面した家の扉や窓はすべて開け放たれている。

靴を脱いで家に入ると、どっしりとした長椅子とテーブルが据えられた居間に通された。壁には家族の写真がかけられている。奥には台所や洗面所があるようだ。外からの風が入り、心地よい。ベトナム北部の農村を訪れると、こうしたつくりの家をよく見かける。居間では、60代くらいの小柄な女性と、小学生くらいの男の子が迎えてくれた。女性はドゥックさんのお母さんで、男の子はニュンさんとドゥックさんの息子だった。

ニュンさんはこの北部の農村で1980年代に生まれ、学校を卒業した後に同年代のドゥックさんと結婚し、子どもを産んだ。ベトナムでは共働き世帯が当たり前で、女性たちも家の外で収入を得るための仕事をしているが、ニュンさんも以前は韓国企業の縫製工場で働いていたという。

ニュンさんの夫ドゥックさんは自営業をし、夫婦2人で働き、子どもたちを育ててきた。子どもたちは学校に通い、ニュンさんとドゥックさんの夫婦は子どもたちの教育や将来をとても気にかけているらしかった。近くに暮らすドゥックさんの両親や親戚とも頻繁に行き来し、交流を欠かさない。夫婦で働き、子どもたちの教育を気にかけながら、親きょうだいも含めて家族を大事にする。それはベトナムではどこにでもいるような家族のあり方だろう。

ドゥックさんのお父さんは1950年代生まれで、ベトナムの軍隊で10数年勤務した経験を持つ戦争世代だ。ドゥックさんのお母さんは農業をして暮らし、家族を支えてきた。

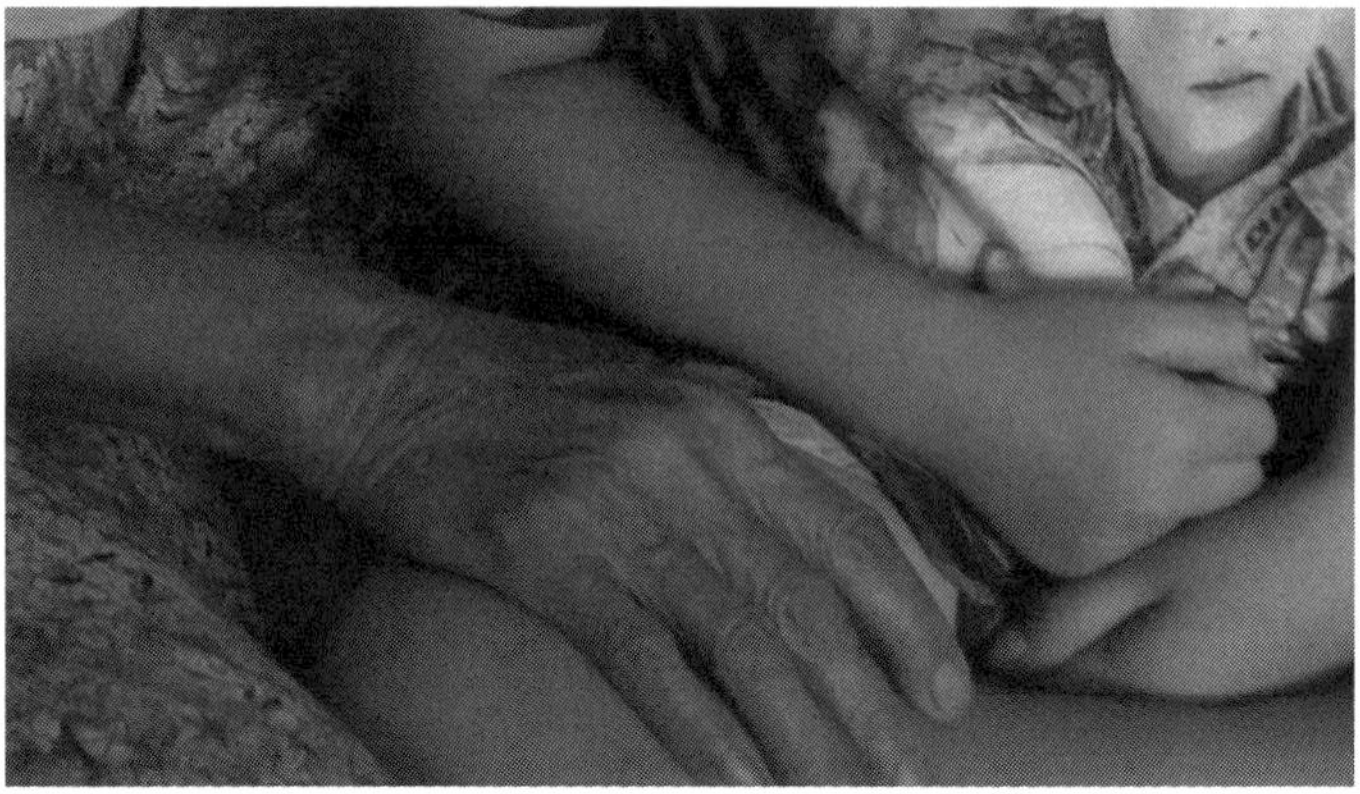

ニュンさんを心配する家族

1950年代生まれのドゥックさんのお父さんとお母さん。1980年代に生まれたニュンさんとドゥックさんの夫婦――。ニュンさんたち家族は、ほかのベトナム人がそうであるように、ベトナムの大きな社会変動の中を生きてきた。家族の暮らしも変化し、ベトナム戦争の従軍経験を持つドゥックさんのお父さんは、今は病院で入院生活を送っている。そして、ニュンさんは日本で技能実習生として働いている。

## 「ニュンを助けてあげて」――家族の不安膨らむ

しかし前述のように、ニュンさんの日本での暮らしは思い描いていたものとはかけ離れていた。残業は多かったが、それは過労死ラインを越えるほどの残業時間で、休みは1カ月に一度しかなかった。しかも残業代は最低賃金を下回る数百円という時給しかもらえていない。さらに、職場では毎日のように社長から怒鳴られ、何かあると「ベトナムに帰れ」と脅されていた。

ニュンさんの家族と私はいろいろな話をしたが、誰もニュンさんの具体的な状況には触れなかった。ニュンさんは家族とインターネットを使ってやりとりをしており、彼女の苦境は家族みなの知るところだったはず。それでも家族は私にニュンさんの苦しい状況について、なかなか口に出せないようだった。

ニュンさんの家族と私は、子どもたちのこと、ニュンさんのきょうだいのこと、地元のことを話した。家族にとってニュンさんの日本での苦境は考えたくもないことだろう。私に何か言いたくても、なかなか言葉にすることができなかったのだろう。

「これ、飲みなさいね」

会話をするうち、ドゥックさんのお母さんが、私にベトナムのお茶が入った小さな湯飲み茶碗を差し出した。差し出された小さな湯飲み茶碗に口をつけると、苦みのあるベトナムのお茶の独特の味が口の中に広がった。ベトナムのお茶はこの土地の厳しい暑さや寒さの中ではぐくまれたからか、強い独特の苦みがあり、口にすると、すっと目が覚めるような味わいがする。個性の強いこのお茶をベトナムで飲むと、喉の渇きだけでなく、疲れも吹き飛ぶ。

お茶の入った湯飲み茶碗を挟んで、椅子に座っていると、ふとドゥックさんのお母さんが私の手をとった。そして「ニュンを助けてあげて」と言った。それは、とても真剣なまなざしで、それまでのすこしはにかんだような笑顔をみせていたのとは、雰囲気ががらりと変わった。

それから、ドゥックさんのお母さんはもう一度、「ニュンを助けてあげて」と言うと、私をそっと抱きしめたのだった。ドゥックさんのお母さんはニュンさんについてそれまで何も言わなかったけれど、本当はこのことを伝えたくて、ずっと待っていたのだろう。

## 再来日——解消されない不安

私は帰国後、ニュンさんと連絡をとりあい、何度もメッセージのやりとりをしたほか、彼女のもとを訪ねたこともあった。彼女はそのとき、技能実習生として日本で働きながら、労働組合の支援を受け、労働時間や未払い賃金について会社、監理団体側と交渉していた。労働組合の協力を得られたとはいえ、交渉がうまくいくかどうか分からない。

「会社が怖い」

「社長が怖い」

そう何度も言っていたニュンさんは何か分からないことや、困ったことがあると、私にメッセージを送り、不安を訴えた。彼女を安心させられる人は職場にはいない上、状況がどう動くかは分からず、不安を断ち切ることができずにいた。

その後も何度か、夫のドゥックさんからも、「妻は大丈夫でしょうか。心配です」とのメッセージをもらった。ドゥックさんも不安を抱えつつ、ほかのところに訴えることができず、ひたすら状況が改善するのを待っているのだった。ベトナムの家族も、技能実習生と同じように、不安な日々をすごしていた。

それから数カ月後。ニュンさんたちが駆け込んだ労働組合の尽力があり、ニュンさんは会社、監理団体との交渉が成功し、未払い賃金を取り戻すとともに、実習先企業を変更することができた。

その後、ニュンさんは3年の技能実習を終えて一度帰国した後、再来日した。２０１７年11月の制度改正で技能実習生の滞在期限が5年に延長されたため（優良と認定された企業の場合、3年間の実習終了後に一時帰国をしてから最大2年の雇用延長が可能になった）、彼女はさらに日本で働くことを選んだのだ。

２０１８年の12月、ニュンさんからメッセージが送られてきた。さっそく返事を書き、ＳＮＳでやりとりをした。彼女は再来日後、同じ縫製の職種で技能実習生として働いているという。

しかし、よく話を聞くうち、彼女の残業の時給が５００円しかないと分かってきた。最低賃金割れだ。前回と同じように労働組合、あるいは労基署に相談しようかと提案してみた。けれど彼女は今の時点では何もせずにこのまま働きたいという。たしかに外部に相談したとしても、実習先企業が非を認めて未払い賃金を支払うかどうかは分からない。実習先企業との交渉はそう簡単に進むものではないし、場合によっては時間もかかる。残業代の時給が５００円であったとしても、このまま働き続けるほうがいいということなのだろうか。彼女が行動を起こさないというので、それを尊重することにした。しかし正直なところ、何もせずにいることがいいこととは思えない。

「いい会社を探すのは難しいですね」

ニュンさんはあきらめたようにこう言った。最初の実習先企業で搾取され、悩んだ末に労働組合に駆け込み、交渉の後にやっと問題が解決したものの、今回もまた、最低賃金割れの賃金なのだ。なぜこうしたことが繰り返されるのだろうか。

## 夫ドゥックさんの韓国行き

実はニュンさんの夫、ドゥックさんについても心配なことがあった。

ニュンさんから連絡をもらう少し前にドゥックさんからのメッセージを受け取った。すると、彼は韓国に働きに行くのだと言う。韓国の「雇用許可制（Employment Permit System）」においては、仲介会社は排除されており、ベトナム人は政府機関を通じて韓国に行くことができる。つまり仲介会社に多額の手数料を払う必要がない。ただし韓国行きを希望する人が多い上、韓国語の試験を受けることが求められ、ハードルが高いと言われている。そうした中、ドゥックさんは仲介会社に2億ドン（約93万４０００円）という大金を払うというのだ。

私は「韓国に行くために仲介会社を使う必要はない。騙されているかもしれないから、考えなおして」と彼に伝えたが、ドゥックさんは「韓国に早く行くにはお金を払うことが必要だ」と言う。

これまで聞き取りをした移住労働経験を持つベトナム人の中には、韓国で働いたことのある人もいた。そうした人の中には政府機関を通じて韓国にわたったことで、必要最低限のお金をかけずに移住労働をできた人がいた一方で、「面接に必ず受かる」「早く行ける」という仲介者や仲介会社の言葉を信じて高額の手数料を払っていた人もいた。

ドゥックさんまで海外に行ってしまえば、子どもは両親2人と離れなければならない。けれど、ニュンさんとドゥックさんが海外に働きに行くのは、子どものため、家族のためだろう。2人は相当の決心をして、外に出ることを選んだのだ。

「何か問題があったら、いつでも連絡してください。悪い会社がたくさんあるから、気を付けてください」

家族と離れ離れになり、もしかしたら搾取や差別にさらされるかもしれない外国に働きに行こうとするドゥックさんを前に、私はこのくらいのことしか言えなかった。あまりにもふがいない。

「大変な目にあうかもしれないのに、なぜそんなに大金を払ってまで行くの?」——その一言をぐっと飲みこんだ。

経済成長の一方で、格差が広がるとともに、貧困問題の残るベトナムでは、家族のために国境を越えて移住労働をすることは家族を養い、子どもを育て上げるという切実な願いに向けた選択肢として浮上する。家族と離れてしまうこと、言葉や文化が異なる外国に単身でわたり働こうというドゥックさんの覚悟を前に、何か口を挟むことはできなかった。

## 5 「国に帰れ」と脅され、低賃金・長時間労働

### 故郷に子どもを置いて日本にやってきた20代のベトナム人女性

外国人技能実習制度の中では、これまでに紹介してきたような受け入れ企業による労働関連の違反行為や人権侵害が起きている。ニュンさんと彼女の家族のような苦しい状況は氷山の一角だ。

別のある日。私は岐阜県の駅で、マイさんという女性と待ち合わせをした。

赤いタンクトップに黒のパンツ、それにサンダルを合わせ、小さなかわいらしいリュックを持ち、彼女は現れた。セミロングの髪の毛は綺麗に切り揃えられ、少しだけ明るい色に変えられていた。洋服や髪形に気を使っているのが分かる。でも、決して気取ることのない、気さくな人だった。彼女の住んでいるところからこの駅までは遠いというが、この暑さの中をバスに乗りわざわざやってきてくれたマイさん。明るい雰囲気の彼女と、すぐにうちとけ、お互いの話になった。

故郷には、子どもがいます――。

マイさんは笑顔で故郷のことや家族のことを話してくれ、そして、彼女自身が小さな子どもを持つ母親であることを教えてくれた。

技能実習生の中には子どものいる女性も少なくない。中には、両親ともに技能実習生として来日するケースもあり、その場合、子どもは故郷の母や父が面倒をみていたりする。

子どもを故郷に残し、国境を越えて移住労働にやってくる人たちについて、もしかしたら「何もそこまでして」と感じる人もいるかもしれない。けれど、実習生にとって、日本へ来て働くということは、ベトナム

では決して稼ぐことのできない賃金を得て、それを子どもの学費や生活費、家族の生活の改善に振り向けるということだ。多くが家族のために日本に働きに来て、実際に賃金の多くを故郷に仕送りして、家族の生活を支えている。海外で出身地よりも高い賃金を得ようとする試みは、こうした社会的な背景の中で、なんとかして子どもをはじめとして家族がよりよい生活を手に入れるのを後押しするための取り組みなのだ。

一方、こうしたベトナムの状況を受けて来日したマイさんは、その明るい笑顔とはうらはらに、日本で厳しい状況に直面していた。

## シングルマザーの決断――技能実習生になって「人生を変えたい」

マイさんは1980年代後半に、ベトナム北部の地方部で生まれた。

彼女が生まれる少し前に、「ドイモイ（刷新）」政策が採択された。その後、ベトナムは外資の投資誘致や他国との貿易関係の拡大などを受け、急速な経済成長を遂げていく。だが、それに伴い所得が上がり、中間層や富裕層が出てくる半面、成長の恩恵を受けることのない人もいるなど、経済格差が広がっていった。

マイさんは、ほかのベトナムの地方部の女性がそうであるように、若くして結婚をし、子どもを産んだ。儒教の影響を受け、家父長制が根強いベトナムでは、特に農村部を中心に、結婚と子どもを産むことが女性の重要なジェンダー役割とされている。さらに女性は、家族のために炊事、洗濯、掃除、介護、育児などの家事労働を無償で行うとともに、農業をしたり、家の外で働いたりしてなにがしかの収入を得ることも求められる。

ベトナム人のジェンダー研究者と話をすると、ベトナム女性がいかに多くの役割を抱え、その負担にあえいでいるのかを聞くことが多いが、農村部ではその傾向が強いと言われている。マイさんの結婚と出産もま

ベトナムで子どもを連れて歩く母親

た、こうしたジェンダー規範を受けたものだと言える。

　しかし、結婚生活は長くは続かず、夫と別れることになった。その後は実家で、母やきょうだい、自分の子どもと生活をしていた。

　結婚が重視されるベトナム社会において、離婚は歓迎されるものではない。離婚を経験した女性に対しての偏見は根強い。さらに社会保障制度の整備が道半ばのベトナムにおいて、母子世帯への支援は限定的だ。ハイズオン省の農村部で調査をしていた際に、死別や離別によりシングルマザーとなった後、経済的な苦境から海外への移住労働を選んだ女性たちから話を聞いたことがある。公的部門からの支援がほとんどない一方、子どもを抱えた農村の女性が、学歴や特別な職業スキルなしに、経済的自立を果たすことは難しく、女性たちは離婚後に両親のもとに身を寄せていた。とはいえ、実家もまた経済的に豊かではない上、子どもを育て上げなければならない。そうした中で、彼女たちの両親は離婚をした娘に海外へ移住労働に出るよう促した。家父長制の影響から親の力が強いため、彼女たちは親の意見を聞き、子どもを自分の両親のもとに残して移住労働に出ていた。

当時の暮らしについて、マイさんは「経済的にとても苦しかった」と話す。マイさん自身はベトナム企業の縫製工場に勤め、月に600万ドン（約2万7000円）の給与を得ていたものの、シングルマザーで子どもを抱えている上、マイさんの妹はまだ就学中で学費がかかっていた。

マイさんはそうした暮らしを改善するため、技能実習生として日本に行って働くことを希望するようになった。技能実習生として働くことで「人生を変えたかった」という。マイさんの周囲にも日本へ技能実習生として渡った人や、韓国、台湾、マレーシアなどに働きに行った人がいた。

その中で、彼女が技能実習生として日本を目指したのは、自然な成り行きだっただろう。

## 7000米ドルの借金、残業時給は400円

そんなマイさんは技能実習生としての渡日を目指し、日本に来る前に、ハノイ市にある仲介会社に対して手数料として6000米ドル（約72万3600円）を支払った。さらに、渡航前の日本語をはじめとする研修の費用も別に払っており、来日前に支払ったお金は合わせて7000米ドル（約84万4100円）程に上った。彼女とその家族はこれだけの大金を持ち合わせてはおらず、すべてを借金した。彼女のそれまでの月収600万ドンで計算すると、2年間以上働かなければ得られない金額だった。

マイさんがこれだけの金額を払ったのは、仲介会社から「日本に技能実習生として行けば、土日は必ず休み。基本給だけで月給は14万円。残業がたくさんあり、実際の収入はもっと多くなる」と言われていたからだ。ベトナムでは仲介会社が技能実習生として来日すれば「稼げる」とあおることが少なくない。そのため、十分な現金収入を得ることの難しい人々にとって、日本での技能実習生としての就労は自分たちの人生と家

族の暮らしを劇的に変えることができると思える、一つの希望になるのだ。

こうした多額の借金を背負った上で、マイさんは来日し、岐阜県にある縫製工場で働くことになった。そこは家族経営の小さな工場だった。日本人の数は少なく、ほかは中国とベトナムからの技能実習生の女性たちが働いていた。

一方、マイさんが直面したのは厳しい就労環境と搾取だった。仲介会社の言った就労条件は守られなかったのだ。縫製工場での仕事は、朝から夜まで一日中続いた。途中、昼の12時から午後1時まで1時間の昼食休憩と、夕方の30分の夕食休憩がある以外は休憩がなく、夜の10時まで働く日々だった。休みは1カ月に1度だけしかない。毎日夜10時まで働き、休みは月に1度となると、残業時間は過労死ラインの80時間を超えてしまう。しかも残業時間の時給は４００円で、最低賃金を大幅に下回る低水準だった。

その上、マイさんは「家賃」と水道光熱費として月に2万円を給与から徴収されてきた。部屋はＷｉＦｉ（インターネット）の設備こそあるが、古い住宅に二段ベッドが詰め込まれ、ほかの技能実習生との共同生活だ。テレビはない。エアコンもなく、夏はとにかく暑く、冬は寒い。それでも、「家賃」と水道光熱費として、１人当たり毎月2万円を必ず徴収される。

毎日夜遅くまで働き、休みは月に1度。これだけの長時間労働をしていたが、給与から「家賃」、水道光熱費、税金、社会保険料などを引かれると、マイさんの手元に残るのは月に11～12万円にしかならなかった。彼女はこの状況の中でも、生活費を切り詰め、なんとか来日1年目で渡航前費用の借金をすべて返済した。現在は数カ月に一度、故郷の家族に9～10万円を送金しているという。

月に1度の休日は、近くのスーパーに買い物にいったり、近くで同じように就労しているベトナム人技能実習生の友人と会ったりする。それがマイさんにとって、日本で唯一、自由になる時間だ。

## 「ベトナムに帰れ」と怒鳴る雇用主――味方となってくれる人のいない職場

そんなマイさんが困惑を隠せないのが、雇用主が技能実習生に向ける差別的な態度だった。「会社で差別されたことはありますか?」とマイさんに聞くと、彼女は「いつも怒鳴られる。社長はいつも『ベトナムに帰れ』と怒鳴る」と即答した。

私はこれまで、技能実習生に同じ質問をしたことがいく度もあったが、これだけはっきりと会社の日本人から差別を受けていると答える技能実習生はそう多くはない。

ベトナムでは労働者としての権利保障や労働者の権利意識の確保はまだ十分ではない。また「セクハラ」や「パワハラ」のような概念も十分には浸透していない。日本でも以前は「セクハラ」という概念自体が知られておらず、職場内での性的ないやがらせが問題視されなかった。ベトナムでは今も、こうした概念がそこまで浸透していないために、労働者がなにかの困難に直面しても、そのことを問題として認識すること自体、なかなかできないケースがあるだろう。

そのために、ベトナム人技能実習生に、「差別を受けたり、いやなことをされたりした事がありますか?」「困ったことはありましたか?」と聞いただけでは、なかなか状況が見えないことがある。具体的に、「体を触られたことがありますか?」「怒鳴られたことはありますか?」「1日の就労時間は何時間ですか?」「休みは週に何日ありますか?」というように質問しなければ、なかなか就労の実態が見えてこない。

しかし、マイさんは「差別」という言葉に敏感に反応し、私の質問に対してすぐに、会社から不当な扱いを受けていることを説明した。彼女がこうした答えを即座に返したのは、彼女の置かれた状況があまりにもひどいということではないかと、私は感じた。

また、マイさんは、せっかく日本に来ても、仕事以外の場所で日本人と交流したり、日本語を学んだりする機会はほとんどないという。技能実習生として日本の企業で働く中で、日本人と交流したり、ボランティア日本語教室に通うなどして日本語を学んだりし、一定の日本語能力を身につける技能実習生もいる。だが、マイさんは、日本語を勉強する時間を確保することは難しい。夜10時まで働いていれば、勉強どころではなく、身体を休める時間さえないだろう。

そして、職場では社長から「ベトナムへ帰れ」と怒鳴られる日々だ。日本人との交流など、期待できないだろう。

## 「会社が怖い」――やっとの思いで労組に駆け込む

こうした状況はマイさんと同じように働く職場の技能実習生を追い詰めた。

残業の時給400円という低賃金、過労死ラインを越える長時間労働、生活環境の課題、そして雇用主から怒鳴られたり、暴言を受けたりすることから、マイさんは相談を決意し、最終的に愛労連（愛知県労働組合総連合）に加入した。

ただし、外部に相談するのにも、相当の不安があったようだ。

高額の渡航費用を借金し、さらに家族の期待を一身に受けている以上、途中で帰国することはできない。そのため、会社や管理組合との間で何か問題が生じ、強制的に帰国させられては困ると考えるのだ。さらにマイさんのケースでは、職場で日本人から「ベトナムへ帰れ」と脅されていた。外部に相談することにより、会社や雇用主、監理団体と対立することになるのではないかと不安にさいなまれていた。

その中で、マイさんは勇気を振り絞り、愛労連に加入したのだった。現在、マイさんは愛労連を間に入れ、会社との交渉を続けている。だが、交渉には課題もあり、彼女は今も困難に直面している。

技能実習生はもともと、高額な渡航前費用を払ってでも、国境を越え日本で働くことで人生を変えたいと希望するバイタリティー（活力）にあふれた存在だったはずだ。言葉も文化も違う国に来て、なんとか働きたいという彼ら彼女らは、本来は自分の人生を自分の手によって変えようとする力強い存在であったはず。しかし、外国人技能実習制度が持つゆがんだ構造の中で、マイさんたち技能実習生が「被害者」にさせられていく。一方、日本社会に生きる私たちは、店頭で売られる洋服をマイさんのような女性がつくっていることをきっとよく知らないままに過ごしている。

家族を助けるために、子どもを育てるために、自分の人生を変えるために、大きな期待を抱いて足を踏み入れた日本で、マイさんは厳しい状況に置かれてきた。彼女は、それでも今、あきらめずに希望をつかもうとしている。

# 4章　実習生が「逃げる」ということ

## 1　「失踪」と片づけていいのか？

法務省による「失踪」技能実習生についての調査が話題となっている。2018年11月18日付の「日本経済新聞電子版」[1]によると、法務省の調査結果では17年に「失踪」した技能実習生は7089人、18年も6月までで4279人で、そのうち約7割が「低賃金」を動機として挙げたという。

果たして、技能実習生が会社から出る／逃げることを、「失踪」という言葉だけで片づけていいのだろうか。

私は2014年からこれまでのベトナム人技能実習生への聞き取りの中で、技能実習生が会社から出る／逃げる行為を「失踪」、そしてこの行為を行う主体を「失踪者」という言葉で片づけることに違和感を抱いてきた。そこで、技能実習生が実習先企業から「逃げる」ことについて検討したい。まず技能実習生が会社から逃げる／出ることの動機形成とその背景をみていく。

## 「失踪」を問い直す必要性

日本においては、技能実習制度を推進してきた国際研修協力機構（ＪＩＴＣＯ）による技能実習生の「失踪」統計があるほか、政府機関が技能実習生が実習先企業・監理団体の管理下から出る／逃げることを、「失踪」という言葉で表現することが一般的だ。新聞やテレビでも技能実習生の「失踪問題」が報じられる。

しかし、「失踪」とは、国家や実習先企業、送り出し機関（仲介会社）、監理団体など、技能実習制度にかかわる技能実習生以外のステークホルダー（利害関係者）の視点から出た言葉であり、会社から出る／逃げるという行為の責任を技能実習生のみに負わせていないだろうか。そして、２０２０年の東京オリンピックを前に、治安当局が在留資格を持たない外国人の取り締まりを強める中、失踪者は日本社会の秩序を乱す〈逸脱者〉としてみられてきた面があるのではないだろうか。

だが、技能実習生が会社から出る／逃げることを、単純に個人の責任にはできない。

私が行った聞き取りでは、そもそもベトナム人技能実習生は実習先企業から逃げた人も、そうでない人も、全般的に高額の渡航前費用を借金して仲介会社に支払っており、借金漬けの状態で来日し、借金を返済しながら、低賃金で働いていた。その上、技能実習制度では職場を変えることができず、さらに、住居は会社が提供した寮となる。借金がある上、在留資格、仕事、住居が結びついており、がんじがらめの状態で、借金を返しつつ働くことになる。

日本での技能実習経験を肯定的にとらえる技能実習生もおり、帰国後も日本で知り合った人たちとフェイスブックなどを通じて連絡を取り合う元技能実習生もいることは確かだ。受け入れ企業の社長や上司が親切にしてくれたという話を技能実習生から聞くこともある。地域のボランティア日本語教室に参加したり、職場内に親切な人がいたりする場合、技能実習生は地域や職場で人間関係を構築できる。ただし、どのような地域のどんな実習先企業で働けるのかは運次第だ。日本で生活し、仕事をしつつも、日本人の友達が一人もできなかったという技能実習生もおり、問題があっても気軽に相談できる人がいないという例があることもまた課題となっている。

そして技能実習生は制度上、実習先企業を変更できないので、問題があっても、我慢するほかない。筆者が話を聞いた技能実習生の中には、朝3時までの長時間労働で休みがほとんどないという人や、きつい仕事を割り振られた人、あるいは放射能汚染の「除染」といった危険な仕事をさせられた人がいた。

それに加え、日本での就労期間中に実習先企業において、むなぐらをつかまれる、顔を殴られる、すれ違いざまに肩をわざとぶつけられるという身体的な暴力、「ベトナムに帰れ」「バカ」といった言葉による暴力、モノを投げつけられる、体を触られるなどのセクハラ、ケガをしても十分に治療させてもらえない、行動を監視される、外出を禁止される、罰として雨の中で外に立たされるといった状況に置かれていた人たちがいた。こうした暴力やハラスメントは一回性のものではなく、常習的に行われていたケースもあった。また暴力については、男性が被害者になるとみられがちだが、女性が被害に遭うこともある。

そんな中、一部の技能実習生の中から会社から出る／逃げることを選択する人が出ているわけだが、現在の日本社会で使われる「失踪」という言葉ではとらえられない、例えば技能実習生にとっては自分の身を守るための「避難」という事例がある。そのため「失踪」という言葉だけで、技能実習生が会社から出る／逃げることを位置付けることには、疑問が浮かび上がる。

## 借金漬けの移住労働が常態化

筆者は2014年9月から2018年8月まで、ベトナムと日本において、ベトナムから日本、台湾、韓国などに、技能実習生や家事労働者、工場労働者などとして移住労働に出た経験を持つベトナム人に対し、移住労働を行う背景、移住労働に当たっての仲介会社の利用、仲介会社への手数料とその工面方法、移住労働先での就労実態、賃金、帰国後の生活などについて聞いた。

この中で、雇用主のもとから出た／逃げた経験を持つ人については、(1) 逃げることを決めた動機、(2) 逃げるための手段・ルート、(3) 逃げた後の日本での仕事・生活、(4) 帰国の経緯――を聞いている。逃げることを決めた動機以外の要素を聞き取り項目に入れているのは、動機だけでは、逃げることを実現できないからだ。

では、技能実習生はどうして会社から逃げたいという動機を持つようになるのか。技能実習生が実習先企業から逃げる動機は、一つの側面だけでは説明できない複合的なものだが、動機形成のカギとなりそうなのが、不健全なバランスシートの存在だ。

## 技能実習生のバランスシートの一例（２０１８年の聞き取りデータから筆者作成）

以下の表は、様々な困難な状況に直面し、技能実習生が来日前に仲介会社に支払った手数料や、来日後の賃金や生活費などに関してまとめたものの一例だ。賃金総支給額、家賃・税金・社会保険料、手取り、生活費、残りの金額はすべて1カ月単位の数字となっている。

この表にある技能実習生は、農村の出身者で、年齢は20～30代。家族の経済状態を改善するとともに、自身の人生を切り開きたいと、日本という国に希望を抱き、来日することを決めた人たちだ。

４人はそれぞれ、ベトナムの都市部にある仲介会社に対し、１人当たり約73万円から１２５万円の手数料を支払った。この際、すべての人が借り入れを行っている。その後、渡航前研修を受けるセンターで数カ月

| | 仲介会社の手数料 | 資金の工面方法 | 賃金総支給額 | 家賃・税金・社会保険 | 手取り | 生活費（食費含む） | 残り |
|---|---|---|---|---|---|---|---|
| 1 | 125万円 | 親族から50万円借金 | 計12万5000円 | 家賃3万3000円、社会保険料、税金、雑費で計5万5,370円 | 6万9,630円 | 約2万円 | 約4万9,630円 |
| 2 | 約110万円 | 銀行から110万円借金 | 約13万円 | 家賃1万5,000円、その他税金などで計4万円 | 8万～9万円 | 計3万円 | 約5万円 |
| 3 | 約90万円 | 銀行から50万円全額借金 | 約15万～20万円 | 家賃、税金、社会保険料など | 6万9,000円 | 計9,000円 | 約6万円 |
| 4 | 6500米ドル（約73万1,055円） | 知人から6500米ドル全部借金 | 約15万～20万円 | 家賃、税金、社会保険料で計約5万円 | 12万円5,000円 | 3万円 | 約9万5,000円 |

技能実習性のバランスシートの一例（2018年の聞き取りデータから筆者作成）

にわたる渡航前研修を受けてから、２０１５年から２０１７年にかけ、いわば借金漬けの状態で来日した。

その後は、各地で就労していたが、賃金水準は決して高くない。技能実習生の賃金は各都道府県の最低賃金水準とほぼ同額であることが多いと言われる。そのため基本給は10数万円にとどまる。技能実習生は賃金から家賃、税金、社会保険料が引かれる。時には水道光熱費やインターネット料金が引かれることもある。もともと10数万円の賃金から、これらの費用が引かれると、手取りは10万円を切ることも少なくない。

他方、ベトナム側では仲介会社への手数料支払いのために大きな借金をしていることから、この賃金の中から、借金を返済していく。借金額の大きさに比べて賃金が低いため、生活は切り詰める。生活費が合計で月に９０００円だった技能実習生は毎月食費は７０００円のみに抑え、ほかにインターネット料金２０００円を出すほか、余計な支出を抑えていた。そして残りのお金はそのままベトナムの家族に送り、借金返済に充てるのだ。

それでも借金額が大きいため、返済には1年以上の期間を費やすことになる。こうした借金と賃金の不均衡なあり方は、筆者が話を聞いたベトナム人技能実習生としては一般的なものだ。

借金を背負いながら日本で働いていた4人はさらに、「ケガをしているにもかかわらず十分な治療を受けられなかった」「強制的に帰国させられそうになった」「除染をさせられていた」「きつい仕事の一方で賃金が低かった」といったそれぞれの状況に直面し、支援者の元に保護されるに至った。

## 2 決断した「脱出」——極度の長時間労働と搾取への抵抗

### 「脱出」を図ったベトナム人女性

技能実習生が会社から出る／逃げることとは、いったいどんなことなのか。それは、日本政府の使う「失踪」という言葉では簡単に片づけられない。そのことを考えるきっかけをくれたのは、ある1人のベトナム人女性だった。

2017年8月の汗がにじむ午後。地上に比べれば少しは涼しさを感じなくもない地下鉄駅で、私は人を待っていた。気が付くと、携帯電話の液晶にうつった時計の時間が約束した時間を少しだけ過ぎていた。彼女は本当に一人で駅まで来られるのだろうかと、改めて心配になってくる。

すると、ホームへと続くエスカレーターからジーンズをはいた女性がさっと降りてきた。ぴったりとしたTシャツに、小さなリュック。少しだけ明るくした髪の毛。うっすらとメイクもしている。ふっくらとした頬は自然のままに、唇にのせた明るい色がポイントとなり、豊かな表情をつくっている。彼女は、こちらに気が付くと、すぐに屈託のない笑顔をみせてくれた。

ベトナム出身の20代の女性、グエン・タン・スアンさん（仮名）だった。

初対面の彼女は、思いのほか元気そうだった。SNSを通じスアンさんの状況を聞き、それが決して楽観できるものではなかったので、彼女の明るい表情にほっとする思いがした。同時に、知り合いがほとんどいないこの都会で複雑な地下鉄を乗り継ぎ、ここまで一人で来たことや、笑顔を見せながらきちんと挨拶してくれたことに、しっかりとした彼女のあり方をみるような気持ちになった。身なりに気を遣い、にこやかにほほ笑む彼女は、ふつうの若者のようにもみえる。

まさか彼女がどこからか逃げてきた人だとは、その込み入った事情を知らなければ、誰も想像がつかないだろう。スアンさんは、技能実習生として就労した縫製会社の過酷な就労環境に耐えかね、「脱出」を図った女性だったのだ。

## 不発弾の残る故郷

１９９０年代半ば。ベトナムがアメリカとの国交を回復したころ、スアンさんは5人きょうだいの2番目として、ベトナム中部の省で生まれた。父は、ベトナム戦争における大きな衝突、テト攻勢の起きた時期に生まれており、両親ともにベトナム戦争世代だ。

ベトナム中部は故ホー・チ・ミン主席や、１９５４年のディエンビエンフーの戦いでフランス軍を撤退に追い込むなど活躍し、「赤いナポレオン」と呼ばれた故ボー・グエン・ザップ将軍の生まれた土地だ。古都フエや日本人町を抱えたホイアンといった観光地でも知られる。近年では中部を代表する都市ダナンでリゾート開発が進むなど、経済面での存在感も高まっている。

しかし中部は、ベトナム戦争時に大きな被害を受けた地域でもある。スアンさんの生まれた省は南北を分断していた当時の軍事境界線に近い。このためこの省には戦争時、クラスター爆弾をはじめとする無数の爆弾が投下された。地中には現在も爆発物が多く残っている。不発弾だ。現在も中部地域には不発弾が数多くあり、これが時折爆発し、子どもたちをはじめとする犠牲者を生み出し続けている。周辺地域の開発の妨げにもなっている。

中部地域は経済的な遅れが指摘されてきた。ベトナムは南部ホーチミン市と北部の首都ハノイ市が二大経済圏を形成してきた反面、中部地域は長らく後れを取ってきたのだ。そうした経済状況だからか否か、ゲアン省など中部からも海外に働きに出る人がいる。

スアンさんの両親は農業をしながら、子どもたちを育てた。しかし母は病気がちで、常に医療費の負担がのしかかっていた。スアンさんには就学年齢の年下のきょうだいもおり、学費もかかる。スアンさんは中学を出ると、すぐに働きだすことを決めた。学校に行くよりも、できるだけ早く働いて、収入を得て、家族を助けようと思ったのだ。

実家を出たスアンさんはレストランで働くことになった。住み込みで朝5時から夜9時まで働いた。休憩は午後3時から4時の1時間の休みだけ。当時の月給はこれだけの長時間労働でも月に7000〜8000円程度だけだった。それでも彼女は働いて得たお金を両親に仕送りし、家族の暮らしを助けた。

その後はベトナム企業の縫製会社で2年ほど働いた。このときは別にアルバイトもしていた。午前8時から午後5時まで縫製工場でミシンの前に座り仕事をした後、その後は夜の11時までカフェやレストランで働いた。縫製会社の月給は2万5000円程度。アルバイトの賃金も含めると、月収は約3万円だった。

父の農業による収入は月に1万5000円ほどで、スアンさんの収入と合わせると、世帯収入は月に4万5000円程度になった。ただし、就学年齢のきょうだいたちがいる上、病気の母親の医療費がかかることから、一家の家計は決して楽ではなかった。

## 100万円を超える借金

そんなとき、スアンさん家族に日本行きの話がきた。

この情報を運んできたのは、技能実習生を日本に送り出していた仲介会社に労働者を紹介する、個人の仲介者、いわゆるブローカーだった。ベトナムでは移住労働者の送り出し産業が構築されており、営利目的の仲介会社が積極的にビジネス展開している。ブローカーもまた、この移住産業の担い手なのだ。

「日本に技能実習生として行けばお金を稼げる」

「日本の賃金水準は高い」

経済的課題を抱えていたスアンさんの両親はこうしたブローカーの話を聞き、スアンさんに日本に行くように言った。儒教の影響を受け、家父長制が根強いベトナムでは、親の言葉は重い。病気の母のこと、学費のかかるきょうだいのことを思い、スアンさんは両親の気持ちをくみ取り、日本行きに同意した。

日本行きのためにスアンさんの両親はブローカーに1000米ドル（約11万2900円）を渡した上で、ブローカーから紹介されたハノイの仲介会社に手数料4500米ドル（約50万8000円）、保証金3500米ドル（約39万5000円）を支払った。その後、スアンさんは仲介会社の全寮制の渡航前研修センターで8カ月間にわたり日本語を学んだ。この際の学費は手数料に含まれていたが、研修期間中の食費や生活費などを追加で支出しなければならない。

こうした様々な費用が積み重なり、スアンさんの両親は渡航前の費用として合わせておよそ1万米ドル（約112万9000円）を費やした。ベトナムの水準から言っても、日本から見ても、相当の大金だ。当然のように両親の手元にこれだけの現金はなく、すべてを銀行から借り入れた。

これだけの借金を背負いスアンさんは2015年、20歳の時に来日した。20代に入ったばかりの若者にとってはあまりにも大きな借金を負い、知らない国で働くことになったわけだが、彼女は日本に期待していた。「来日前は飛行機に乗ってみたかった」と笑顔で話すスアンさん。あの日、生まれてはじめて飛行機に乗り、日本のとある町にたどり着いた。

そして、その町にある縫製会社で働くことになる。

以前から技能実習生を受け入れてきたその縫製会社には数十人の技能実習生がいた。もともと中国人を手広く受け入れてきたが、近年はベトナム人を受け入れており、スアンさんが働き始めたとき、中国人技能実習生よりもベトナム人技能実習生の数の方が多かった。縫製業の常として、技能実習生はすべて女性だった。

技能実習制度では、農業、漁業、建設、食品製造、繊維・衣服関係、機械・金属関係、家具製造、印刷、製本、プラスチック成形、塗装、溶接、工業梱包、紙器・段ボール箱製造、陶磁器工業製品製造、自動車整備、ビルクリーニング、介護など計80職種144作業で技能実習生が就労できる。

その中で、建設現場では男性技能実習生が多いように、一部職種ではそこで就労する技能実習生の性別に偏りがある。縫製については、技能実習生の大半は女性だとみられている。日本の縫製業は、アジア諸国出身の女性たちに支えられているとも言える。

縫製業はかねてから長時間労働や最低賃金を下回る残業代の存在など、違反行為が発生してきた業種であることも事実だ。スアンさんもまた、困難に直面することになる。それも思いがけないほど早く、彼女は過酷な就労状況に置かれることになった。

## 朝3時まで、1日17時間に及ぶ長時間労働

スアンさんは日本に到着した翌日、午後3時すぎまで、日本語の研修を受けた。そして、その後は、翌朝

3時まで仕事場でミシンを踏むことを求められた。

技能実習生は来日後、監理団体のセンターで1カ月ほど、日本語や日本の文化、日本の生活に関する研修を受けることが一般的だ。1カ月の研修後に実習先の企業に配置されることになる。しかし、彼女の場合は「研修」期間中にすぐに仕事が始まった上、翌朝3時まで働かされた。とても「研修」とは言えない。

実はスアンさんの実習先企業の代表者と監理団体の代表者は同一人物だったのだ。監理団体は本来、実習先企業で技能実習が適正に行われているのかを「監理」することが求められる。だが、スアンさんの場合、実習先企業と監理団体の代表者が同一人物であり、実習先企業と監理団体が一体化していた。この状況でどんな「監理」が可能なのか。付け加えておくが、実習先企業と監理団体の代表者が同一人物というのは、ほかの技能実習生の事例でも存在する。

「研修」期間が終わると、今後は朝8時から翌日の午前3時までミシンの前に座り働き続けることが常態化していった。午前8時に仕事を開始し、正午から午後1時までお昼休憩。その後は、午後1時から午後5時まで働き、午後5時から午後6時に夕食をとる。食事が済めば、今後はそのまま午前3時まで仕事が続く。つまり休憩時間を抜くと、1日17時間も働いたことになる。

休みは月に多くて4日、少ないと3日しかなかった。

厚生労働省は月に80時間を超える残業について過労死ラインとしているが、スアンさんはその水準をはるかに超える時間働くことが要求された。

## プレハブ小屋の「寮」、制限される外出

生活の面でも問題があった。

スアンさんたちは会社が用意した「寮」に住んでいたが、そこはプレハブ小屋で、十分なスペースがないところに二段ベッドが3台詰め込まれていた。プライベートな空間はなく、快適とは言い難いプレハブ小屋で、スアンさんはほかの技能実習生とともに計5人での共同生活を送った。

湯船のある浴室はなく、体を洗うのは屋外に設置された簡易シャワーだ。順番でこの簡易シャワーを使った。台所や食事をとる場所は、決して清潔とは言えなかった。

給与から家賃と電気代として計3万2000円が引かれた。彼女を含め5人の技能実習生が共同生活をしていたプレハブ小屋の家賃と電気代は5人分で16万円にも上る。会社は技能実習生を長時間労働させる上、家賃でも搾取する。

午前3時までの長時間労働と、少ない休み。清潔とは言い難い宿舎での共同生活。寒い冬でも簡易シャワーを使うことが求められる暮らし。それがスアンさんたちの職場では日常化していた。

また、スアンさんは実習先企業から時給が698円だと説明を受けた。これはスアンさんの会社が立地する都道府県の当時の最低賃金とほぼ同水準だった。給与から家賃と電気代として計3万2000円が引かれた後、手取りは月に8～9万円ほどにしかならない。長時間の残業分の賃金が計上されていなかったのだ。

あれだけ働いて、なぜこの金額になるのか――。

スアンさんたちはおかしいと思ったが、会社からの十分な説明はない。

タイムカードは工場の中にあったものの、スアンさんたち技能実習生はそのタイムカードを自ら押すことはできず、管理者が技能実習生の代わりにタイムカードを押し、カードを管理していた。スアンさんはノートに就労時間の記録をつけていた。自ら記録をつけない限り、正しい労働時間を記録するものはなかった。

彼女たちは外出も制限されていた。会社は、スアンさんたち技能実習生が自由に外に出ることを嫌がったのだ。近くの公民館に行って日本の文化を教えてもらったことがあると言うが、それ以外は、日本社会とはほとんど接触がなく、買い物に出るくらいしか機会がなかった。

そもそもあれだけの長時間労働をしているのだから、外出する時間はない。加えて、会社は商店などのあるエリアからは遠いところにあった。スーパーマーケットに行くのにも車が必要になる。会社の人が定期的に車を出し、技能実習生はこれに乗り、スーパーマーケットに行った。自由に買い物もできなかった。

職場では暴言もあった。日本社会とのつながりもなく、長時間労働をしていれば、日本語を学ぶ時間などない。スアンさんたち技能実習生はほとんど日本語が分からなかった。けれど、会社の人が使う「ベトナムに帰れ」という言葉は分かったという。女性たちは頻繁に「ベトナムに帰れ」と怒鳴られていたのだ。

## 支援者との出会い――「抵抗」を決断するとき

この状況の中、スアンさんは悩みながら、解決策を探した。そして、遂にSNSを使い外部に相談をするに至った。SNSを通じて、技能実習生を支援している越田舞子さんに、つながることができたのだ。

「国際コミュニケーションネットワークかけはし」（佐賀県）の代表を務める越田さんは、県内で技能実習生を中心とする外国人を対象にボランティア日本語教室を主宰しており、以前に偶然知り合った技能実習生の苦境に胸を痛め、たった一人で技能実習生の支援に乗り出し、これまでに多数の技能実習生の支援を行ってきた。困っている技能実習生からSNSを通じて連絡を受けると、時間をかけて聞き取りをし、労基署や入管、時には警察など関係機関に連絡を入れ、技能実習生を助けている。

技能実習生は日中働いているほか、相談先を探しているような技能実習生は長時間労働をしているケースも少なくないため、聞き取りできるのは夜や休日しかない。時に深夜まで及ぶ聞き取り作業を日々行う。あまりにも困難な状況にある技能実習生については、保護することもある。これをボランティアで続けてきた。越田さんの活動に賛同し、協力してくれる人も出ている。技能実習生への人権侵害事件が各地で起きる中、労働組合や法律家に加え、越田さんのような一般の市民が草の根で技能実習生を支えているのだ。

連絡を受けた越田さんはスアンさんの状況に胸を痛め、なんとか助けたいと、スアンさんとのやりとりを何度も重ね、その就労実態や暮らしの状況、賃金などについて詳細な聞き取りを行い、資料としてまとめた。異常な長時間労働に、残業代の未払い、劣悪な生活環境など、聞きとるべきことは山のようにある。資料の枚数は増えていった。越田さんはこの資料を、関係機関に送り、スアンさんの置かれた状況を伝えた。

スアンさんにとって、越田さんは自分の状況を受け止め、痛みを共有してくれる日本人だった。日本に来て初めて心を許せる存在だっただろう。同時に、厳しい現状を「変える」という希望をスアンさんにくれた。越田さんが関係機関に通知したことが奏功し、ある時、スアンさんの就労先に役所が入り、調査を行った。その結果、会社は就労時間を見直し、以前に比べて就労時間は大幅に短縮された。それまで朝3時まで働いていたが、夜8時には仕事を終えることができるようになったのだ。スアンさんに光がみえた瞬間だった。

しかし、事はそう簡単にはいかなかった。

役所が入った後も、未払いの残業代は支払われなかった。その上、工場での就労時間は一時短縮されたものの、その後しばらくすると、再び長時間の残業を強いられるようになった。

この状況の中で、どうすればいいのか。技能実習生の間で、意見が割れたという。スアンさんは外部に訴え続けることで状況改善を図るとともに、未払い賃金を取り返したいと主張した。しかし、技能実習生の中にはこのまま我慢して就労を続けるという人も少なくなかったようだ。ほかの技能実習生もまたスアンさんと同じように借金し来日している。借金を返し、家族のために仕送りしなければならない。技能実習生の中には、故郷に子どもを残してやってきた母親もいる。会社と対立すれば、強制的に帰国させられる恐れがある。いかに厳しい状況であっても、会社との対立をできるだけ避けたいと思ってしまう女性もいるのだ。

就労先の企業の変わらない厳しい状況、仲間との意見の食い違い――。

スアンさんはこうした事態に思い悩んだ末、決断した。それは、この会社から出ることだった。そして、ある日、彼女はたった一人で会社の寮から出たのだった。来日してから、1年以上が経った頃のことだ。

会社から出ることは、長時間労働や暴言、低賃金に耐えてきたスアンさんにとって困難な状況からの「脱出」だった。同時にスアンさんが自らの主体性を発揮した「抵抗」でもあった。日本政府は技能実習生が会社から出る／逃げることを「失踪」と表現する。だが、技能実習生が直面する現実はその言葉で表現できるほど、単純なものではない。

## 3　逃げても続く搾取

### インフォーマルな「ブローカーシステム」と労働市場

最終的に会社を出ることを決断したスアンさんは、ある夜、会社の敷地のフェンスを乗り越え、外に出た。そしてバスで一度、町の中心部に出た後、今後は長距離バスで東京を目指した。スアンさんにとって、それは「脱出」であり、過酷な現実に対する精一杯の「抵抗」だった。

逃げる際にスアンさんが頼りにしたのはＳＮＳだった。彼女はＳＮＳを通じ、とある派遣会社をみつけ、その会社に連絡をとったのだ。この派遣会社は会社から逃げてきた技能実習生など、在留資格外の活動をしたり、あるいは在留資格のない外国籍者にも仕事をあっせんする会社だった。

会社から逃げたことのある技能実習生が「次の仕事」を見つける際のルートと手段をみていると、派遣会社や個人のブローカーなどから成る「ブローカーシステム」を使う例が散見される。ブローカーシステムを利用する場合、仕事が見つかる可能性は高いが、後述するように手数料は決して安くはない。

派遣会社はスアンさんに関東地方の食品会社の仕事を紹介した。スアンさんはこの食品会社で週6日、1日8時間働いた。そこは一定の規模のある工場で、ベトナム人だけでなく、フィリピン人やインドネシア人なども働いており、外国人労働者はなくてはならない存在だったという。そこでは寮も用意されていた。

技能実習生が会社から出た場合、まず確保しなければならないのは住まいだ。技能実習制度では、技能実習生は会社を変えられない上、住居は会社の提供する寮となり、転職と転居の自由がない。制度的に職場を変えることができず、会社から逃げれば、在留資格、仕事、住まいをすべて失う。そして、たとえ逃げたとしても、仕事が見つからなければ、借金返済も家族への仕送りもできない。技能実習生は職場に問題があったとしても、借金や保証金のため容易には逃げたくても逃げられないことを考える必要がある。

過酷な労働を強いられた末に会社を「脱出」したスアンさんのケースでは、公的部門からの支援が十分でない中でインフォーマル（非公式）なブローカーシステムと労働市場とが、皮肉にも窮地に立たされた彼女の行き場になってしまったのだ。

派遣会社に紹介された食品会社で彼女が行っていたのは、ごくごく普通の仕事だ。私が聞き取りしたほかの技能実習生のケースでも、会社から出た後に従事していたのは食品加工、農業、宿泊業、建設業などごく普通の仕事だった。逃げた技能実習生が万引きなどの犯罪に手を染めるケースが報道されているが、それよりもむしろ、技能実習生が会社から逃げる背景を把握するとともに、逃げた技能実習生が「堅気の仕事」に従事し、結果的に日本の産業を支えていることをみるべきだろう。

## 続く搾取——確信犯的派遣会社

やっとたどり着いたはずの新たな職場だったが、スアンさんはすぐに現実を思い知らされる。この会社の給与は本来、月20万円程度になるはずだったが、派遣会社はここから寮費や水道光熱費、送迎費、ユニフォーム代などとして計7万円程度の「手数料」を引いていた。手取りは月12～13万円になった。

技能実習生として正規の在留資格で働いていたときには、朝3時までの長時間労働を休みなく続けたにもかかわらず、手取りは8～9万円のみ。皮肉なことに、派遣会社に月に7万円もの手数料を徴収されたとしても、彼女の労働状況と収入は技能実習生時代に比べて改善していた。

スアンさんはこの手取り収入のうち2万円を食費など生活費として使い、残りの10～11万円すべてを故郷に仕送りした。送金は技能実習生として来日するために作った借金の返済に充てた。

この会社で数カ月働いた後、スアンさんは別の会社に派遣される。そちらも食品関係の工場だったが、就労時間は朝6時から夜の6時までの12時間となった。やはり20万円ほどの月給から、寮費、水道光熱費、送迎費、ユニフォーム代など計7万円が差し引かれ、手取りは12～13万円だ。

スアンさんは会社から逃げた後も、派遣会社から様々な手数料を引かれた。私が話を聞いた会社から逃げた経験を持つ技能実習生は、派遣会社や個人のブローカーを経て次の職場にたどり着いた場合、やはりスアンさんのように月給から手数料が引かれるか、紹介料を払うなどしていた。逃げる前も逃げた後も、ブローカーシステムが労働者を取り込み、お金を吸い上げる実態がある。

他方、技能実習生が会社から逃げるのを可能にするのは、インフォーマルな労働市場の存在があるからこそだ。在留資格外の就労をする逃げた技能実習生を雇用する雇用者が存在するからこそ、技能実習生の中に逃げることに希望を見出す人が出てくると言える。

派遣会社は確信犯的に逃げてきた技能実習生に仕事を紹介し、代わりに手数料をとっていた。スアンさんが派遣された食品会社2社については、彼女が逃げてきた技能実習生であり、技能実習以外の仕事をすることが違反だと知っていたかどうか分からない。ただ、逃げた経験のあるほかの技能実習生のケースでは、派遣会社経由ではなく直接雇用されており、会社側は在留資格外の就労であることを認識していた。

他方、彼女が働いた2つの会社にとってみれば、若い働き手であり、稼ぐという明確な目標を持つ外国人労働者は——正規だろうが、非正規だろうが——ありがたい存在となっていただろう。中小・零細企業をはじめ日本の各産業部門では、技能実習生や留学生、日系人、日本人と結婚した外国人をはじめとする外国人労働者は以前からなくてはならない存在となっている。スアンさんは逃げる前も、逃げた後も、ブローカーシステムに搾取され続けながら、結果的に日本の産業を根底から支えてきたのだ。

## 去るも地獄、残るも地獄

食品会社で働いたスアンさんだったが、ある日、彼女を驚愕させる出来事が起きた。派遣会社が提供した寮に入管の調査が入ったのだ。その寮には外国人が多く住んでおり、入管が在留資格を持たない外国人の摘発を行ったのだ。このとき、スアンさんはその場にはいかなかったものの、寮の住人が入管に捕まったことを知り、いつか自分も捕まってしまうのかと心配するようになった。

その時点で、スアンさんは来日前に仲介会社に払った手数料のための借金を返し終わっていなかった。故郷には病気の母や学費のかかるきょうだいもいる。家族のためになんとかお金を稼がなければならない。けれど、不安には勝てなかった。スアンさんはある日、この寮を出て、知人の部屋に駆け込んだ。そして、そこで暮らしながら、何もすることなく身を潜めて過ごすほかなかった。次第にお金もなくなってきた。来日するために仲介会社に払った手数料の借金はまだ残っている上、故郷の病気がちの母や年下のきょうだいのために仕送りをしなければならない。けれど、彼女にお金を稼ぐすべはなかった。スアンさんは会社から「脱出」したものの、待っていたのはやはり困難だった。

一方、スアンさんが逃げてきたあの縫製会社にはまだ、女性技能実習生が数十人残っていた。会社に残った数十人の女性たちはその後も長時間労働と低賃金、ハラスメントにさらされ続けていた。

スアンさんをはじめ技能実習生を支援してきた前述の越田さんはこう話す。

「縫製部門では、スアンさんのように技能実習生を働かせることは別の会社でも起きています。スアンさんの職場以上のもっとひどい悪質な事例もあります。

最近は愛媛県の縫製会社で働く女性技能実習生から相談がきました。彼女たちは残業代どころか、給与をきちんともらっておらず、ここ3カ月間の給与は合計でも4万円だけ。1カ月分ではなく、3カ月分です。毎日大量の仕事をしても、これしか収入がなく、来日して1年以上経ちますが、家族に仕送りもできません。通帳、パスポート、在留カードも会社が実習生から取り上げた上、近くのスーパーに食べ物を買いに出ただけで、怒鳴られ、外に出ることができない状態です。自転車の鍵も会社に取り上げられています」

## 労働組合による交渉、カトリック・コミュニティによる支え

その後、スアンさんはどうしたのか。

技能実習生として働いた会社から「脱出」し、さらにまた別の場所へと逃げた彼女だが、縫製会社の未払い賃金はあきらめることができなかった。そんなとき、彼女は技能実習生をはじめとする外国人労働者を支援している全統一労働組合（東京都）を知り、そこに駆け込んだのだ。

スアンさんを支援した全統一労働組合の佐々木史朗書記長は、「全統一労働組合は、過労死の危険レベルを超える長時間労働や残業代の未払いなどの労働基準法違反や、劣悪な居住環境と不正な寮費の徴収、技能実習法に違反する数々の不正行為、著しい人権侵害による被害の救済を求め、会社と監理団体に対して団体交渉を申し入れました」と説明する。

その上、全統一労働組合と連携するカトリック・コミュニティの支援を受けることもできた。労働組合など支援者に保護された技能実習生にとって重要になるのは、会社との交渉とともに、生活面だ。繰り返しになるが、技能実習生は会社から出てしまうと、仕事も住まいも失う。スアンさんは知人宅にいたものの、全統一労働組合に駆け込んだころには生活費もなくなりはじめ、生活は困窮していた。そんな中、カトリックのコミュニティが生活面でスアンさんを支えたのだ。

そして、交渉開始から数カ月――。

当初会社と監理団体は、団体交渉に応じる姿勢を示さないなど、すぐには解決に至らなかったものの、佐々木書記長らの粘り強い働きかけにより、最終的に会社と監理団体はスアンさんに謝罪し、未払い残業代などを支払った。スアンさんはやっと自分の権利を取り戻したのだ。

借金漬けで来日し、過酷な就労環境のもとで就労したスアンさんだったが、様々な支援者との出会いにより、やっと彼女の権利は回復された。支援者の協力に加え、会社から「脱出」するなど、彼女が自分の権利回復をあきらめなかったことも大きいだろう。

ただし、帰国した元技能実習生に話を聞くと、大半が労働組合などの支援者や労基署といった公的機関の情報を知らずに日本で働いていた。ベトナム側の仲介会社と日本の監理団体が技能実習生からの相談に乗り、問題解決を図る例もあるが、技能実習生の多くは外部に相談先を持たない。

## 継続する外国人労働者の使い捨て

日本政府は、会社から逃げた技能実習生をその理由いかんを問わず「失踪者」と呼び、取り締まりの対象にする。そして在留期限が切れれば「不法就労者」と呼び、技能実習以外の仕事をすれば「不法就労者」と位置づける。逃げた技能実習生の中にはスアンさんのような過酷な状況から悩んだ末に会社を出た人がいる。その人たちは未払い賃金を取り戻すなど、自身の権利回復を図る必要がある。しかし、筆者の聞き取りでは、労働組合など支援者に保護されない限りは、逃げた技能実習生は最終的に当局に拘束され、権利回復できないまま、強制送還により日本の領土の外に投げ出されただけだった。

こうした外国人労働者の使い捨ては、今に始まったことではない。

80年代以降、興行ビザで来日したフィリピン人など東南アジア出身女性の人身取引や搾取が問題となりながらも、受け入れが継続した。日系人が日本の労働市場に入る一方で、不況になれば職を失った。

さらに、留学生についても、特にベトナム人などの場合は仲介会社に高額の手数料を払い借金漬けの状態で来日し、食品会社や宅配会社、コンビニエンスストアなどでアルバイトをしながら借金を返すケースがある。エンジニアのビザで来日したベトナム人が労働組合に相談する例もある。日本社会は継続して外国人労働者を受け入れ、その労働力の恩恵を受けつつも、その人たちが周縁化され、搾取されることを看過してきたのではないか。

2018年8月。ハノイ市で帰国していたスアンさんと再会した。1年前の夏には、話を聞くために彼女によく会っていたので、久しぶりの再会に嬉しくなった。

ジーンズにチェックの半そでシャツという姿で現れた彼女は、相変わらずにこやかで健康的な表情をしていた。その日は、ハノイ市の仲介会社とベトナム政府機関へ聞き取りをする予定だった。彼女ともう1人の元技能実習生が一緒に同行してくれるというので、2人にも来てもらった。技能実習生を送り出すことで利益を得ている仲介会社と、労働者の送り出しを推進するベトナムの政府機関――。聞き取りの間中、隣に座るスアンさんの横顔が気になって仕方なかった。

聞き取りが終わり、スアンさんたちとハノイ市の中心部にあるホアンキエム湖の周りを歩くことにした。ホアンキエム湖はハノイ市民の憩いの場であるとともに、旅行者が集まる場所だ。私もハノイに暮らした3年の間、この湖に何度も出かけた。

湖のほとりのベンチに座った。気温は高いけれど、周辺ののんびりとした雰囲気から、気持ちが落ち着く。

「台湾に行く予定なんです」

ふと、スアンさんが言った。聞けば、台湾に働きに行くことを考えているというのだ。それを聞き、私はあわててしまい、「どうして?」と、つい強い口調で尋ねてしまった。

彼女はそれにはひるまず、にっこりと笑いながら、「台湾の後は、韓国に行きたいんです」と話す。台湾で働き、実家に仕送りをしながら、台湾よりも賃金水準の高い韓国に行くための資金を貯めることを考えているのだという。

日本であれだけの経験をしてもなお、彼女の収入に期待する家族がいる。娘であり姉でもある彼女は、家族のために尽くすことが強く求められており、なんとしてでも稼ぎ続け、家族を経済的に助けなければならない。日本であんなひどい経験をしたのだから、もう海外で働くのはいいだろうという意見は、彼女には決して響かない。十分な学歴や職歴を持たない彼女が母の医療費ときょうだいの教育費を稼ぐには、海外に行くことがある意味でほぼ唯一の解決策になっているのだ。

「悪い会社があるから。気を付けないといけない。変な仲介会社を使ってはいけない」

私がそう言うと、スアンさんは「分かっている。大丈夫です」と言って、やっぱりにこやかな笑顔を崩さなかった。

「また会おうね」と言うと、スアンさんは私と一緒に写真を撮りたいと申し出た。2人で湖のわきに立ち、寄り添ってカメラのファインダーに収まる。写真を撮り終わると、なんとなく2人で握手をした。彼女の手をこのまま離したくはなかった。ずっとそのまま握っていて、危険な場所には行かせたくなかった。なぜ彼女がまた海外に行かなければならないのか。

それでも彼女は、今また海外に出ようとしている。どうか無事にいてくださいと、それを言いたかったけれど、台湾行きを楽しみにする彼女にきちんとした言葉はかけられなかった。

会社の敷地のフェンスを乗り越え、労働争議にも勝ち、ベトナムに戻ったはずの彼女。けれど、彼女は家族への責任やベトナム社会における経済問題からは十分には「脱出」できず、海外への夢をまた見ようとしている。たった一人で海外に出て働き、家族を支えようとする彼女のたくましさと、その足元の脆弱さ。別れの時間が来た。スアンさんはすっと背筋を伸ばし、相変わらずの笑顔で手を振ってくれた。

## 4　日越双方の課題が絡み合う技能実習

### 増加する実習生の「逃亡」

「日本で働いたけれど、逃げました」

ベトナム北部の農村で、元技能実習生の彼ら彼女らから、私は何度かこの言葉を聞いた。「逃走」した経験を持つ元技能実習生はみな来日前に高額の渡航前費用を借金して仲介会社に払ったものの、日本に来ても当初期待したような賃金を得られなかった。

技能実習生としての手取りが月6万円だったというあるベトナム人は、渡航前費用の借金をなんとか返し終えても、日々の食費や「寮費」を支払うと、手元にはあまりお金が残らず、思うように貯金ができなかった。このベトナム人は、故郷には自分の仕送りを待つ家族がありながら、ある時、雇用主宅から「逃走」した。そして非正規での不安定な就労に入り、最後は入管当局に捕まり、強制送還させられた。

別のベトナム人は、渡航前費用を借金して来日した上で働いていたが、やはり借金返済の負担があった上、当初の期待ほど収入を得られなかったことから、受け入れ先企業を「逃走」し、非正規で働いていた。この人もお金を故郷に仕送りしながら「逃走」先で不安定な身分で単純労働をしていたが、最終的には入管当局に身柄を拘束された。

最近ではベトナム人の実習生の「逃走」が目立つようになっている。「外国人技能実習制度」を推進する公益財団法人「国際研修協力機構（ＪＩＴＣＯ）」のまとめでは[2]、２０１５年度に監理団体または実習実施機関からＪＩＴＣＯが受けた行方不明報告者数は計３１１０人となった。国籍別では、中国人が１５９９人と首位だが、ベトナム人は１０１５人で2位に付けている。

## ベトナム政府による仲介会社の管理強化――横行する違反行為や詐欺事件

実習生を取り巻く課題を受け、ベトナムの労働行政などを管轄するベトナム労働・傷病軍人・社会省（ＭＯＬＩＳＡ）は２０１５年11月18日付で、日本への実習生送り出しを行う「送り出し機関」（仲介会社）の管理強化と渡航前費用の徴収額を制限するための新たな公文書４７３２号（4732/L-TBXH-QLL-NN）を出した。

公文書4732号の中で、同省は仲介会社が日本に実習生を送り出す要件として、この1年にわたり行政処分を受けていないことなどを挙げている。また送り出しにあたり、それぞれの仲介会社は社内に日本を専門にする担当者、必要な知識を持ったスタッフ、関連法規の知識を持った担当者らを配置することが求められるとする。

こうした仲介会社の管理を強化する政策の背景には、仲介会社による違反行為が発生していることがあるとみられる。ベトナムでは、日本への実習生送り出しだけでなく、各国への労働者の送り出しに際し、仲介会社が違反行為を行い、時に処分を受けるといったケースが出ているためだ。ベトナムでは、農村部の出身者が移住労働の主な担い手だが、十分に情報を持たない農村出身者が悪徳業者により「海外に行けば高い収入を手にいれられる」との言葉にだまされ、大金を失うケースが少なくない。

海外出稼ぎをめぐる詐欺事件が広がり、地元でも頻繁に報道されているため、人々は仲介会社による詐欺行為を恐れている。出稼ぎ者が多く出ている村を訪れ出稼ぎ経験者に話を聞くと、多くの人は親族や友人など信頼できる筋からの情報を得るなどし、なんとかして「確実に海外」に行ける仲介会社を探していることが分かる。しかし、それでも運悪くだまされる人は後を絶たない。技能実習生の候補者は高額の渡航前費用を払うために借金をするケースが多い。しかし、手数料をだまし取られ、日本に行けないとなると、多額の借金だけが残ることになる。こうした多額の借金が残ったとしたら、まだまだ所得水準が低いベトナムにおいては、実習生個人やその家族の暮らし、ひいてはその人の人生そのものを大きく揺るがすことになる。

日本円で100万円を超える額をベトナムの農村出身者が稼ぐにはいったいどれだけの時間働けばいいのだろうか。それだけの額を農業収入や工場での就労だけで返済するのはほぼ不可能だろう。ベトナム政府は送り出し機関の管理強化といった指針を打ち出すことで、不法行為への対応を強めようというのだ。

## 仲介手数料を最大3600米ドルに制限——効力はどの程度あるのか？

さらに、ベトナム政府は仲介会社が実習生から徴収できる手数料について、3年契約の実習生で3600米ドル（約39万円）、1年契約の実習生で1200米ドル（約13万円）と規定している。渡航前費用の上限を定めることで、実質的に仲介会社が徴収できる渡航前費用を引き下げようというのだ。

しかし、ベトナム労働法を専門とする神戸大学大学院国際協力研究科の斉藤善久准教授は、ベトナム政府の施策に関して、「要件を満たさない機関からの送り出しを停止するなどの措置は現場にとって一定の是正圧力となりうるが、当局による具体的な調査や、送り出しを待つという立場に置かれる実習生からの告発は期待しにくいだろう」と分析する。

また、斉藤准教授は、「往復の渡航費用を受け入れ企業の負担としながら、学費などとは別に3600ドルという高額な手数料の徴収を送り出し機関に認めているのは妥当と思えない」と指摘する。さらに「日本の入管行政は保証金を徴収されている実習生の入国を認めていないが、ベトナム政府は通達で3000ドル以下の保証金の徴収を認めていることなどの矛盾についても、今回の公文書では何ら調整されていない」と述べている。

なお公文書4732号は後に、2016年4月6日付の公文書1123号（1123/L-TBXH-QLL-NN）に置き換えられた。ただし、この手数料の上限に関する規定について変更はない。実際に、筆者の聞き取りでは、この手数料の上限は守られていない。

## 5 「逃げられない」借金漬けの留学生

### 介護労働を担う「留学生」

２０１６年の夏、西日本にある日本語学校の留学生寮を訪問した。その寮にはベトナムやインドネシア出身の留学生が暮らしていた。

田畑が広がる地域を進むと、そこに民家が建っていた。これが学生寮というが、それはいたって普通の戸建て住宅だった。ここで、多いときには10数人の留学生が共同生活をしているのだという。1階には留学生が寝起きをしたり、食事をとったりする畳の部屋に加え、台所やお風呂が設置されている。台所には炊飯器や調理器具、食器がずらりとならぶ。調理器具は使い込まれ、日々この台所が使われていることが分かる。留学生はみな、節約のために毎日自炊をしているのだ。

この寮の留学生はみな、A社が保有する日本語学校の学生だった。A社は介護施設を展開しつつ、日本語学校も運営していた。

寮の畳の部屋に入ると、ベトナム人留学生が何人か休んでいた。暑さから、外に出るのはつらい。そして、後で知ることになるが、留学生は日本語学校で学ぶだけでなく、全員がA社の介護施設で「アルバイト」をしており、介護労働の負担が重かったのだ。休みの日は身体を休めたかったのだろう。

話が日本語学校やアルバイトの介護のことに及ぶと、留学生はみな一様に表情をくもらせた。それもそのはずだ。留学生はみな経済的な困窮状態に置かれるとともに、アルバイトの介護労働をやめることができないでいたのだ。

Ａ社はアジア諸国から留学生を受け入れていた。そして授業料を前納させる代わりに、留学生を自社の介護施設でアルバイトさせ、このアルバイトの賃金から学費を徴収する「授業料の後払い制」をとっていた。この日本語学校では当初、留学生はアルバイトや寮を変更できないと説明されていたという。職場の変更が原則的にできない技能実習生とは異なり、留学生はアルバイトを自由に選ぶことができるはずだ。しかし、この日本語学校では実質的に、留学生がアルバイトをやめることができず、状況に不満があったとしても就労を続けざるを得なかった。

そもそもベトナムとインドネシア出身の若者は「留学生」として来日したはずだったが、日本語学校の授業の組み方は、留学生を労働力として位置づけるものだった。授業は午前と午後のそれぞれのクラスがあり、授業が午前クラスの留学生は午後にアルバイトのシフトが組まれ、授業が午後クラスの留学生の場合は午前にアルバイトというシフトになっていた。

介護施設でのアルバイトの賃金からは、日本語学校の授業料や寮費などが引かれていた。日本では留学生が就労できるのは週に28時間までと法律で規定されているほか、介護施設の時給はそう高いものではない。そのため留学生の手取りは月に1万数千円程度にしかならない。留学生はこの金額だけで生活していたのだ。

留学生が暮らしていたのは、移動に車が必要な地域である。しかし、車など持てるような経済状態にない留学生は、アルバイト先となる介護施設まで自転車で移動することが求められた。悪天候の日でも雨合羽を着て自転車に乗った。

インドネシア出身の留学生Ａさんは「お金がないので、食費を切り詰めていました。それに、自転車でアルバイト先まで移動し、力のいる介護の仕事をしていたので、来日してから7キロも痩せました」と語る。

別のインドネシア出身の元留学生Ｂさんは「来日前にインドネシアで開かれた説明会では、介護施設での仕事について、留学生は日本人の職員と必ず一緒に行うと言われていました。そして、留学生の仕事はあくまで補助的なもので、決してきつい仕事ではないと説明されました。高齢者と話をしたり、歌ったりするだけだと聞いていたのです」と打ち明ける。

しかし実際には、インドネシア人留学生とベトナム人留学生は、要介護度の高い高齢者に対するケアを担っていたほか、仕事は重労働だったという。

そして、留学生はこうした自身の窮状を解決できないまま、悩んでいた。学校側に訴えても取り合ってもらえなかったほか、学校側は留学生に説明する際に、ベトナム人留学生とインドネシア人留学生を別々の部屋に分けて説明をするなどし、留学生同士も分断されていた。

日本に暮らす留学生の中には、規定の週28時間を超えるアルバイトをする人もおり、時に過酷な長時間労働をするケースもある。A社の日本語学校の留学生の場合、授業計画とアルバイトのシフトが突然変更されることがあったほか、近隣の個人経営の店舗などでは雇用者が外国人を雇いたがらなかったようだ。同時に、特にベトナム人留学生は日本語が十分にできないままに来日しており、語学力の面からほかの仕事を探すことは難しい状態にあった。

## 借金漬けのベトナム人留学生

A社の日本語学校の事例ではさらに、ベトナム人特有の問題があった。それは日本に来る前に利用したベトナムの仲介会社に支払った手数料が法外に高いことだった。

私が聞き取りをしたこの日本語学校の元留学生は、インドネシア出身者とベトナム出身者だったが、ベトナム出身者だけがベトナム側の仲介会社に1人当たり約100万円にもなる手数料を支払っていたのだ。この手数料は借金により賄われていた。ベトナム人留学生は借金漬けの状態で来日したということだ。一方のインドネシア人留学生は来日前に手数料を払っていなかった。ベトナム人留学生だけ、仲介会社に手数料を払った上で、さらに日本語学校の授業料を納めることが必要になる。二重の負担だ。

ベトナム人留学生のCさんは、「ベトナムの仲介会社からは、日本では勉強しながら、アルバイトもできると言われました」と明かす。私が話を聞いた時点で、ベトナム出身の留学生は借金をしてまで来日したものの、手取りが1万数千円しかないため、借金は一切返済できていない。

両国の出身者は、それぞれ学歴や語学力も異なっていた。

インドネシア出身の留学生は同国の大学を卒業しており、同時に日本語も堪能だった。これに対し、ベトナム人留学生は医療系の短期大学などの卒業生だった。

ベトナム人留学生は、「日本では日本語を学びつつ、自身の専門に近い仕事ができる」と、仲介会社に説明を受けていた。学歴が重視されるベトナム社会では、若者が自分の「専門」にこだわる傾向が強い。同時に、若年労働者が待遇のよい職に就くことが難しい状況にあるため、こうした誘い文句はベトナムの若者の心を動かすだろう。一方で日本語のレベルはインドネシア人留学生より低い状態にあった。

もう一つ異なっていたのが、出身国政府との関係だ。

インドネシア人留学生はこの苦しい状況について在日インドネシア大使館に相談をしており、同大使館側も留学生のために動いてくれた。だが、ベトナム人留学生はそもそもベトナムの政府機関には相談をしていなかった。

私はこれまで、ベトナムから日本、台湾、韓国などへ移住労働に出た経験のある人たちに聞き取りをしてきたが、この傾向は留学生だけではなく、ほかのベトナム人にも共通する。日本で技能実習生として働いた人たちも、台湾で家事労働者として働いた人たちも、年齢や性別、学歴、職歴などの差異はあれど、移住労働先で困ったことがあっても、ベトナムの政府機関には相談していなかった。そもそも政府機関に相談するという発想自体が希薄で、困ったことがあると、友人など限られた人に相談するだけか、あるいは、外部にはほとんど相談先がないというケースが少なくない。

## 海外移住先進国のインドネシアと後れをとるベトナム

同じ東南アジアに位置する国とはいえ、インドネシアとベトナムは異なる。

約2億5500万人に上る巨大な人口を抱え、東南アジアの盟主と言われるインドネシアは、日本との歴史的な関係が深い上、その経済的なプレゼンスがかねて注目されてきた。インドネシアの国内総生産（GDP）伸び率は2016年が前年比5・0％、2017年が同5・1％で推移し、1人当たりGDPは2017年に約3877米ドルとなった（日本外務省、インドネシア共和国基礎データ）。

同時に政治や民主主義の面でも、インドネシアは大きな注目を集めてきた。インドネシアは90年代後半のアジア通貨危機により長期の開発独裁体制を敷いてきたスハルト政権が倒れ、民主化の時代に突入した。その後も、国軍の力が強いことや汚職問題が指摘されてきたものの、国民は選挙により大統領を選んできた。スハルト以降の歴代のインドネシア大統領は、欧州留学経験を持つ技官出身のハビビ、イスラム指導者のワヒド、「建国の父」と呼ばれカリスマ的人気を誇ったスカルノの娘であるメガワティ、国軍出身のユドヨノ、そして経営者出身の現職のウィドドまで、多様な人物が民意によって選ばれている。

インドネシアはまた、海外への移住労働者の送り出しを進めながら、関連制度を構築してきた経緯がある。インドネシア人家事労働者の研究を行ってきた研究者の平野恵子氏の「湾岸諸国におけるインドネシア家事務労働者『問題』とネットワークの可能性」[3]などに詳しいが、インドネシア人移住労働者に関しては、特に家事労働者として海外で働くインドネシア人女性に対する虐待問題などが起きている。他国で自国労働者が虐待被害を受ければ、インドネシア政府がその国への労働者送り出しを停止するといった措置を発動してきた。インドネシアでは、移住労働者送り出しに関する議論も市民社会においてなされてきた。

これに対し、ベトナムも9000万人を超える大きな人口を抱えるほか、経済も成長基調にあり、各国との投資・貿易関係が拡大してきた。2017年のGDP伸び率は前年比6・81%を確保し、1人当たりGDPは同年に約2385米ドル（約26万5000円）となった（日本外務省、ベトナム社会主義共和国基礎データ）。世界的な基準では依然低く、貧困や格差の問題はあるが、都市部を中心に中間層も増え、消費市場の伸びが期待されるなど、経済成長時代を迎えている。

他方、ベトナムは1986年に市場経済の導入と外資への門戸開放を柱とする「ドイモイ（刷新）」政策が採択された反面、政治体制は共産党一党体制が維持されている。言論統制があり、デモや集会は禁止だ。唯一のナショナルセンターはベトナム労働総同盟であり、これは国の一機関となっている。こうした背景から、ベトナムの労働運動や社会運動はインドネシアに比べて積極的ではないと考えられる。

移住労働者の権利保護に関しても、ベトナムにおいては関連制度の整備に課題がある。インドネシア人留学生とベトナム人留学生の自国政府に対する異なる対応を説明することは実際には容易ではなく、明確な答えはすぐに導き出せない。ただし上記のような両国の政治体制や移住労働政策の差をみる必要があるだろう。

## 「働きながら勉強する」という誘い文句

なぜ、借金を抱えながら介護労働をせざるを得ないようなベトナム人留学生が存在するのか。

まず、日本側では介護施設の側が労働力を確保するために、留学生の受け入れを利用していることが理由として挙げられるだろう。さらにベトナム側では、留学希望者を対象に、高額の手数料をとる仲介会社がビジネス展開していることが挙げられる。

かねてベトナムでは、労働者の海外への送り出しを進める「労働輸出」政策がとられ、この中で台湾、日本、韓国の3カ国をはじめとする海外への労働者の送り出しが推進されている。その中で、営利目的で労働者の送り出しビジネスを行う仲介会社を核とし、個人のブローカー、渡航前研修を提供する研修センター、手数料の貸し付けを行う銀行など各アクターが関係しながら、移住産業が形成されてきた。

留学生の送り出しもまた、ビジネスになっている。移住労働者を日本や台湾、韓国などに送り出す仲介会社の中にも、留学生の送り出しを行うところもある。一つの仲介会社の中に「日本部門」「台湾部門」などいくつかの部門があり、その中で留学を扱う部門を持つケースも存在する。また、元技能実習生が留学生の送り出し会社を作る例もあるなど、留学生送り出しビジネスが広がっている。

そして、仲介会社の中には、「勉強しながら仕事する（vừa học vừa làm）」という誘い文句で、留学希望者を集めるところも存在する。就労できることが日本留学の大きな売りになっているのだ。

ベトナム人が技能実習制度のもとで技能実習生として来日する際には、仲介会社を経ることが一般的だ。本来留学生の場合は、自ら日本側の教育機関と直接やり取りし入学許可を得た上で、在留資格の申請をし、これが認められれば、留学できるという仕組みである。しかし、仲介会社のビジネスが広がる中、こうした手続きを自分で行うことのできない人も含めて様々な人が日本留学へと振り向けられている。

ベトナム人留学生の中には、大学や大学院で専門分野の勉強を進める人もおり、そうした留学生は日本語も堪能な上、日本社会とのつながりもあるなど、ベトナム人留学生も一枚岩ではない。聞き取りをした日本留学経験のあるベトナム人の中には、学業よりも就労が目的で来日した人たちがいた。そのような留学生が水路づけられるのは主に各地の日本語学校だ。こうした就労目的の留学生は、日本語能力が十分ではないものの、「日本は稼げる」と仲介会社に誘われ、高額の手数料を支払い来日している。日本の日本語学校の側もまた、こうした留学生を受け入れている。

さらに、話を聞いた留学生の中には日本語学校で学びつつ、規定の週28時間を超えるアルバイトをしていた人がいた。だが借金の負担が重すぎるため、仕事をしても返済が追い付かない上に、日本語も十分には学べない。さらに借金があるため容易には帰国できない。ベトナム人技能実習生の中には借金漬けで来日し、実習先企業の変更ができない中、就労しつつ借金返済をしている人が多い。留学生についてもまた、借金苦の中で日本で働き、その労働力を日本の産業部門に提供するという構図ができている。

それがたとえ就労目的だったとしても、留学生もまた、技能実習生のように日本に期待して来日したはずだ。だが、構造的に借金漬けの留学生が作り出され、A社の介護施設で働くベトナム人留学生のように借金に縛られながら、逃げることができずにいる留学生が生み出されている。

日本では、介護職の賃金や処遇の改善が道半ばであり、介護職員が大事にされているとは言いがたいだろう。しかし、介護職員の賃金や処遇の根本的な改善がないまま、人手不足を口実に、介護現場への外国人の受け入れが進められようとしている。すでに、ベトナムにおける留学生送り出しビジネスと日本側の日本語学校や介護部門の抱える課題の狭間で、借金漬けの留学生が作り出されているのだ。A社の介護施設で働く留学生のように、借金に縛られ逃げることができずにいる留学生が日本の職場を根底から支えていることをみる必要がある。

## 6　ベトナム人男性が行き着いた入国管理局

### 「入管の施設で日本語を覚えました」

２０１８年8月、ハノイ市内。屋外の空いたスペースにプラスチックのイスとテーブルをさっと並べただけの、どこにでもあるような即席のカフェでのことだった。

ベトナム人男性のグエン・バー・クアン（仮名）さんがきれいな発音の日本語でこう打ち明けてくれた。入管の施設をめぐっては、かねてから収容者への人権侵害が起きていると指摘されている。いったい彼に何があったのか。そうした施設でなぜ日本語を覚えたのかと、私は戸惑った。クアンさんは少しずつ口を開き、私に日本での経験を説明し始めた。

90年代初め、クアンさんは農業を営む両親のもと、ベトナム北部の農村部に生まれた。父は従軍経験を持つ。経済成長のさ中、ベトナムでは都市部を中心に進学熱が高まっていく。クアンさんは高校卒業後に大学へと進んだ。

北部の農村で農業をして暮らしていた両親やきょうだいは高等教育機関には進まなかったが、クアンさんは4年制大学への進学を果たしたのだ。大学では経済を専攻したという。

時あたかもベトナムは経済成長時代を迎え、海外との貿易関係が広がるとともに、対越投資も伸びている。大学で経済を学ぶことで、クアンさんの就職の可能性は広がったようにみえる――しかし現実はそう甘いものではなかった。

ベトナムでは大卒者や短大卒者など若年層の就職問題がかねて起きている。せっかく大学まで進んでも、

ベトナムでよくみられる路上カフェ

高学歴者が希望の仕事に就くことは難しい。学歴が高くなればなるほど、処遇や仕事内容に期待が高まるものの、思うような仕事には就けないのだ。

ベトナム社会では就職にコネやわいろが用いられることもあり、公務員や大企業の社員など福利厚生が整った組織で働くために１００万円単位でわいろを払ったという話も聞く。私が聞き取りをした台湾で家事労働者として働いた経験のあるベトナム人女性の中には、「息子の就職のためにわいろが必要」だということが移住労働を行う理由の一つだった人もいた。コネがない人たちが社会階層の階段を上り、より安定した仕事に就くには、わいろが必要になる事例が存在する。

コネもわいろを払う経済力もない若者はたとえ大学を出ていたとしても、処遇の良い仕事を探すのが難しくなる。ベトナム社会における社会階層の硬直化やわいろの横行、若年層の就職問題もまた、移住労働の動機形成の一因になっていると言えるだろう。

クアンさんは大学を出てから、当座の生活のためにアルバイトをしていた。せっかく大学で学んだものの、なかなか思うように道が開けない。そんな焦りの中、クアンさんは周囲から日本行きの話を聞くようになった。友達の中に、技能実習生として日本に行った人がたくさんいたのだ。

「本当はベトナムに良い仕事があれば、日本には行きたくなかったんです。家族といたかった」というクアンさんだが、地元で処遇の良い仕事を探すことが難しい中、日本へ技能実習生として行くことが人生の選択肢として浮上してきた。日本で働けば、お金を稼ぎ家族に仕送りしつつ、就労経験を積むことができると期待したのだ。

そこでクアンさんはインターネットで、ハノイ市にある仲介会社を見つけ、この会社に2億5000万ドン、日本円にして約122万円ほどを支払った。このうち3000米ドル（約34万円）は保証金で、これは契約期間を終えて帰国すれば戻ってくるが、技能実習の途中で実習先企業から逃げた場合は没収されることになる預け金だ。

クアンさんの家族はこれだけのお金はなく、家と土地使用権を担保にして、ほぼ全額を銀行から借り入れた。クアンさんとその家族は日本に行くことに希望を持ち、日本に行くことで経済状況が改善し、彼の未来が開けると期待したのだ。

### 砕かれた希望──安い賃金と劣悪な住環境

クアンさんは2015年に来日し、北海道の中小企業で就労を開始した。

だが、技能実習は彼の期待通りのものではなかった。

月曜は朝7時には仕事場に出て、同9時まで掃除をすることが求められた。9時から12時まで仕事をし、12時から午後1時までの1時間は昼休みになる。聞き取りをした技能実習生の多くは、午前と午後にそれぞれ10～15分の小休憩が設定されていた人が多かったが、クアンさんの場合、午前中は休憩がない。１時以降は午後３時半まで仕事し、30分の休憩をとってから、午後４時から同６時半まで作業をする。火曜日から土曜日までは午前８時から同９時までが掃除で、９時からは月曜同様の流れでやはり午後６時半まで作業となる。休みは日曜だけだった。

仕事前の掃除の時間は拘束されているのだから、残業代が払われるはずだ。しかし残業代は計算されることはなかった。時給は「７６５円か７６８円くらい」（クアンさん）だったという。厚生労働省の資料[4]によると、北海道の最低賃金はクアンさんが来日した２０１５年が７６４円となっており、彼の実習先企業の時給は最低賃金に数円付け加えた水準だったようだ。

仕事の前に掃除をさせられ、土曜日も働いていたが、残業代はつかず、給与から寮の家賃と水光熱費、税金、社会保険料などが引かれると、手取りは月８～11万円程度にしかならなかった。

住まいにも問題があった。寮の部屋は20～30平方メートル程度で、ここでほかの技能実習生３人と共同生活をした。クアンさんは「汚く、カビも出ました。カビについて監理団体に訴えたのですが、何もしてくれませんでした」と話す。クアンさんたちは家賃と水道光熱費として１人当たり月に３万円、３人で合わせて９万円を払っていたことになる。インターネットの設備もなく、通信手段がない状況だったため、自分たちでお金を出してＷｉＦｉの設備を買った。

クアンさんは渡航前費用のためにできた借金があるため、無駄遣いはできない。食費を含む生活費を月２～３万円に切り詰め、残りを全額故郷に送り、借金返済に回した。自由に使えるお金がないので、休みの日に出かけることはほとんど出来ず、休日は部屋で日本語の勉強を続けた。

## 「死ね」と言われ、殴られる

職場では別の問題も持ち上がった。クアンさんたち技能実習生は、日本人社員から暴力と暴言の被害に遭ったのだ。

来日してすぐのクアンさんたち技能実習生は日本語がほとんど分からなかった。日本人社員もベトナム語ができるわけではない。規模の大きな受け入れ企業の場合、社内にベトナム語と日本語の通訳を行えるベトナム人スタッフがいたり、監理団体のベトナム人職員が受け入れ企業を定期的に訪れベトナム人と日本人との間のコミュニケーションの問題解決を促したりするケースもあるが、小規模なクアンさんの会社にはそうした人はいなかった。言葉の問題からコミュニケーション自体がなかなか成り立たず、日本人社員の指示通りに技能実習生が仕事することができない場面もあった。

「私たちが日本語が分からない時、日本人の社員に怒られました。私はこの人に『死ね』と言われました」と話すクアンさん。この社員はほかの技能実習生にも「死ね」という言葉を投げつけていたという。

その上、クアンさんは日本人社員に2回ほど殴られた。

クアンさんは「殴られてしまって、本当に嫌な気持ちになりました」と、つぶやく。大きな借金をしてまでやってきた日本で彼が経験したのは暴力と暴言だった。それでも技能実習生は実習先企業を変えることが原則できない。借金を返す必要があるため、途中で帰国するわけにもいかず、ここで働き続けなければならない。クアンさん以外の技能実習生もこの日本人社員に殴られていたが、同様に我慢して働くほかなかった。

クアンさんはこうした状況の中で、気持ちを抑えながら仕事を続けた。しかし、残業代の未払いと賃金の低さ、暴力や暴言について納得できるわけもなく、悩み続けることになる。

彼は悩みながら、この状況から脱する方法を探そうとした。そして最終的に会社から逃げることを考えるようになり、ＳＮＳを通じて日本にいるベトナム出身の友人に相談をするようになった。本来はこうした事態については、監理団体が対処すべきだろう。しかし寮のことを含めて監理団体には取り合ってもらえず、日本の法律や労働基準監督署（労基署）、労働組合をはじめとする支援者に関する知識もなく、クアンさんには安心して相談できる相手がいなかった。相談できるのはベトナム人の友人だけだった。

来日してから1年と少し経ったころのこと。クアンさんは思い悩んだ末に会社を出るという決断を下した。それは、低賃金で働きながら暴力と暴言を受けていた彼にとっては「避難」であり、困難な問題をなんとかするための「残された解決策」だった。クアンさんは北海道を出て、関東地方のある町に移った。

## 逃げてきた技能実習生を直接雇用

クアンさんは、たどり着いた関東地方の町にある農家で働くことになった。そこは家族経営の農家で、経営者は逃げてきたベトナムやインドネシア出身の技能実習生や留学生など10数人を雇用していたという。クアンさんは友人からの紹介で、この農家に行き着いた。

クアンさんの事例では派遣会社など仲介組織は介在せず、雇用主が逃げてきた技能実習生を直接雇用していた。雇用主は彼らが逃げてきた技能実習生や留学生であることを承知し、雇っていたことになる。

農家での仕事は朝が早い。仕事は朝6時に始まり、1時間程度のお昼休憩をはさんで、午後6時ごろまで続いた。1日11～12時間労働だった。休みはほぼなかった。病気になったときだけ休みが取れた。

寮は衛生状態の良くないところだった。30平方メートル程度の部屋に4人で暮らした。これで家賃が1人月に3万円で、4人で12万円払っていた。

時給は７２９円。２０１６年当時のクアンさんが居住した都道府県の最低賃金は時給７７０円程度だったので、これでは最低賃金割れだ。北海道時代の時給よりも低い。しかし皮肉なことに正規の在留資格で就労していた北海道の時とは異なり、残業代がついた。残業代が出たことで、給与は最初の1カ月が月15万円、翌月は19万円になった。土曜日も日曜日も休みなく働いた上でのことだったが、それでも北海道での技能実習生時代よりも給与が上がっていた。

給与が増えたとはいえ、日本に来るために仲介会社に支払った借金はまだ残っている。彼は北海道で働いていたとき、借金全体のうち70万円ほどを返済していたが、122万円も借りていたので、借金額は少なくとも50万円以上残っている。

さらに寮は町から離れた場所にあった。そこは食料品を買いに行くにもタクシーを使う必要があるような場所だった。外出するには、みなが「社長」と呼ぶ農家の代表者から許可をもらうことが求められた。許可が出て初めてスーパーにタクシーで行くことができたのだ。お米や魚などの食品、それにシャンプーや石鹸などを買った。時にはビールも買った。楽しみは食事とお酒くらいしかないのだ。町までは遠いため、スーパーに行くだけで往復5000円程度のタクシー料金がかかったが、ほかに方法はなかった。「社長」が外出を許可しないこともあった。しかし食品や日用品がなければ生活できない。そんなときは、「社長」に知られないように、誰か一人だけがこっそりスーパーに向かった。仕事は休みがなく楽ではない。住環境も良くない。買い物にも自由に行けず、とても人間らしい生活とは言えない。

## 「逃げてきた私たちに権利はない」

クアンさんは何かを悟ったような表情で、こう淡々と話す。

「私たちはみんな逃げた人たちですから、権利がないんです。文句を言うことはできなかったんです」

クアンさんは思い悩んだ末に、押し出されるようにして北海道の実習先企業から逃げ、次の職場でも搾取された。しかし行くところはない。借金も残っており、収入を得て早く返済しなければならない。またしても、クアンさんができることは、我慢することだけだった。

逃げてきてから数カ月が経ったある日。思いがけないことが起きた。

入国管理局（入管）が寮に入ったのだ。寮にいたベトナム人とインドネシア人はクアンさんも含めてすべて捕まってしまった。それは彼が農家で働き始めてたった2カ月後のことだった。クアンさんは逃げることはできたものの、日本で働き続けることは結果的にできなかった。

私が話を聞いた会社から逃げた経験を持つ技能実習生はたとえ会社から逃げることができたとしても、その後の「逃走の軌跡」は人それぞれで、様々なストーリーがあった。逃げた後、何年も継続して日本で就労し、それなりの仕送りができた人もいれば、逃げた後に仕事をまったく見つけることができず、まったく収入を得ることもできずに帰国した人もいた。

クアンさんのように少しの間は働くことができた人でも、なにかのきっかけで入管に拘束され、強制送還された人もいる。ベトナム人が国境を越えて日本へとわたり、そこで就労していくという「移住労働の軌跡」は人それぞれの物語があるが、「逃走の軌跡」もまた多様だ。運次第としか言えない部分も少なくない。

## 難民認定申請

農家で働くことができたのはたった2カ月で、借金はまだ残っていた。ベトナムで就職問題に直面したクアンさんの来日目的は日本でお金を稼ぎつつ、就労経験を積むことだった。しかし彼は当初の目標を果たせないばかりか、借金だけ抱えているのだ。クアンさんはあきらめることができなかった。そこで彼が考えたのは、難民認定申請を行うことだった。

「ベトナムには帰りたくなかった。それで入管の施設にいたときに難民認定の申請をしました」

法務省のまとめ[5]によると、日本における難民認定申請数は２００８年に１５９９人だったものが、２０１７年には1万９６２９人にまで増加した。ベトナム国籍者の難民認定申請数は２０１５年に５７４人だったものが、２０１７年には３１６６人となり全体の15・９％を占め、国籍別では首位のフィリピン（４８９５人）に次ぐ2位となった。

こうした難民認定申請者の中にどの程度、技能実習生がいるのかは分からない。ただ、技能実習制度の関係者からは、ときおり、クアンさんのように会社から逃げた一部の技能実習生が、その後難民認定申請を行う場合もあると聞いたことがある。

これを難民認定制度の「乱用」と片づけるのは簡単だ。しかし、クアンさんのようにもともと実習先企業で賃金未払いや暴力などの問題を抱え、悩みぬいた末に会社から逃げた人が難民認定申請をすることを、制度の「乱用」と切り捨てることには疑問が生じる。

難民認定の申請者を含む受け入れ地で庇護を求める人を英語では「asylum seekers」、フランス語では「demandeurs d'asile」と言う。日本語では「庇護申請者」と訳されている。

「asylum／asile」という言葉は聖域、避難所、安全な場所といった意味を持つが、クアンさんの場合、借金漬けの状況で技能実習生として低賃金労働をしつつ、残業代未払いや暴力・暴言の被害に遭い、その状況から逃れるために会社から出た。そして、その後も農家で働き搾取された。日本政府は会社から逃げてきた技能実習生を「失踪者」と呼び、あたかも勝手に会社から出ていったかのように扱い、取り締まりの対象とする。だが、クアンさんは「asylum／asile」を求めて逃げてきた人であり、本来は保護され、かつ権利回復が図られる必要がある人だったのではないだろうか。

技能実習生による難民認定申請を制度の「乱用」であると切り捨てることはたやすい。しかし、彼ら彼女らがなぜわざわざ難民認定申請をするに至ったのか、それぞれの背景を理解することが必要だ。

２０１８年12月13日のＮＨＫの報道によれば[6]、法務省は、２０１７年までの８年間に外国人技能実習生ら１７４人が死亡したと明らかにした。亡くなった技能実習生はもともと、日本に働きに来て家族に仕送りしようとしていた。それなのに、なぜ日本で死ななければならなかったのか。なぜ亡くなってしまう前にそれを防ぐことができなかったのか。日本で命を落とした技能実習生の中にクアンさんのように「asylum／asile」を求めていた人もいるのではないかと、私は勘ぐってしまう。

難民認定申請をしたクアンさんは、帰国を拒み、結果的に入管の収容施設に１年弱入っていた。聞き取りをした会社から逃げた経験を持つ元技能実習生の中には入管の施設に入り、１週間以内で帰国する人もいたが、クアンさんの場合、帰国を拒んだことで収容期間が長期化した。

## 入管の収容施設

「収容施設にはいろいろな国の人がいます。私は縦が9メートルほど、横が7メートルほどの畳敷きの部屋にいました。この部屋は8人部屋で、中にトイレもあります。就寝中以外は壁際に布団が積まれ、真ん中にテーブルがありました」と、クアンさんは説明する。収容施設は個室ではなく、相部屋で多国籍の収容者が入れられているのだという。

また、自分の部屋から自由に外に出て良い「開放時間」が設定されている。「開放時間は午前7時半から12時、午後1時から同4時半で、お昼ご飯を食べる12時から午後1時は自室のカギが閉められました」と、

東京入国管理局

クアンさんは言う。

　こうした環境の中、クアンさんは思いがけない体験をする。施設内では収容者の共通語が日本語だったため、そこでの暮らしは日本語を学ぶ機会となったのだ。技能実習生として正規の在留資格で就労していたときも関東地方の農家で働いていたときも、クアンさんは職場の日本人と人間関係を構築することはできず、日本語を十分に学べなかった。皮肉なことに、入管施設という自由のない場所に入れられたことで、日本に来て初めて周囲の人と人間らしい関係を築くとともに、日本語を覚えたのだ。

　収容施設内で彼は、さらに収容者によるハンストなどの抗議行動を目撃する。自分を含め我慢を強いられる外国人労働者ばかりみてきたクアンさんだったが、収容施設で彼は抗議する人たちに出会ったのだ。

　しかし、クアンさんにとって収容施設で過ごす時間は苦しいものだった。

　クアンさんはこう言う。

「入管の施設には何もありません。仕事がありません。人間は仕事がないと、嬉しいこともありません。やることがないのです」

そして、収容されてから1年が経とうとする中、クアンさんは最終的に日本で働くことをあきらめ、ベトナムへと帰っていった。収容施設からいくら難民認定申請をしても、認められることはなかった。借金のこと、そして将来が気にかかる。限界がきたのだ。収容施設で日本語を覚えたクアンさんだったが、彼には日本で働く法的権利はない。残ったのは日本語の能力とともに、渡航前費用の借金だけだった。

借金漬けの労働者を生み出す移住産業が送り出し地のベトナムと日本との間に形成される中、技能実習生は借金ゆえに交渉力の弱い労働者となっている。さらに技能実習生は制度上、原則として実習先企業を変更できない。職場で問題があっても、クアンさんのように監理団体が取り合ってくれないこともある。技能実習生から就労先企業に対する好意的な話を聞くこともある。しかしどのような企業で働けるのかは運次第だ。

支援体制にも課題がある。政府による支援が不足する中、各地の労働組合や法律家、一般の人たちが技能実習生からの相談を受け、未払い賃金や暴力、セクハラ、労働災害などの問題に取り組み、草の根で技能実習生の権利回復を支援している。ただし日本語のスキルが不十分で、日本の法律や制度に対する知識もあまりない技能実習生が少なくない中、支援者にたどり着ける人は限られてくる。こうした状況の中、会社から逃げる人が出ている。

本来、暴力や賃金未払いに直面した外国人労働者は保護の対象ではないか。しかし日本という国は、借金漬けの労働者を生み出す構造と技能実習生を取り巻く様々な人権侵害をそのままに、逃げてきた技能実習生を十分に保護することなく、最終的に国境の外に放り出している。事実、クアンさんは帰国するほかなかった。国境の外に投げ出された人はどうすればいいのか。

## 注

1　日本経済新聞電子版、２０１８年11月18日、「技能実習生の失踪動機『低賃金』67％　法務省調査」、https://www.nikkei.com/article/DGXMZO37904810X11C18A1EA3000/、２０１９年２月17日最終閲覧

2　国際研修協力機構（ＪＩＴＣＯ）、２０１６年、「技能実習生の行方不明者発生防止対策について」、https://www.jitco.or.jp/download/data/161014.pdf、２０１９年２月17日最終閲覧

3　平野恵子（２０１３年）「湾岸諸国におけるインドネシア家事労働者『問題』とネットワークの可能性」、『白山人類学』16号、93-１０８ページ

4　厚生労働省、「北海道の地域別最低賃金額の推移（Ｈ元年～Ｈ29年）」、https://jsite.mhlw.go.jp/hokkaido-roudoukyoku/var/rev0/0130/7763/20179181634.pdf、２０１９年１月16日最終閲覧

5　法務省「平成29年における難民認定者数等について」、http://www.moj.go.jp/content/001257501.pdf、２０１９年１月23日最終閲覧

6　ＮＨＫ、２０１８年12月13日、「実習生ら８年で１７４人死亡『具体的な資料を』」、https://www.nhk.or.jp/politics/articles/statement/12097.html、２０１９年２月17日最終閲覧

# 5章 「助けてください」——技能実習生が〝手紙〟で日本の国会に訴え

## 1 「除染」をさせられました

２０１８年、外国人労働者の受け入れ拡大を盛り込んだ入管法改正案の審議が衆院本会議で始まった頃、日本で除染労働をさせられた一人のベトナム人技能実習生が国会にあて、手紙を書いた。この章では、このベトナム人技能実習生が手紙を書くに至った背景を報告する。

手紙を書いたのは２０１５年に来日した後、福島県の建設会社Ａ社で働いていたベトナム出身の男性技能実習生、チャン・スアン・ズイさん（仮名、35歳）だ。日本での暮らしの中で独学で覚えた日本語を使い、ズイさんは自身の思いを丁寧に書き綴った。

ズイさんはこの手紙の中で、「除染をさせられました」「専門技術を勉強出来なくて、貯金も出来なくて本当に心配」と説明した上で、「技能実習生にやり直させをお願い申し上げます」（原文ママ）と、技能実習のやり直しを求めている。

2018年11月11日に行われた国会での野党合同による技能実習生へのヒアリングの際、取りまとめ役の議員にズイさんの手紙が渡されたという。ズイさんの直筆の手紙を全文掲載する。

## 除染労働とは知らされていなかった

2018年7月、福島県郡山市で、ズイさんにインタビューを行った。彼に話を聞いたのは、過酷な状況に置かれた技能実習生の保護のためにと支援者が設けた、福島県郡山市にあるシェルターだった。気温が上がったその日、ズイさんは半そでシャツを身に着け、日焼けした顔をほころばせながら、丁寧に話をしてくれた。初対面でも言葉を選びつつ、自分の経験をしっかりと話してくれる上、つらい経験について自分自身の気持ちを率直に包み隠さずに教えてくれる。

よく見ると、気さくな雰囲気のやさしい顔つきに比べ、その体つきはがっしりとしていて、半そでからのぞく腕は思いのほか筋肉質で存在感があった。聞けば、日本では建設会社で技能実習生として働いており、現場で毎日、肉体労働をしていたのだという。その建設会社の仕事の中に、除染労働が含まれていたのだ。

2015年に日本にやってきたズイさんは、監理団体の施設で1カ月間の研修を受けた後、ほかのベトナム人技能実習生とともに、福島県内の建設会社A社で働くことになった。建設の仕事は現場が何度も変わることも少なくない。福島県内の複数の地域に加え、宮城や千葉と、いくつかの現場をまわり仕事をしてきた。

その中で、ズイさんたち技能実習生は仕事の内容を知らされないままに、放射性物質を含む土などを除去する、「除染」労働をさせられていた。「ベトナムの送り出し機関も、日本の監理団体も、会社も、誰も私の仕事が除染だと教えてくれませんでした」と、ズイさんは話す。

ズイさんたち技能実習生を支援する全統一労働組合（東京都）の佐々木史朗書記長は、「ズイさんたち技能実習生は建物の新築・改修工事に加え、郡山市内と本宮市内で除染作業に従事していました。避難指示が解除される前の浪江町でも、下水管敷設などの作業に従事させられていたのです」と説明する。

さらに佐々木書記長は、「そもそも彼らの技能実習の職種は型枠施工・型枠工事作業と鉄筋施工・鉄筋組立作業でした。職種と異なることをさせられていたのです。ズイさんたちはインターネットの報道などによって自分たちの仕事が除染ではないかとの疑問を抱き、支援者と共に郡山市役所（原子力災害総合対策課）を訪れ、作業中の写真を示しました。そこで自分たちが除染作業に従事させられていたことを知ったのです」と話す。

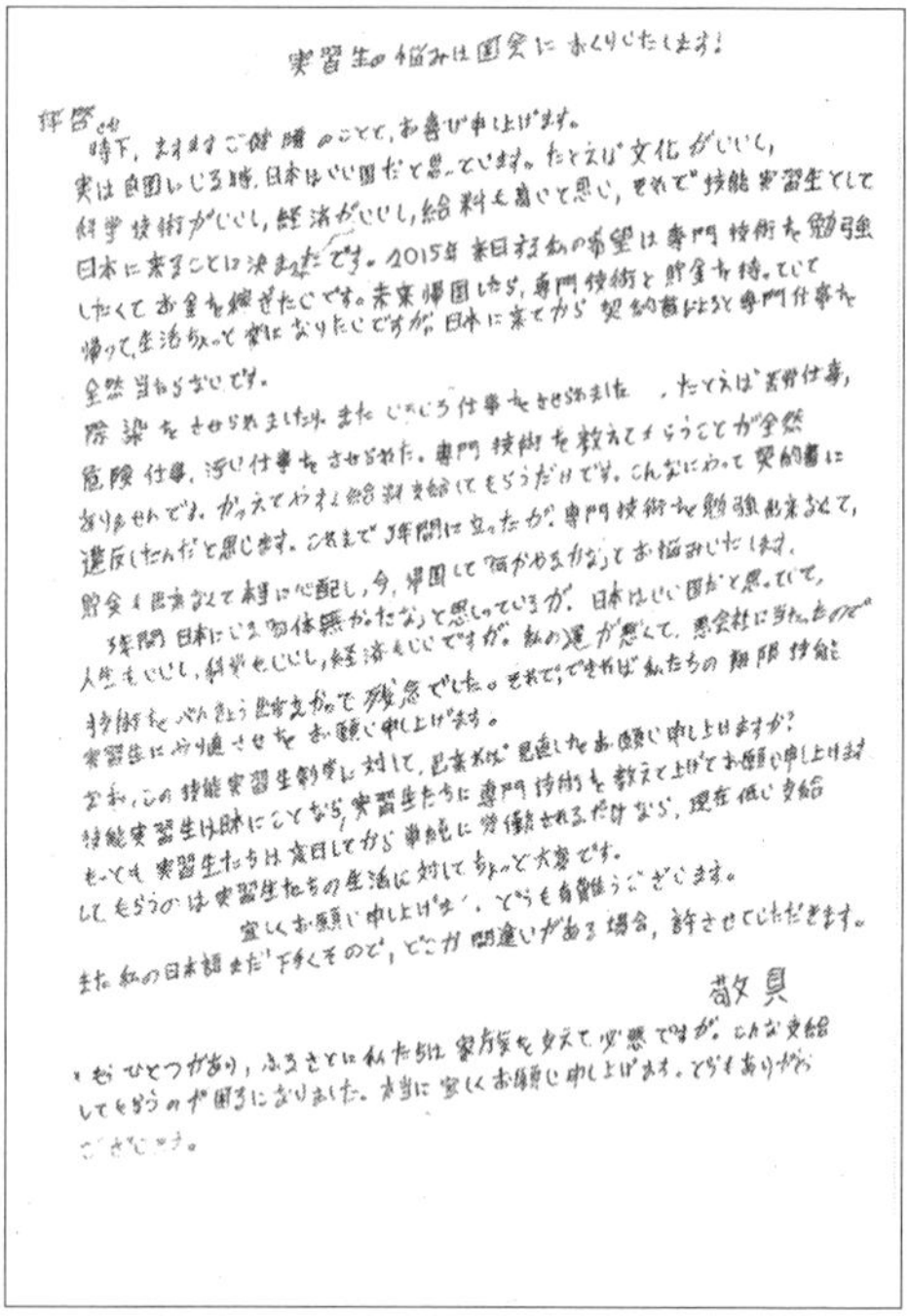
実習生の悩みは国会におくりいたします！

拝啓
時下、ますますご健勝のこととお喜び申し上げます。
実は自国いじる時、日本はいい国だと思っています。たとえば文化がいいし、
科学技術がいいし、経済がいいし、給料も高いと思い、それで技能実習生として
日本に来ることは決まったです。2015年来日する私の希望は専門技術を勉強
したくてお金を稼ぎたいです。未来帰国したら、専門技術と貯金を持っていて
帰って生活ちょっと楽になりたいですが、日本に来てから契約書によると専門仕事を
全然当たらないです。
除染をさせられました。またいろいろ仕事をさせられました。たとえば危険仕事、
危険仕事、汚い仕事をさせられた。専門技術を教えてもらうことが全然
ありませんです。かえてわずか給料支給してもらうだけです。こんなにわって契約書に
違反したんだと思います。これまで3年間は立ったが、専門技術を勉強出来なくて、
貯金も出来なくて本当に心配し、今、帰国して「何があるかな」とお悩みいたします。
3年間日本にいる物体験かったなと思っていますが、日本はいい国だと思っていて、
人生もいいし、科学もいいし、経済もいいですが。私の運が悪くて、悪会社に当たったので
技術をべんきょう出来なかって残念でした。それで、できれば私たちの期限技能
実習生に延長させるをお願い申し上げます。
また、この技能実習生制度に対して、出来れば見直しをお願い申し上げますが？
技能実習生は日本にことなら、実習生たちに専門技術を教えて上げてお願い申し上げます
もっても実習生たちは来日してから単純に労働されるだけなら、現在低い支給
してもらうのは実習生たちの生活に対してちょっと大変です。
宜しくお願い申し上げます。どうも有難うございます。
また私の日本語まだ下手くそので、どこか間違いがある場合、許させていただきます。
敬具
＊もうひとつがあり、ふるさとに私たちは家族を支えて必要ですが、こんな支給
してもらうのが困るになりました。本当に宜しくお願い申し上げます。どうもありがとう
ございます。

ズイさん直筆の手紙、全統一労働組合提供

「除染作業に先立つ安全教育などは、事実上何も行われていませんでした。彼らは十分な説明と同意なく除染作業に従事させられたことにショックを受け、とりわけ健康被害の不安を強く抱きました」（同氏）

除染労働をしつつも、ズイさんの技能実習生としての賃金は、基本給が13万円程度にとどまっていた。ここから、寮費として月に1万5000円、そして税金や社会保険料などが引かれ、手取りは8~9万円だけとなる。さらに食費として月に2万円、他に雑費が1万円、合わせて3万円を生活費として使った。この必

実習生の悩みは国会におくりいたします！

拝啓

時下《じか》、ますますご健勝のことと、お喜び申し上げます。

実は自国にいる時、日本はいい国だと思っています。たとえば文化がいいし、科学技術がいいし、経済がいいし、給料も高いと思い、それで技能実習生として日本に来ることに決まったです。2015年来日する私の希望は専門技術を勉強したくてお金を稼ぎたいです。未来帰国したら、専門技術と貯金を持っていて帰って、生活ちょっと楽になりたいですが。日本に来てから契約書によると専門仕事を全然当たらないです。

除染をさせられましたり。またいろいろ仕事をさせられました。たとえば苦労仕事、危険仕事、汚い仕事をさせられた。専門技術を教えてもらうことが全然ありませんです。かっえてやすく給料支給してもらうだけです。こんなにやって契約書に違反したんだと思います。これまで３年間に立ったが、専門技術を勉強出来なくて、貯金も出来なくて本当に心配し、今、帰国して「何かやるかな」とお悩みいたします。

３年間日本にいる「勿体無かった」と思っているが、日本はいい国だと思っていて、人生もいいし、科学もいいし、経済もいいですが。私の運が悪くて、悪会社に当たったので技術をべんきょう出来なかっで残念でした。それで、できれば私たちの期限技能実習生にやり直させをお願い申し上げます。

なお、この技能実習生制度に対して、出来れば見直しをお願い申し上けますか？

技能実習生は日本にいくなら、実習生たちに専門技術を教えて上げてお願い申し上けます。もっとも実習生たちは来日してから単純に労働されるだけなら、現在低い支給してもらうのは実習生たちの生活に対してちょっと大変です。

宜しくお願い申し上げます。どうも有難うございます。

また私の日本語まだ下手くそので、どこか間違いがある場合、許させていただきます。

敬具

もうひとつがあり、ふるさとに私たちは家族を支えて必要ですが。こんな支給してもらうのが困るになりました。本当に宜しくお願い申し上げます。どうもありがとう

ズイさん直筆の手紙（テキスト、すべてママ）

要最低限の生活費を払い終われば、手元に残るのはたったの5万円だけだった。

佐々木書記長は指摘する。

「建設会社にとって除染作業者の確保は容易ではない。そのため日本人作業者の3分の1程度、日給5000円台で働く労働者はありがたい存在に違いないでしょう。しかし、いったい誰が技能実習生の健康不安に責任を負うのですか。除染の作業現場の空間線量が比較的低レベルであったとしても、汚染土の身体への付着や、粉塵を吸入する可能性が皆無である保証はありません。

除染や原発廃炉のための作業は社会にとって必要な労働です。でも、その労働は安全基準と労働基準が確実に担保された条件のもとで行われるべきで、技能実習生を使い捨てるような方法であってはならないものです。会社と監理団体の責任は当然ですが、技能実習制度を『技能習得』『国際貢献』の建前から大きく乖離させ、事態を放置させてきた政治の責任はさらに重大と言わなければならないのです」

## 110万円の借金を背負い来日

ズイさんは1980年代前半、ベトナム北中部の農村で生まれた。両親は1940年代生まれで、父親は従軍経験を持つ戦争世代だ。父と母は農業をして、ズイさんたち兄弟を育て上げた。「兄弟が多いので、家族は貧しかったです」と、ズイさんは語る。それでも、親たちは働き続け、子どもたちを食べさせ、ズイさんは高校に進学し、卒業することができた。

ズイさんは成人してからは、南部で暮らし、結婚をし、子どもたちも生まれた。来日前は食堂や農作物を売る店を経営するなどいくつかの仕事を経験した。持ち前の笑顔と気さくな性格のおかげか、農作物を売る仕事での収入は月に2000万ドン（約10万円）にもなることもあったという。コメやマメ、トウモロコシを売り生活費を稼ぎ、子どもたちを育てた。どこにでもある農村部のベトナム人の暮らしがあった。

そんなズイさんだったが、ベトナムで技能実習生や留学生としての日本行きがブームとなる中、「日本の給料は高い」「日本に行けば技術を学べる」という話を聞くようになる。日本に対するイメージは良く、日本で働くことに憧れを持つようになったズイさんは、技能実習生として来日することを決めた。

そして、友人から紹介されたハノイ市にある仲介会社に110万円の手数料を支払い、この会社を通じて来日する運びとなった。それまで経営していた農産物を売る店の収入はそう悪くなかったとはいえ、110万円はベトナムの経済水準から言っても、あるいは日本から見ても、相当な大金だ。ズイさんはこの全額をベトナムの銀行から借りて工面しており、いわば借金漬けの状態で来日をすることになった。

「送り出し機関の手数料は高いです。技能実習生のことを考えていない」と漏らすズイさんだが、それでも「日本に行けば稼げる」という情報があった上、日本ではお金を稼ぎながら技術を学べるという期待が強かった。

来日前、3カ月にわたり送り出し機関の日本語センターで日本語を勉強した。授業時間は少なかったものの、日本企業で重視される「5S（整理、整頓、清掃、清潔、しつけ）」や、日本の文化についても学んだ。日本は良い国。お金を稼ぎ、技術を学べる——。ズイさんは日本に期待した。

しかし、たどりついた先は除染労働だったのだ。

## 人手不足という言葉で覆い隠す搾取と差別

技能実習制度をめぐっては、全統一労働組合や愛労連（愛知県労働組合総連合）、岐阜一般労働組合など各地の労働組合、外国人技能実習生弁護士連絡会（実習生弁連）、『外国人研修生殺人事件』（七つ森書館、

２００７年）を発表した安田浩一氏らジャーナリストが、技能実習生への人権侵害や制度自体の構造的な歪みをかねてから指摘してきた。そして全国レベルで技能実習生問題が噴出する中、個人の支援者も技能実習生の相談にのるなど、各地で草の根の支援が展開されている。

ベトナム人の留学生や新聞奨学生についても、『ルポ　ニッポン絶望工場』（講談社＋α新書、２０１６年）を執筆したジャーナリストの出井康博氏が指摘するように、過酷な状況に置かれた人がいる。４章で見たように、留学生も仲介会社に高額の手数料を借金して支払い来日するケースが少なくない。

最近では、エンジニアのビザで来日したベトナム人の労働問題も聞かれる。私のベトナム人の友人の中にはエンジニアのビザで来日した人がいるが、彼からもすでに何度か相談を受けた。彼の友人の、別のベトナム人エンジニアもまた、日本の受け入れ先企業で問題に直面していた。ベトナムと日本の間の人の移動が拡大する中で、労働問題や人権問題に巻き込まれるベトナム人が増えている。

80年代生まれのズイさんはそうしたベトナム戦争終結後の「戦後」の混乱と経済問題のさ中に生まれ、現在の出稼ぎブームに直面した世代だ。筆者がこれまで聞き取りをしたベトナム人技能実習生の多くは20代だったが、ズイさんのような30代の技能実習生も多くみられる。20代の技能実習生についても、経済的な課題を抱える地域や家庭の出身者である例も多くみられる。

日本に呼び寄せられるのは、経済的に不利な暮らしを経験した人々、それゆえに教育や職業経験において不利になりがちな、〈交渉力の弱い〉労働者である。「もう一つの日本」ともいうべき、外国人を低賃金で雇用する労働市場が形成されている。

## 2 仕事の中身は知らされず

### 切り詰めた「生活」

建設の仕事は朝が早い。ズイさんたち技能実習生は午前5時に起床し、共同生活をしている寮の台所で朝食の用意をした上で、お昼に食べるお弁当を作る。

筆者の聞き取りの中で、技能実習生の中で会社からお昼ご飯の支給があった人は、ほとんどいなかった。会社の補助が付いた仕出し弁当を支給されている人がわずかにいただけで、大半の技能実習生は、お昼ご飯を自前で用意する必要がある。台湾や韓国で就労したベトナム人によれば、台湾と韓国の会社の中には雇用した外国人労働者に食事を毎食提供するところが少なからず存在した。昼食はもちろんのこと、残業がある場合は夕ご飯が提供されるというケースもあった。

日本の会社については、歓迎会や忘年会など社内の行事に技能実習生が参加することがあったとしても、日ごろの昼食は自前という例が多いようだ。場合によっては、忘年会などの社内行事を経験したことがないという技能実習生もいた。

労働者にとって、食事は体を動かすためのエネルギーとなるにとどまらず、生活の中での楽しみの一つだ。一方、技能実習生は低賃金の中で仕送りをしつつ、場合によってはズイさんのように渡航前費用の多額の借金を返す必要に迫られるのだから、生活費を切り詰めなければならない。

技能実習生の賃金は地域の最低賃金水準であることが多く、手取りが10万円を切るケースも少なくない。このため食事をすべて自炊で済ませ、食費を含む生活費を月1万5000円から3万円程度に抑えようとする技能実習生が多い。技能実習生の住む寮を訪問すると、台所は使い込まれ、炊飯器や調理器具、調味料が置かれている。人数の多い寮の場合、炊飯器が複数置かれていることもある。技能実習生に休日の過ごし方を聞くと、大半がスーパーマーケットへの食材の買い出しと答える。日本では外食をほとんどしたことがないという技能実習生もいるほか、日本にいながら、日本の人と食事をしたことがないという人もいた。もちろん職場の人と食事を共にする技能実習生もいるし、中には飲み会のような機会を職場の人と楽しむ技能実習生もいる。

技能実習生と言うと、労働環境が注目されがちだが、彼ら彼女らの「生活」面も見る必要がある。食事一つとっても、渡航前費用の借金と低賃金という状況の中で、切り詰めたものになることが多い。ズイさんも食費を切り詰めていたので、お昼ご飯は毎日、自分で手作りしたお弁当だった。

仕事の前には事務所に必ず立ち寄り、その日の作業で使う道具を用意してから、現場に移動する。建設の仕事は現場までの移動時間が長いという特徴がある。製造業や農業などで働く技能実習生の場合は、寮と職場が徒歩圏内、あるいは工場の敷地内に寮があるというケースもあるが、建設の場合は現場が近くにないことも多い。寮から現場まで毎日片道1~2時間、往復で2~4時間を移動時間にあてる建設の技能実習生もいる。建設の技能実習生に話を聞くと、この移動時間は労働時間としてはみなされていないことが多かった。ズイさんもいくつかの現場をまわる中で、長い移動時間を経験したが、これは給与には反映されない。

現場に着くと、ズイさんは朝8時から仕事を始めた。間に1時間のお昼休憩をはさんで、午後5時まで仕事を続ける。それから事務所に戻るのは午後7時ごろ。事務所に道具を戻してから、やっと寮に帰る。その後寮の台所で夕ご飯をつくる。食事をし、入浴を済ませ、落ち着いたころ、少しだけテレビを見る。朝から働き詰めなので、この時間にもなると、ズイさんはもう疲れ切っていたという。就寝は午後11時ごろになる。

休みは日曜日だけで、土曜日も働いた。建設の仕事は野外での仕事となるので、雨や雪が降ればその日は仕事が休みとなるが、その場合は日曜や祝日に出勤することになっていた。

仕事はきつく、休みの日は疲れ果てて、スーパーマーケットに買い物に行く以外は、寝てしまうことが多かった。それでも、ズイさんは日本語の勉強をずっと独学で続けてきた。

### 除染と知らされず、低い賃金

ズイさんが不安を募らせたのは、自身の仕事が除染労働だったからだ。来日当初、日本語もままならなかったズイさんは会社から指示されるままに仕事をしており、自身の仕事内容をよく知らなかった。その後、福島県内の現場をいくつか回りながら、少しずつ自分の仕事が除染だと知るようになった。

本来、技能実習制度において、技能実習生は決められた職種でしか働けない。

ズイさんを支援する全統一労働組合の佐々木史朗書記長によれば、本来ズイさんは「鉄筋施工」の職種の技能実習生として来日しており、それ以外の仕事をさせれば、実習先企業が制度に「違反」していることになる。そして技能実習には「除染」という職種はない。

ズイさんは「除染の仕事だということは、ベトナムの送り出し機関も、日本の監理団体も、会社も、誰も教えてくれませんでした」と話す。仕事内容を送り出し機関、監理団体、実習先企業の誰に教えられることもないまま、本来の職種に違反する除染労働をさせられていたことになる。

佐々木書記長は「ズイさんたちの会社から提出された作業記録から、彼らは2016年3月から2018年3月まで、ほぼ毎月、郡山市の住宅除染や、隣接する本宮市での住宅除染や森林除染の作業に従事させられていたことが明らかになっています。その後、2016年8月から11月まで、福島第一原発から最短4キロの位置にある浪江町で、下水配管工事に従事させられていました。浪江町は２０１８年３月に避難指示解除準備区域と居住制限区域の指定が解除されましたが、ズイさんたちが働いていた時期は解除前で、一般の立ち入りが禁止されていました」と説明する。

除染の仕事をしつつも、ズイさんの賃金は額面が13万円程度。必要最低限の生活費を払い終われば、手元に残るのは5万円のみ。身一つで除染の仕事をしていたはずなのに、手に残るお金は限られていた。ズイさんは土曜日にも働いていたが、「土曜日の分の残業代は払われていない」という。

手元に残った5万円には手を付けず、すべて渡航前費用の借金返済に回していた。手元に残るのが5万円なので、１１０万円に上る渡航前費用の借金の返済にはおよそ2年近くかかる計算になる。これが除染労働をしていたズイさんの現実だった。

## ベトナムでの原発事情

実はベトナムでも福島第一原子力発電所の事故はよく知られている。

ベトナムは以前、ロシアと日本から原発を輸入し、自国内の複数の場所に原発を設置する計画を立てていた。しかし２０１１年3月、福島第一原子力発電所の事故が起きたことで、ベトナム側の原発計画は揺らぎはじめた。ベトナムの人たちも事故をテレビ、そしてインターネットで目にした。

事故の年の冬、私はベトナム初の原子力発電所建設が計画されていたニントゥアン省を訪れた[1]。

「福島第一原発で起きたことが、ここで起きたらと思うと、本当に恐ろしい」

ニントゥアン省で農業を営む男性（60歳）は私にこう語った。彼はテレビで福島原発の事故のニュースをみたといい、「健康への影響を心配している」と話した。

当時、この集落では日本が支援する第二原発の建設に際し、近隣への全戸立ち退きが予定されていた。しかし、周辺の住民は福島第一原発の事故を受け、不安を募らせているようだった。

男性は「私たちは豊かではありません。移住後の仕事が何より心配です」と説明する。やせてはいるが、腕はがっしりとたくましく、長年農業をして暮らしてきたことが分かる。しかし、ほかの土地に移ってやっていけるのだろうか。このとき、この男性以外にも、小さな子どもを抱いた母親や、中高年の女性たちにも話を聞いたが、みな一様に原発におびえていた。福島第一原発の事故が起きる前は地元に仕事が増えることが期待されていたが、あの事故が起きて、住民はテレビやインターネットで福島の状況を知り、原発を受け入れることに不安を覚えたのだ。

「今まで原発が来ることはいいことだと思っていた。けれど、福島の事故を知り、怖くなった」

「原発は怖い。来てほしくない」

「原発建設のために別の場所に引っ越さなければいけない。原発は怖いし、移転して、そのあと、子どもの学校や仕事など大丈夫かと不安だ」

こうした声が聞かれた。子どもを抱っこした若い母親、小さな子を遊ばせていた年配の男性、売店でお菓子を売っていた中年の女性たち。その土地で生まれ、生きてきた人たちは原発と聞くと、眉をひそめ、「怖い」と口を揃えた。国家プロジェクトに直接の批判をすることはベトナムではばかられる。しかし、地元の人たちは自分たちの暮らす土地がどうなってしまうのかと、おびえていた。

その後、ベトナムの知識人が政府に対し、原発建設計画の見直しを求める声明を出した。繰り返しになるが、国家プロジェクトに異を唱えることがはばかられるベトナムにおいて、これは異例のことだと言える。最終的に、ベトナム政府は原発建設計画の棚上げを決めるに至る。原発の建設予定地を訪問して分かったことは、私たちが思っている以上にベトナムでは一般の人も福島第一原子力発電所の事故について知っているということだった。知っているからこそ、原発に対して否定的な見方をしているのだ。ズイさんたちベトナム人技能実習生も、福島第一原子力発電所の事故についてだけでなく、原発事故やその後の放射性物質の飛散についても知っていた。

### 救いは職場の上司

ズイさんの職場での救いは、上司が親切だったことだ。50代の「課長」は仕事を丁寧に教えてくれた。40代の「班長」もベトナム人技能実習生に優しかった。ズイさんに聞くと、現場で働く日本人従業員は年配の人が多く、ベトナム人技能実習生はそれよりもぐっと年齢が低かったという。

建設部門はそもそも労働力不足にあえいできた業界だ。国土交通省の資料によると、とび工、型枠工、鉄筋工、左官などの職人や特殊作業員、特殊運転手などの技能者から成る「建設部門の技能労働者」の数は、ピーク時の１９９７年には日本全国で４５５万人だったが、２０１３年には３３８万人にまで落ち込んだ。高齢化の進展も指摘される。２０１３年時点で全産業における29歳以下の労働者の割合は16・8％なのに対し、建設業に限ってはこの割合は10・2％と約１割にとどまる。全産業の55歳以上の労働者の割合は同年に28・8％となったが、建設業はこの割合が34・3％となっており、３割を超えている。

「課長と班長は、ベトナム人が仕事をよくやるので、好《す》いていてくれました」「優しかった。よくしてもらいました」と、当時を思い出しながら、穏やかな表情で語るズイさん。課長や班長にとって、若い働き手であるベトナム人技能実習生は、欠かせない存在となっていたことだろう。

ただし、彼が「優しい」と話す上司は、ズイさんに除染のことを十分に説明しないままに除染作業をさせていた。さらに現場の仕事はきつい上、「ベトナム人技能実習生は日本人よりも危険な場所で作業させられる傾向があった」と、ズイさんは言う。それは彼らが日本人より若かったからなのか、あるいは人手不足だったからなのか、真相は分からない。

## 「私はとても怒っています」

一方、自身が除染の仕事をしている事に気がついたズイさんは、仕事内容に不安を覚え、ベトナム側の送り出し機関と日本側の監理団体に除染の仕事について問い糺《ただ》したことがあった。しかし、送り出し機関も監理団体も特になにも動いてくれることはなく、結局、除染の仕事は続いた。

不安な気持ちが募る中で、ズイさんは偶然、当時郡山市内で飲食店を経営していた在日ベトナム人の男性に出会い、除染のことを相談するに至った。そして、その後、実習先の会社を「出る」ことを決め、支援者のもとに保護された。ズイさんにとって、この行為は「避難」であり、変わらない状況に対抗するための「抵抗」でもあった。しかし、会社側は、ズイさんは「勝手に出ていった」と受け取った。

4章で、技能実習生が会社から逃げる／出ることについて、それを「失踪」という言葉で片づけることはできないと書いたが、ズイさんのケースは「失踪」ではなく、自身を守るための「避難」だろう。しかし会社と監理団体はそうみなしていない。

当時の仕事場から電車を乗り継ぎ、やっとの思いでズイさんは支援者のもとにたどりついた。ズイさんにとっては、会社から出ることは送り出し機関や監理団体が除染労働について何も対応してくれない中で、他に選びようがないことだった。会社を出る以外には、ズイさんは除染に対する手当が払われない中で、低賃金で働きつづけるほかに選択肢はなかったのだ。除染労働から離れるには、会社から出るほかなかった。

全統一労働組合がズイさんの会社に交渉を申し入れ、団体交渉が始まった。「日本で技能実習をやりなおしたい」。それがズイさんの願いだが、会社との交渉は今も続いている。

佐々木書記長によると、会社との団体交渉や折衝を通じ、除染労働以外にも様々な法違反、不正行為の疑いが出てきた。本来の技能実習の職種とは、無関係な仕事が多く、雨天の際などには工場で機械の溶接作業などにも従事させられていた。さらに、雨や雪などで仕事がない場合は、日給に相当する5600円を給与から差し引かれたこともあったという。

ズイさんは筆者にこう漏らした。

「日本に来て、本当にがっかりしました。私はとても怒っています。日本の賃金は安いので、お金もたまらない。お金もない。技術もない。それで、ベトナムに帰ってから、どうすればいいのかと悩んでいます。とってもがっかりしています」

ズイさんはこの状況の中、独学で身につけた日本語で自分の思いを手紙に綴った。国会、そして日本社会に生きる私たちはズイさんのような外国人労働者の存在をどうとらえるべきなのか。

## 3 契約書と異なる賃金や暴力

### 時給400円・契約書と異なる賃金――監理団体は「知らない」

実習生は日本語の能力に課題があったり、日本の制度や法律を知らなかったりする人も多く、外部への相談は容易ではない。そんな中、実習生の中で勇気を振り絞り、支援者の協力を得ながら政府機関に自ら手紙を書いて訴え出る人が出てきている。

勤務時間は8時から5時で、残業は5時半から9時半。

そのあとも仕事があり、そのときは服を手でぬいます。

毎月の給与明細がありません。

わたしの基本給は6万円。

残業は時給400円。給料は月に12万円。

ベトナムでサインした契約書では基本給は食費別で8万5000円でしたが、実際の給料は6万円です。

ベトナムの送り出し機関に電話したけれど、電話に出なかった。

ベトナムで契約した給料と違います。

監理団体からは「ベトナムの会社が違うので知らなかった」と言われた。

道理にあわないので、この手紙を書きました。


これは、日本で働くベトナム出身の女性技能実習生が厚生労働省に向けて書いた手紙を日本語に翻訳したものだ。この手紙で彼女は、日本に来る前にベトナムで署名した契約書と現在の基本給が異なっていること、そして監理団体がそれにとりあってくれないことを訴えている。

この女性の残業代は時給400円と低く、最低賃金の規定を下回っている状況にある。その上、女性は午前8時から午後5時まで仕事をした上、その後も夜遅くまで仕事をしている。休みも極端に少ない。

## 「日本人職員に殴られました」「借金だけが残った」

別のベトナム出身の技能実習生は以下のような手紙を書いている。

問題を説明しますので、関係組織から支援をお願いいたします。

一番目は給料と契約書の問題。給料は1日7時間分だけしかなく、土日は残業代もないです。就労時間中に休憩がないし、よく残業をしました。

二番目は、働いている間に2度殴られたことです。

1回目は日本人職員に殴られ、服を破かれました。

2回目は別の日本人職員が私の頭を殴り、さらに私の顔を平手打ちしました。

2回殴られた後、組合（筆者注：監理団体）に電話したのに、我慢してくださいと言った。組合は何も解決しませんでした。

私は会社を変わりたいです。

この技能実習生は日本の受け入れ企業で就労する中で、残業代が払われないなど賃金に問題があったほか、日本人の職員から暴力を受けるなどの問題に直面していた。さらに、暴力を受けたことを監理団体に相談したものの、監理団体はこの問題に対応することがなかったという。

技能実習生をめぐっては、賃金や就労時間などの問題だけではなく、技能実習生が職場で日本人の職員から殴られたり、蹴られたりする事例もある。しかし、この技能実習生の場合、監理団体は動いてくれなかったため、日本政府に手紙を書き、受け入れ企業を変更したいと訴えたのだ。

一般的に技能実習生は日々の就労に追われている上、十分な日本語の能力や日本の制度や法律に関する知識を持たない人も少なくない。さらに、多くの技能実習生は賃金が低く経済的に余裕がないことから、支出を切り詰め生活しているため、行動範囲が限られ、人間関係も乏しい。こうした状況から、技能実習生は何か問題があっても外部に相談することが難しい状態に置かれている。

そんな中、4章で紹介した「国際コミュニケーションネットワークかけはし」の越田舞子さんは、技能実習生が自ら日本の政府機関に手紙を書き苦境を訴えるのを支援している。越田さんは「技能実習生がまず母語で手紙を書き、これを支援者が日本語に翻訳した上で、関連省庁に送付している」と説明する。越田さんによると、すでにいくつかの事例では手紙を受け取った日本の政府機関が対応に乗り出しているという。

別のベトナム人技能実習生は、契約途中で帰国させられたことを不当として、日本の政府機関に手紙を書いた。


わたしは強制帰国させられました。

私は間違ったことをしていません。

私は、会社の違反を訴えただけです。

会社と監理団体に強制帰国させられたのは納得いきません。

私は日本に行くために借りた借金が返済できなかったので、もう一度日本で働きたいです。

よろしくお願いします。

## 法務省「技能実習生からの訴えに相談対応、不正行為で受け入れ停止も」

では、こうした技能実習生からの企業の不正行為を訴える「手紙」に対し、日本の政府機関はどのように対応するのだろうか。

法務省入国管理局入国在留課の担当者は私の電話取材に対し、「技能実習生からのこうした手紙があるかどうかは個別には回答できないものの、一般的には技能実習生など外国人労働者から就労先企業の不正行為についての情報提供は往々にしてある」と語った。また、技能実習生が手紙で不正を訴えたり、実際に入国管理局に出向くなどしたりした場合、相談に応じ、必要な対応をしていくという。

そして、「必要な調査をした上で、場合によっては受け入れ企業を指導したりし、それでも改善がない場合は、その受け入れ企業による技能実習生の受け入れを停止させる処分を下す」（法務省入国管理局入国在留課の担当者）。

技能実習生自らが手紙を書き、日本の政府機関に訴える動きは、技能実習生をめぐる問題の解決に向けた一つのヒントを与えてくれる。しかし、個人の取り組みには限りもある。越田さん自身、無償で技能実習生の支援をしている。夜遅くまで技能実習生からの相談を受け、それを書面にまとめ、関係機関に送る。書類の量は多く、コピー料金や輸送料金の負担もばかにならない。技能実習生の権利を保護するより包括的な取り組みが求められるとともに、外国人技能実習制度の抜本的な改革が急務となっている。

**注**

**1**　「ニントゥアンを尋ねて（前）（後）」としてThe Dairy NNA ベトナム＆インドネシア版（２０１１年12月27日、28日）に寄稿。

# 6章　労働組合が動き出す

## 1　全労連が実習制度の改善要求

### 「実習制度の抜本的な制度改革が必須」

実習生たちをめぐる過酷な労働状態が伝わるにつれ、労働組合も組織的な対策を取りはじめている。

全労連は2016年7月28日、東京・霞ヶ関の厚生労働記者会で記者会見を開き、「外国人技能実習制度に関する提言」を発表した。この中で、日本政府は技能実習制度の抜本的改正に向けた法案を再検討すべきだと訴えている。

これまでに労働組合が技能実習生を支援し、行政に申告をし、これを受けた入国管理局や労働基準監督署が受け入れ企業を指導してきたものの、実態は依然として改善していないため、抜本的な制度改革が必須だという。

全労連は、制度の抜本的改正なしに、政府の言う実習生の受け入れを推進すれば、「奴隷労働」の拡大につながると警鐘を鳴らしている。

提言は以下の内容を含む。

(1) 人権侵害をなくす実効ある措置を盛り込むため、両法案を撤回し、至急、検討し直すこと。
(2) 送り出し機関への規制を強化するための二国間協定の締結を受け入れの条件とすること。
(3) 均等待遇の実現など、雇用主責任の強化を規定すること。
(4) 受け入れ監理団体は業務を外部に委託してはならないものとする。
(5) 受け入れ監理団体と受け入れ企業への監督は「機構」ではなく、国が行うものとすること。そのために必要な審査・相談・指導・監督を十分こなしうる体制を行政内に確保し、監督権限を持った職員を配置すること。

全労連は提言の中で、外国人技能実習生の多くが、来日のために高額な渡航費用を借金した上で、送り出し機関やブローカーに途中帰国違約金などを預けて日本にわたっているほか、日本では雇用主変更の自由がなく、事業所から追い出されると即座に帰国させられる状況にあると指摘した。

さらに、出身地の送り出し機関、日本側の受け入れ機関と雇用主の三者によって技能実習生が支配され、低賃金での過酷な労働と劣悪な生活環境を強いられる「奴隷労働」の実態があるとする。

## 岐阜の縫製業で横行する女性実習生の搾取

全労連が提言を出した背景には、技能実習生が置かれた深刻な状況がある。中でも、問題視されているのが、3章でも個別の事例を紹介した、岐阜県の縫製業における技能実習生の就労状況だ。

全労連東海北陸ブロックの榑松《くれまつ》佐一議長によると、岐阜県の縫製業では３０００人に上る技能実習生が就労している。こうした技能実習生の多くは中国やベトナムなどの出身の女性とみられるという。縫製産業が海外製品との価格競争やコスト引き下げ圧力にさらされるとともに、若年労働者が不足する中、アジア出身の女性たちが、岐阜の縫製業を支えているとも言えるだろう。

榑松議長のもとには、２０１６年６月に岐阜の縫製業で働くベトナム出身の女性技能実習生から、立て続けに４件の相談が入った。榑松議長が驚いたのは、技能実習生の残業代の時給が４００円である上、毎日夜10時までの長時間労働を強いられていたほか、土日も休みがない状況で働かせられていたことだった。

愛知県労働組合総連合の榑松佐一氏

技能実習制度をめぐっては、以前にも、岐阜の縫製業での問題が指摘されてきた上、愛知でも自動車部品などの製造業で、時給３００～４００円という相談があった。ただし、２０１０年の制度改正以降、愛知県ではこうした相談はほとんどなくなっていた。しかし、ベトナム人技能実習生からの相談により明らかになった岐阜の縫製業の実態からは、岐阜の状況が改善しないままにあることが浮かび上がったという。

岐阜県労連の平野竜也事務局長によると、ベトナム人実習生の中には、毎月１００時間を超える残業をしていた人もいた。これは国の過労死基準を大幅に上回っている。

その上、実習生はベトナムの送り出し機関との間で、「時間外労働について日本国内法律では割増賃金と定めているが入国する技能実習生に対する時間外労働賃金額は１年目３５０円、２年目４００円、３

年目は500円と定める。……同意しない技能実習希望者をあっせんしないこと」という、日本の法律に違反する内容の覚書を結んでいた。送り出し側、受け入れ側双方が、最低賃金に違反する低水準の賃金に関与しているとみられる。

## 縫製業界全体の構造的な課題

全労連東海北陸ブロックは、技能実習生をめぐる問題はなにも違反行為を行う企業1社だけにとどまるものではなく、岐阜の縫製業界全体の問題、ひいては日本における繊維・衣料品関連部門全体の構造的な課題が影響していると指摘する。

実際に、岐阜県内の縫製業では2015年、調査が実施された38事業者のうち全体の50％に上る19社で最低賃金違反、55・3％に上る21社で割増賃金違反があった（2015年4～12月の監督指導結果）。しかも、この数字は、労基署が定期指導で証拠を見つけられたものだけという。また、企業側が実習生を黙らせるなどし、不正を隠すケースも少なくないため、実際の違反行為の数はこれを上回るとみられている。

この半面、技能実習生を雇用する企業は、そもそも中小・零細の家族経営の企業が多い。このような企業は、親会社や取引先の大手企業との力関係の中で、安い単価で受注している。最低賃金などの法的な決まりを守った上で事業を行うと、利益が出なくなってしまう現状があるという。

全労連東海北陸ブロックは、技能実習生による最低賃金以下での労働による低コストを前提として仕事を発注する親会社や取引先の大手企業のあり方も問題視する。さらに、全労連東海北陸ブロックは、衣料品を購入する側の私たちのあり方についても問うている。安価な洋服が購入できるという背景に何があるのか、それをみていく必要があるとする。

## 「縫製には技能実習生を送りたくない」

外国人技能実習制度において、縫製業は以前から問題視されてきた産業部門の一つだ。最低賃金割れの時給や賃金の未払い、長時間労働といった課題はこれまで幾度となく指摘されてきた。問題が多いことから、送り出し国の送り出し機関の中には「縫製業には技能実習生を送らない」という声があると聞く。日本側のある監理団体の職員も筆者に「技能実習生にはちゃんとした会社で働いてほしいから、問題の多い縫製部門にはうちの技能実習生を入れたくない」と漏らしていた。

他方、東北の縫製工場で働いたことのある元技能実習生のベトナム人女性は、筆者とハノイ市で会った際「私が働いた会社はいい会社で、社長は優しかった。ほかの社員も親切でした。また日本に行って会社の人に会いたいです」と話した。

縫製部門のすべての会社で違反行為が行われているわけではないし、技能実習生を大切に扱う経営者もいる。だが、縫製業での問題は後を絶たず、厳しい状況にさらされる技能実習生が存在し続けているのが現状だ。そして、こうした状況は、法律を守り技能実習生を大切に扱う一定の企業の努力があるにもかかわらず、縫製業全体、ひいては技能実習生の受け入れ企業全体の評判を下げてしまう懸念さえある。

## 縫製業の問題は「女性労働者の問題」

見方を変えれば、縫製部門の技能実習生の問題は、女性労働者の問題でもある。というのも、縫製部門の技能実習生の大半が女性だと言われるからだ。そして、縫製部門の女性技能実習生の中には、子どもや夫を故郷に残して来日した既婚女性もいる。

前述の監理団体の職員は「縫製は人気がない。だから、年齢が高いとか、学歴があまりないといった（実習先企業との）面接が決まりにくい女性が、結果的に縫製に行くことになるのではないか」と話す。つまり、年齢や学歴を理由に実習先との面接が決まりにくい女性たちが、採用される可能性の高い縫製業に振り分けられるということが想像できる。仕事の選択肢が狭められている半面、「家族への責任」から収入を得ることを迫られた「母」や「妻」たちが、縫製部門に入っていくということだろう。

母や妻として家族に責任を持つ女性。あるいは、シングルマザーであり、一人で子どもを育てていかなければならない女性。こうした女性たちが家族の暮らしを支えるため、借金をして送り出し機関に多額の「手数料」を支払い、来日する。そして日本で就労しながら、生活費を切り詰め、家族に送金し、渡航前費用の借金を返していく。貯金ができるのは、借金をすべて返し終えてからとなる。借金漬けの女性労働者が、〝メイド・イン・ジャパン〟の製品を支えていると言えるだろう。

### 業界団体へ技能実習生の受け入れ停止を要請

こうした中、全労連東海北陸ブロックと岐阜県労連は２０１６年7月28日付で、岐阜ファッション産業連合会、岐阜メンズファッション工業組合、岐阜婦人子供服工業組合、岐阜県商工会議所連合会、岐阜県商工会連合会、岐阜県繊維協会に対し、「外国人技能実習生受入停止の要請」を出した。

この中で、岐阜労働局、名古屋入管、岐阜県などで構成する「技能実習生等受入適正化推進会議」が関係団体に出した要請（下記）を実行するよう求めた。

（1）　縫製事業場で就労する外国人技能実習生の長時間労働による健康障害等を防止するため、計画的な作業管理を行っていただくとともに、急な発注条件の変更は行わないよう配慮をいただくこと。

(2)　発注契約においては、適正な工賃を設定していただくこと。
（「技能実習生等受入適正化推進会議」が関係団体に出した要請）

全労連東海北陸ブロックと岐阜県労連は、上記の「技能実習生等受入適正化推進会議」による要請を実行するとともに、下請け工場から最低賃金違反などの不正を一掃できないのであれば、「岐阜縫製業への技能実習生の受け入れを停止すべき」だとしている。

## 労働組合に相談した実習生の寮のガスや電気が止められる

全労連東海北陸ブロックに相談を寄せたある実習生の申告書によると、この実習生は仲介会社から「日本での賃金は1カ月当たり13万5000円」だと聞いていたという。しかし、来日後に支払われたのは月6万円の賃金で、残業代は400円だった。ベトナム人技能実習生の女性たちにとって、このような事態は想像もしないことだっただろう。

当初は岐阜の縫製業で働く技能実習生の女性たちも、労働組合に相談を持ちかけたり、労働基準局に訴えを起こしたりすることを躊躇《ちゅうちょ》していたという。彼女たちは監理団体や企業を恐れていたようだ。なんらかの理由により強制的に帰国させられれば、何も残らないどころか、借金だけが残ってしまう。

さらに、今回、労働組合に相談を持ち掛けた女性技能実習生をめぐっては、生活にかかわる問題が発生している。労基署の指導が入る中、C社は「倒産」を宣言し、実習生の寮のガスや電気を停止した。女性たちはお風呂に入ることも、調理をすることもできなくなり、友達のところで食事をとるなどしてしのいでいる。
また女性たちを送り出したベトナム側の仲介会社は、「担当者を日本に派遣する」「金は補償するから帰国しろ」と言い、女性たちに労基署への訴えを取り下げるよう迫っているようだ。女性たちは帰国や労基署への訴えの取り下げを拒否しているが、仲介会社は現在、女性たちの家族に接触を図るなどしているという。

女性たちは渡航前に高額な渡航前費用を払うことで仲介会社に搾取され、来日後には低賃金と長時間労働により雇用主に搾取され、労働組合に相談した上で労基署に申告するにあたっても、さらに困難に直面している。

## 2　徳島や佐賀でも山積する課題

技能実習生が困難に直面しているというのは、なにも岐阜の縫製業だけの話ではない。

徳島労連の森口英昭事務局長によると、徳島では多くの技能実習生が縫製業で働いているものの、ここでも受け入れ企業による違反行為や技能実習生に対する人権侵害といった課題が出ているという。また、佐賀県労連の稲富公一事務局長は、佐賀でも技能実習生からの相談が入っているとする。

### 高額の手数料や保証金を払い子どものために日本へきた母親が直面した困難

森口事務局長によると、徳島の縫製業で働いている技能実習生も、やはり大半は女性だとみられるという。こうした女性たちは、独身者もいるが、中には子どもを故郷に残して日本に働きに来ている母親たちもいる。

中国出身の女性が2012年に、徳島地方裁判所に提出した陳述書には、子どもを故郷に置いて徳島で働いた彼女の苦境がつづられている。女性は来日前、既に結婚し、一時は専業主婦だったが、その後に縫製業で働き、縫製のスキルを身につけていた。

そんな中、友人から日本行きの話を聞き、自分も日本で稼ぐことで「子どもにいい教育を受けさせたい、家族を楽にさせたい」と思い、日本へわたることを希望したという。そして、派遣会社を通じ、面接を受けるなどした上で、来日することになった。当時、派遣会社の広告には、「週6日勤務で、基本給が保証される。残業は午後5時以降で、残業代は研修生の期間が1時間当たり300円、実習生になってからは1時間当たり420円」といった内容が示されていた。

女性は派遣会社に、手数料として2万6000元（約39万9740円）、保証金1万元（約15万3750円）を払った。さらに、来日当初の9カ月間分の給与から毎月4万円を派遣会社に支払うことになっていた。その上で、女性は家の権利証の原本、親戚の家の権利証のコピー、公務員の親族の在職証明書を提出した。同時に、女性が日本にいる間に何か問題を起こした場合には、家の権利証と保証金が没収される。

女性は2008年に来日し、技能実習生（当時は研修生）として、徳島の縫製会社で働くことになった。

## 夜遅くまで続く長時間労働——午後7時以降は「トイレ禁止」

女性が日本に到着し、徳島にはその日の午後4時半ごろに着いた。受け入れ企業の指示により、女性はその後、午後5時半には仕事にかかり始めたという。

さらに、実際に日本で働き出すと、その受け入れ企業には決まった勤務時間はなく、朝はだいたい8時ごろに仕事が始まり、たいてい夜の10時か11時ごろまで働いた。とりわけ、忙しい時期には、朝は早めに仕事を開始し、夜は12時くらいまで仕事が続いた。また、残業をしていることが周囲に分からないよう、夜の6時をすぎると、工場の窓にカーテンがひかれるほか、工場の玄関のシャッターがおろされていた。

休憩時間は午前と午後に10分ずつ、お昼休みは40分程度で、そのほかの休憩はなかった。その上、夜7時以降になると、トイレに行くことを禁止されていた。どうしてもトイレに行きたい場合は、雇用主から怒鳴られながら、トイレに行くほかなかった。

彼女を落胆させたのは、このような労働状況だけでなく、給与についてもだった。給与が月に6万円しか与えられなかったからだ。女性は毎日、夜遅くまで働いているにもかかわらず、給与が6万円しかなかった。しかも、給与は統一性がなく、同じ時間働いても人によって受け取る額が異なっていた。

### ゴキブリやムカデの出る寮、雇用主からの暴言

女性が暮らしていた寮にも問題があった。工場と同じ敷地内にある寮でほかの実習生と共同生活をしていたが、倉庫のようなところに二段ベッドがいくつも詰め込まれていた上、湿気がひどいほか、ゴキブリやムカデが出るなど衛生面でも課題があったという。

女性は陳述書の中で、「初めて寮に足を踏み入れたとき、ゴキブリの多さに本当にびっくりし、血の気が引く思いでした。置いてある鍋は使い古され、底が黒く、ゴキブリがびっしりとはり付いていました。床も掃除がまったくされておらず（そもそも掃除をする時間的な余裕、体力的な余裕などありません）、アリやゴキブリがうじゃうじゃしており、おぞましい光景でした」と綴っている。

外出についても、一人での外出は禁止され、必ず複数で外出するよう言われていた。また、買い物が終われば、すぐに帰宅するように言われ、夜9時すぎに帰宅した際には帰宅が遅すぎるとし、罰として雇用主に1万円を没収されたこともあった。

そのほか、彼女が直面したのは、雇用主からの暴言だった。雇用主から「仕事が遅い」「中国に帰れ」「態度が悪い」などと言われた上、殴る真似をされたこともあった。実際に、雇用主から嫌われたことで、中国

に帰されてしまった人もいたようだ。雇用主は機嫌が悪いと、女性たちにあたり、部屋に立たせることもあった。こうした雇用主のあり方から、彼女たちは精神的にも消耗していった。

## 職場でのいじめ、暴言・半日外に立たされる、「日本人が怖い」

佐賀県労連は先に、ベトナム出身の男性技能実習生からも職場におけるいじめの相談を受けた。佐賀県労連の稲富事務局長によると、この男性は佐賀の建設業で技能実習生として働いていたが、同じ会社で働く日本人から「お前はいらない」「日本語がへたくそ」と常に言われていたという。また、「仕事ができない」と言われたほか、邪魔だと言われ、半日にわたり屋外で立たされたこともあった。

その上、日本で働き始めて半年で解雇されてしまった。その後、監理団体が２０１６年4月に男性を引き取り、ようやく埼玉での仕事が決まったという。

ただし、仕事が決まるまでの４カ月間、男性は朝６時半から夜10時半まで日本語の勉強をさせられていたほか、監視もされるなど、ほぼ監禁状態にあったようだ。男性は日本語がほとんどできないために、通訳なしには相談することができない状況にある。さらに、いじめを受けてきたため、日本人を怖がっており、稲富事務局長以外の人とはなかなか話をすることができない状態だという。

## 未払い賃金や損害賠償金の回収が困難、対策が急務

技能実習生をめぐっては、労働状況や生活環境にとどまらない、ほかの問題も山積している。

徳島労連の森口事務局長によると、徳島における深刻な問題として、実習生の受け入れ企業に対し勧告や裁判の判決が出ても、受け入れ企業に支払い能力がなく、未払い賃金や損害賠償金の回収ができず、実習生

が泣き寝入りしなければならないケースがあるという。

森口事務局長は、受け入れ団体などが出資して基金を創設し、未払いや損害賠償が確定した場合、その基金から支払うようにすることが必要だと指摘する。

「外国人の技能実習の適正な実施及び技能実習生の保護に関する法律」には、「外国人技能実習機構」を認可法人として新設した上で、同機構が技能実習計画の認定を行うほか、実習実施者・監理団体に報告を求めたり、実地に検査するしたりすること、さらに実習実施者の届出の受理や監理団体の許可に関する調査、技能実習生に対する相談・援助などを担うことが盛り込まれている。

これに対し、森口事務局長は、「(予定される）機構の職員数は少ない上、取締・捜査権限がなければ、国際研修協力機構（ＪＩＴＣＯ）と変わらないことになる。ＪＩＴＣＯはこの際、解体し、捜査・立件権限のある機構職員を増やして配置すべき」とする。同時に、各自治体で、実習生を救済・保護できる部署や施設の確保、実習生の母国語通訳の確保など対応策を指導することが求められるとしている。

## ３　連合大阪とＲＩＮＫが無料の労働・生活相談

### ９カ国語で無料相談、弁護士と社労士が相談受け付け

連合大阪（日本労働組合総連合会大阪府連合会）は、ＲＩＮＫ（すべての外国人とその家族の人権を守る関西ネットワーク）と連携し、２０１７年３月24～26日（午後３時～８時）に外国人からの労働や生活にかかわる相談を無料で受け付ける「外国人労働者のためのなんでも電話相談」を実施した。相談は主に電話で受けつけたが、必要に応じて面談でも相談に対応するという。外国人は言葉の壁や社会的に孤立しやすいこ

となどから、相談の機会を持てない人もおり、こうした取り組みが各地で広がることが期待されている。

相談は英語、中国語、朝鮮・韓国語、スペイン語、ポルトガル語、タガログ語、タイ語、インドネシア語、ベトナム語の９カ国語で受け付けた。日本に暮らす外国にルーツを持つ人は増えており、その母語や使用言語も多様化しているため、様々な言語に対応した。連合大阪のウェブサイトでは、各国語のチラシも確認でき、このウェブサイトから外国人それぞれに適した言語のチラシをダウンロードすることもできる。[1]

労働分野の相談は連合大阪が、それ以外の分野の相談についてはＲＩＮＫが相談に応じる。連合大阪法曹団から弁護士が１人、大阪府社会保険労務士会から社会保険労務士が１人相談に加わっており、専門分野の相談にも対応した。

「外国人労働者のためのなんでも電話相談」の目的は、外国人労働者がどのような問題をかかえているのか、その実態を把握するとともに、それを連合大阪の日常的な相談業務にいかすこと。さらに、連合大阪では、問題解決のために、必要であれば政府や自治体への政策提言なども行い、外国人労働者の処遇改善につなげていきたいという。

## 「使い捨てはダメ」

連合大阪による外国人向け無料相談の取り組みは90年代にさかのぼる。

連合大阪は１９９０年に労働者からの相談を受け付ける「労働なんでも相談」を始め、それ以降５年間で１０００件を超える相談があったという。

当時はバブル経済が崩壊した直後で、解雇問題をはじめとした労働問題だけではなく、生活相談や個別の案件も多かった。これら多岐にわたる問題には連合大阪だけでは対応できないものもあったことから、労働問題を中心に活動する弁護士に相談し、1995年に連合大阪法曹団が結成された。

さらに1998年と1999年に連合大阪法曹団の取り組みとして「外国人労働者の相談キャンペーン」を実施した。この結果、労働相談にとどまらず、入管関連の問題や社会保障・税金の問題にまで相談が及ぶなどしたことから、現在に続く継続した取り組みとなっていったという。

以前は在留資格に関する相談が多かったが、最近は行政書士など専門家に相談する人が増えているため、相談件数が少なくなっている。ここ数年は、日本に定住・永住する外国人の増加を反映してか、年金や社会保険に関する相談が増えているようだ。年金事務所などには通訳者がいないため、聞きたいことが聞けない外国人が多いとみられている。弁護士の対応が必要な、交通事故や金銭トラブルなどの相談の割合も増えている。

2016年に実施した「外国人労働者のためのなんでも電話相談」では、ベトナム出身者からの相談が多かった。連合大阪は、日本に暮らすベトナム出身者が最近急激に増えているものの、どこに相談すればいいか分からない人が多いのではないかとみている。

今回の大阪連合の取り組みの背景には、日本に暮らす外国にルーツを持つ人が増えていることがある。外国出身の労働者についても、外国人技能実習制度や外国人留学生のアルバイト就労をめぐる課題について様々な支援が必要になっている。

連合大阪の久保真光氏は、「政府は労働者不足に悩む業界の要請を受けて、『単純労働』分野での外国人受け入れを拡大する傾向にあるが、受け入れを拡大する場合、外国人の労働力をただ利用するだけの受け入れではなく、内外人平等の原則のもと外国人労働者の処遇を改善する必要がある」と語る。

さらに「技能実習制度など職場の移動が認められない外国人労働者の受け入れは、労働者の権利を担保できないだけでなく、使用者の人材育成努力や就労環境改善の放棄につながっている。単に、被雇用者が途中で辞めたり、休んだりするという使用者の雇用上のリスクの減少を図っているにすぎないため、即時廃止するべきだ」と指摘した。

その上で、「現在の受入状況を成功したものとして継続・拡大するようであれば、拡大された分野での就労環境の悪化を招くことは必至であり、賛成できない」としている。

## 4　愛知県労働組合総連合「フェイスブック相談室」に相次ぐ相談

前項では連合大阪法曹団による電話相談の事例を紹介したが、愛知県労働組合総連合ではフェイスブックによる相談を受け付けている。

### 増える実習生からの相談――ベトナム人からが最多

「フェイスブック外国人実習生相談室」にはどんどん相談が寄せられています。特にベトナム人から相談が来ます。技能実習生は相談する場所がないんです――。

「外国人技能実習生問題弁護士連絡会」（実習生弁連）が2018年7月14日に都内で開いた設立10周年記念シンポジウムで、愛知県労働組合総連合（愛労連）の榑松佐一氏がこう指摘した。

愛労連ではこれまで、フェイスブックのメッセージ機能を使い、技能実習生から相談を受け付ける「フェイスブック外国人技能実習生相談室」を運営してきた。同相談室の相談件数は2016年が27件、2017年が33件。さらに、2018年は上半期（1～6月）だけで26件に上り、2016年の実績とほぼ同数に達している。フェイスブックのメッセージ機能で技能実習生とやり取りする際、ボランティアの翻訳者の支援を受けている。他方、最近ではカンボジア、ミャンマー、モンゴルなどの技能実習生からの相談もあり、言語対応に苦慮するケースもあるようだ。

技能実習生はただでさえ、外部に相談することが難しい。クメール語やモンゴル語などを話すカンボジアやモンゴルの技能実習生にとって、日本で必要な情報を得ることや外部に相談をすることは、なおさら困難になる。相談を受ける側もまた、こうした言語に対応することは簡単ではない。

相談をした技能実習生の国籍はベトナムが77件と圧倒的で、フィリピンが5件、その他（カンボジア、中国、ミャンマー、モンゴル）が4件。榑松氏は「ベトナム人は相談先がないのではないか」と話す。

相談した技能実習生の職種は縫製が44件で首位となり、これに建設が18件、製造が11件、農業が5件、その他（食品・水産）が8件で続いた。技能実習生の就労先は愛労連の地元である愛知県が21件でトップとなっているが、岐阜県が14件、茨城県が5件、広島県が4件、奈良県が4件、山梨県が3件、その他が35件となり、全国から相談が来ている。

## 「社長の部屋に連れていかれて、お尻を触られた」

技能実習生からは、セクハラの相談もある。最近では、青森県で働くベトナム出身の女性技能実習生から「社長の部屋に連れていかれて、お尻を触られた」との相談が入った。

この女性技能実習生はこうしたセクハラを受けるだけではなく、「パスポートと通帳を会社に取り上げられていた」（榑松氏）。榑松氏は相談を受けると、管轄の労基署にこうした事態について連絡。そして、労基署がこの会社に調査に入ったのだという。

しかし、問題はそれで終わらなかった。その後、「この女性技能実習生が会社に有給休暇の申請を行ったところ、会社はいきなり女性に解雇通知を出した」（同）のだ。

そのため榑松氏が急きょ入国管理局にこの件を通知することになった。これを受け、今後は、監理団体が会社側に（解雇を）撤回させたという。そして、その後、会社は不正を認定され、「女性技能実習生は別の会社で就労できることになった」（同）。

セクハラ問題から始まった女性技能実習生からの相談。実際には、彼女が直面した問題は、パスポートと通帳の取り上げ、解雇通知というように、セクハラにとどまらないものだった。

## 「家賃」による搾取の仕組み

榑松氏が受ける相談の中には、過分な「家賃」に関するものも少なくない。技能実習生をめぐる問題は、未払い賃金や長時間労働、労災、暴力、暴言、セクハラなど多々あるが、毎月給与から引かれる「家賃」に問題があるケースも存在する。すでに具体的な事例でみたように、受け入れ企業によっては「家賃」の額を操作することにより、技能実習生から本来の「家賃」の実費を超える金額を過分に徴収する例があるのだ。

ある日、榑松氏のところに、ベトナム人技能実習生から「家賃」問題の相談が寄せられた。この技能実習生は２人部屋の「寮」に住んでおり、月に１人当たり４万円を「家賃」として給与から引かれていた。その後、新しい技能実習生３人がこの部屋で一緒に暮らすことになり、部屋の住人の数は５人になった。それを機に、家賃は１人２万８０００円になったという。

しかし、アパートの家賃の請求書をみると、この部屋の家賃は、実際には４万１２１６円だったのだ。技能実習生は５人で計14万円をこの部屋に払っていたが、本来の家賃を５人で割れば、１人当たり１万円もし

ベトナムでも自転車はよく使われている

なかったはずだ。

こんなケースもある。別の技能実習生は、出身国で家賃が月に2万1000円だと書かれた契約書に署名した。だが、来日後、家賃の額が月3万1000円に書き直された別の契約書へのサインを求められたという。

技能実習生の多くは「借金漬け」の状態で来日し、就労しながら、借金を返していく。このため技能実習生は食費を月1~2万円程度に切り詰めていることが多い。中には月の食費が7000円という技能実習生もいた。食事は自炊、移動は自転車が基本となる。場合によっては自転車を持っておらず、ほとんど外出できない技能実習生もいる。貯金できるのは、この借金の返済が終わってからだ。

こうして節約をし日本での暮らしを乗り切っている技能実習生にとって、「家賃」は切実な問題なのだ。

### 家賃の「実費」をめぐる問題

榑松氏によると、そもそも旧技能実習制度でも、「食費や寮費等を賃金から控除する場合には、労働基準法にのっとった労使協定の締結が必要であり、控除する額は実費を超えてはなりません」とされていた。

厚生労働省の通達には「第一項但書の改正は、購買代金、社宅、寮その他の福利厚生施設の費用、労務用物資の代金、組合費等、事理明白なものについてのみ、法第三六条の時間外労働と同様の労使の協定によって賃金から控除することを認める趣旨」と書かれている。

また技能実習制度を推進する国際研修協力機構（ＪＩＴＣＯ）は「外国人技能実習制度における講習手当、賃金及び監理費等に関するガイドライン」（２０１２年）において、こう説明してきた。

ａ　宿舎費の額は、近隣の同等程度のアパート等の相場を超えてはならない。

ｂ　宿舎費の額、内訳及び計算方法について技能実習生本人に十分説明し理解を得る。

ｃ　一戸の住宅を複数の技能実習生に貸与している場合の一人当たりの宿舎費の額は、所定の賃貸料を人数で除した額を超えてはならない。

ｄ　技能実習生への宿舎貸与に当たっては、備品故障時の修理費用負担、退去時の原状回復費用負担など、帰国までに発生が見込まれる各種経費に関する負担割合について、事前に取り決めておく。

ｅ　電気・ガス・水道等諸経費についても技能実習生が使用した実費を超えてはならない。

出典：ＪＩＴＣＯ、２０１２年、「外国人技能実習制度における講習手当、賃金及び監理費等に関するガイドライン」https://www.JITCO.or.jp/system/data/guideline02.pdf

２０１７年11月に施行された「外国人の技能実習の適正な実施及び技能実習生の保護に関する法律」の施行規則となる「外国人の技能実習の適正な実施及び技能実習生の保護に関する法律施行規則」では、以下のように書かれている。

四　食費、居住費その他名目のいかんを問わず技能実習生が定期に負担する費用について、当該技能実習生が、当該費用の対価として供与される食事、宿泊施設その他の利益の内容を十分に理解した上で申請者との間で合意しており、かつ、当該費用の額が実費に相当する額その他の適正な額であること。

出典：「外国人の技能実習の適正な実施及び技能実習生の保護に関する法律施行規則」

さらに、「技能実習制度運用要領」（法務省・厚生労働省編、２０１８年６月）の「第４章 技能実習計画の認定」には、より詳しくこう記されている。

○居住費については、自己所有物件の場合、借上物件の場合に応じて、以下のとおりでなければなりません。

・自己所有物件の場合

実際に建設・改築等に要した費用、物件の耐用年数、入居する技能実習生の人数等を勘案して算出した合理的な額

・借上物件の場合

借上げに要する費用（管理費・共益費を含み、敷金・礼金・保証金・仲介手数料等は含まない。）を入居する技能実習生の人数で除した額以内の額

○水道・光熱費については、実際に要した費用を当該宿泊施設で技能実習生と同居している者（実習実

施者やその家族を含む）の人数で除した額以内の額でなければなりません。
出典：「技能実習制度 運用要領」（法務省・厚生労働省編、2018年6月）の「第4章　技能実習計画の認定」（「第10　技能実習生の待遇に関するもの」「（5）技能実習生が定期に負担する費用に関するもの」92ページ）

このようなガイドラインがあるものの、家賃をめぐる問題は容易ではない。労基署の監督官によって、家賃の「実費」に関する解釈に違いがあるのだという。

榑松氏は「先の厚労省通達を読むと、契約書に書いてあることを理由として、その家賃の金額が『事理明白』であるとは言えない。実際に『事理明白』な家賃の実費分以上の金額を労使協定で控除してはならないはずだ」と指摘。

しかし、「労基署の監督官によっては『（実費を超えていても）契約書にサインしている。だから事理明白でないとまでは言えないので、サインした通りの家賃が認められる』とするケースもある」と説明する。

こうした中、実費を超える家賃を給与から引かれていると訴える技能実習生の相談が後を絶たない。

## 暴力・「失踪防止金」の徴収・職種違反

榑松氏が受ける相談には、暴力の問題もある。

ベトナム出身の男性技能実習生は、解体・産廃の仕事をしていた。しかし「ある時、作業に使用されていたバケット車をぶつけられ、2カ月も入院するほどの大ケガをした」（榑松氏）。これについて、技能実習生本人は「（実習先企業の）社長がわざと私にバケット車をぶつけた」と主張しているという。

この件については、この技能実習生の同僚が事件について証言を行い、労基署が調査に入った。そして、労災手続きが行われたほか、ケガへの補償がなされることになった。

さらに、榑松氏によると、この技能実習生は「失踪防止金」として15万円を実習先企業に徴収されていた。これについては、管轄の入管が「失踪防止金」を実習先企業から実習生に返させたという。また、この技能実習生は前述のように産廃・解体の仕事をしていたが、「現在はこれが職種違反の疑いがあるとして調査が行われている」(同)。

## 「失踪の原因は業界」「行政の責任大きい」

榑松氏はさらに、技能実習制度を取り巻く別の問題について指摘する。それは、4章でも取り上げた、技能実習生の職場からの「失踪」をめぐる問題だ。

技能実習生の「失踪」には一定の傾向がみられるという。榑松氏は「『失踪』した技能実習生の実習先企業には建設と農業が多い。この2つの職種は実習生全体の数では28%を占めるだけだが、失踪者に限って言えば、建設と農業が合わせて53%にもなる」と説明する。

同氏によれば、2017年の技能実習生の「失踪者」7089人のうち、これを技能実習生の職種別にみると、建設は「失踪者」全体の36・4%を占めてトップ。それに農業が17%、繊維衣服が10・1%、食品製造が10%、機械金属が8・6%で続いている。

建設部門での技能実習生の就労をめぐっては、かねて支援者から複数の問題が指摘されてきた。フェイスブック外国人技能実習生相談室では、建設部門で働く技能実習生から「暴力を受けた」との相談を受けることが多い。また建設の職種の技能実習生として来日したにもかかわらず、実際に実習先企業でさせられたのは産業廃棄物処理の仕事だったというように、「職種違反」がみられるケースもあるという。さらに、繊維衣服の技能実習生についても、本章2項で紹介したケースのように、「失踪」を招く業界の構造があると、榑松氏は説明する。

榑松氏はこのような各業界における技能実習生への権利侵害や不正行為を指摘し、「失踪者が増えている原因は業界にある」と強調する。そして、「各産業を所管する行政の責任が大きい。使用者による技能実習生への権利侵害や不正行為が、『失踪』を招いている」と指摘している。

**注**

1　連合大阪ホームページ「２０１７春季生活闘争　外国人労働者なんでも相談」、http://www.rengo-osaka.gr.jp/whatsnew/data/170324-26.html

# 7章　広がる実習生支援

## 1　「外国人技能実習生問題弁護士連絡会」の発足と活動

現在、日本各地の弁護士が、労働組合などほかの支援者と連携し、外国人技能実習生の権利保護に向けた活動を積極的に展開している。様々な問題から外部に相談することが難しい技能実習生。そんな中、法律の専門家をはじめとする市民社会の側から、未払い残業代や強制帰国、セクハラといった問題に直面した技能実習生を具体的に実効力ある形で支援する動きが続いている。

### 搾取される女性研修生との出会いが弁護士を動かした

以前から、技能実習生を法律面から支援してきたのが、「外国人技能実習生問題弁護士連絡会」（実習生弁連）だ。

実習生弁連は２００８年６月に「外国人研修生問題弁護士連絡会」の名称で発足し、その後、２０１０年に出入国管理及び難民認定法改定によって研修・技能実習制度が技能実習に事実上、一本化されたことを受け、現在の「実習生弁連」に改称した。

実習生弁連発足のきっかけの一つは、熊本県で弁護士として活動していた小野寺信勝氏（現在は実習生弁連の共同代表）が、同県天草地方の縫製工場で就労する研修生に対する人権侵害事件を担当したことだった。

当初、研修・技能実習制度のことは労働弁護士にも知られていなかったが、小野寺氏は縫製工場で働く研修生の女性たちの話を聞く中で、壮絶な労働環境や人権侵害の実態について知った。さらに岐阜県の縫製工場で就労する研修生による労働審判の申し立てについて報道で知り、担当の指宿昭一弁護士（現在は実習生弁連の共同代表）と連絡を取り、研修生・実習生の権利保護に向けた全国の弁護士のネットワークの設立を提案したのだという。

その後、２００８年6月、１、２年目の若手弁護士を中心に実習生弁連が活動を開始した。

## 「実習制度が今もあることに忸怩《じくじ》たる思い」

実習生弁連は、２０１８年7月14日に都内で設立10周年を記念するシンポジウムを開催した。

シンポジウムでは、指宿昭一氏（実習生弁連共同代表）が「弁連のこれまでの取り組み」、移住労働者と連携する全国ネットワーク（移住連）の代表理事を務める鳥井一平氏が「技能実習制度について」というテーマで、それぞれ基調講演を行った。

さらに、技能実習生支援の現場からの報告として、岐阜一般労働組合の甄凱《けんかい》氏が「岐阜アパレル」、在日ビルマ市民労働組合（ＦＷＵＢＣ）のミンスイ氏とものづくり産業労働組合（ＪＡＭ）の小山正樹氏が「ビルマ人実習生」、愛知県労働組合総連合（愛労連）の榑松佐一氏が「愛知での取り組み」、外国人技能実習生権利ネットワークの旗手明氏が「技能実習法の評価と『骨太の方針２０１８』」、国際人権ＮＧＯ「ヒューマ

実習生弁連共同代表、指宿昭一弁護士

実習生弁連共同代表、小野寺信勝弁護士

ンライツ・ナウ」の伊藤和子氏が「サプライチェーンの視点から」をテーマにそれぞれ話をした。

この中で指宿氏は、発足からこれまでの実習生弁連による研修生・実習生支援について、研修生の労働者性が争点となり、最低賃金法の適用が認められた「三和サービス事件」や天草市の「プラスパアパレル事件」に加え、全国で初めて研修・技能実習生の過労死労災申請を行った「技能実習生過労死事件」を皮切りに、実習生弁連のメンバーが現在までに全国の様々な事件を担当してきたと紹介した。

実習生弁連のメンバーが手掛けた事件では、研修生・実習生に対する時給３００円という最低賃金割れの時給、賃金の未払い、賃金の強制貯金、過労死ラインを越えるような長時間労働の強要、強制帰国、セクハラ、パワハラ、恫喝、暴力、パスポートや通帳、印鑑の取り上げ、不当に高額な寮費や水道光熱費の徴収、劣悪な住居環境といった数々の問題が露呈したという。

中には、２０１１年に中国人技能実習生が日本人従業員に殺害された「銚子事件」や、レタス栽培農家の中国人実習生が過酷な労働を強いられ、２０１４年に日本弁護士連合会（日弁連）が事業協同組合（監理団体）、法務省、厚生労働省に勧告を出した

「川上村事件」などもある（『外国人技能実習生法的支援マニュアル』２０１８年、明石書店）。

２００８年の実習生弁連発足からこれまでの経緯を振り返り、指宿氏は、「（実習生の弁護を）やればやるほど、個別の事件が解決するだけではしかたない。この制度ではどう考えても人権が守られない。技能実習制度の廃止と、まともな外国人労働者の受け入れ制度の構築が必要だと思うようになった」と強調する。そして、「実習生弁連を10年やってきて、こんなに長くこの技能実習制度が存続するとは思わなかった。こんなにひどい制度は3〜5年でなくなると思っていた。10年経ってもこの制度があることに、忸怩《じくじ》たる思いだ」と語る。

さらに指宿氏は、政府の外国人労働者の受け入れ政策の変化を受け「技能実習制度が尻すぼみになる可能性があるものの、安倍政権の政策は、外国人労働者の受け入れを拡大する一方で、外国人労働者の定住化を促すものではないため、（技能実習制度と）同じ問題が繰り返されるかもしれない」との懸念を示した。

## 2　途上国への国際貢献を〝偽装〟した労働者受け入れ制度――鳥井一平氏の指摘

### 度重なる国際社会からの批判

「移住労働者と連携する全国ネットワーク」（移住連）代表理事の鳥井一平氏は、日本における外国人・移住者の権利保護運動の草分け的存在だ。１９９２年に外国人労働者の権利保護に向けて「全統一労働組合外国人労働者分会」を結成し、翌93年3月には初めての「外国人春闘」を実施した。

当時から日本社会では、人手不足にあえぐ中小企業を中心に外国人労働者が欠かせない存在となっていた。一方、バブル経済の崩壊を受け、職を失う外国人労働者が出ていたほか、職場での労働災害や賃金未払いなどの問題に直面する外国人労働者もいた。

そうした現場の状況を受け、鳥井氏は外国人労働者の組織化を図りながら、外国人春闘のように、外国人労働者が自らの意見を発信し、社会にその存在感を示す場を作ったのだった。外国人というと、「ぜい弱性の高い存在」という側面にばかりに目がいく傾向があったほか、労働運動の中に外国人労働者が十分に入っていっているとは言えなかった。

そうした中、鳥井氏は既存の価値観にとらわれず、外国人労働者の持つ主体性や行動力に注目し、「一緒に働く仲間」として外国人労働者をとらえ、外国人と日本人との連携を図ってきたと言える。

移住連代表理事を務める鳥井一平氏

鳥井氏は、２０１３年には米国務省からそれまでの取り組みが評価され「人身売買と戦うヒーロー」として表彰されるなど、技能実習生をはじめ外国人への支援において国際的にも広く知られている。

そんな鳥井氏が実習生弁連のシンポジウムで指摘したのは、技能実習制度に対する国際社会からの度重なる批判だ。技能実習制度は、２００７年以降、米国務省の人身売買年次報告書で継続して批判されてきた上、国連自由権規約委員会勧告（２００８年）、国連女性差別撤廃委員会総括所見（２００９年）、国連女性と子どもの人身売買特別報告者勧告（２０１０年）、移住者の人権に関する国連の特別報告者勧告（２０１１年）、国連自由権規約委員会総括所見・勧告（２０１４年）などで批判されてきたという。

## 制度が「ふつうの人のいい社長を変えてしまう」

国際機関からの批判・勧告の背景にあるのは、技能実習生への権利侵害だ。実際に、鳥井氏は、時給300円という最低賃金割れの時給、賃金の未払い、解雇、強制帰国、セクハラ、暴力、労働災害、過労死、メンタルヘルス、病気といった技能実習生を取り巻く数々の問題に取り組んできた。中には、技能実習生が殺人事件の加害者や被害者になるケースもあった。

同氏は、これらの問題を引き起こしているのは、「技能実習制度そのもの」だとする。技能実習制度は「技術移転・国際協力」という制度の「理念」がある一方で、現実的には、国境を越える労働者の送り出し／受け入れのシステムとして機能してきたと指摘する。

この制度において、日本では事業協同組合や商工会などの監理団体が技能実習生を受け入れた後、傘下の企業などで技能実習を実施する「団体監理型」の技能実習生の受け入れ方式が主流だ。この中で、監理団体は受け入れ企業が技能実習を適正に実施しているかどうかを監理する責任がある。他方、受け入れ企業は「監理費」などを監理団体に支払うことが求められる。監理費は監理団体によって金額が異なる。つまり、技能実習生受け入れにおいて、企業は単純に技能実習生に給与を払うだけではなく、監理団体に監理費などを支払うことも必要になっている。

一方の送り出し国では、技能実習生は送り出し機関に手数料を支払った上で、仲介会社が提携する日本側の監理団体を通じた受け入れ企業とのマッチングを経て来日することになる。ベトナムや中国などでは、送り出し機関に高額の「手数料」を支払うケースが多いとされてきた。「失踪」を防止するための「違約金」「保証金」を実習生が用意することを求められる事例もある。

このように技能実習制度においては、技能実習生と受け入れ企業とが直接つながるのではなく、送り出し国の仲介会社と日本側の監理団体とが間に入る形で、技能実習生が受け入れ企業に配置されることになる。送り出し機関、監理団体、受け入れ企業といった各利害関係者が複雑に関係していく。そして、送り出し国と日本とをまたぐ国境を越える複雑な移住労働システムの下で、技能実習生に対する搾取や権利侵害が生じる事例が出ているのだ。

鳥井氏は技能実習制度のこうした構造を踏まえた上で、「なぜこうしたこと（技能実習生への権利侵害）が起こるのか。（技能実習生の受け入れ企業の）社長さんたちは普通のいい人たち。しかし、技能実習制度は人を変えてしまう恐ろしい制度」だとする。

技能実習生制度の構造が、技能実習生を交渉力がぜい弱な使い勝手のよい労働者としてしまい、結果的に、受け入れ企業の経営者を「変えてしまう」という。つまり、制度自体が受け入れ企業による技能実習生への搾取や権利侵害を生み出す構造を持つというのだ。

## 「国際貢献」という建て前と現実のかい離

鳥井氏がさらに指摘するのは、制度の建て前と現実との大きなかい離だ。そもそも技能実習制度の目的は、「労働力の確保」ではなく、「国際貢献」だったはずだ。しかし、かねてより指摘されてきたように、実際には全国各地の様々な産業部門で人手不足が深刻化する中、企業側は人の確保に苦慮し、技能実習制度は実質的に人材確保の手段として使われてきた。

鳥井氏によれば、国際研修協力機構（ＪＩＴＣＯ）のまとめでは２０１６年時点で技能実習生（２号）を職種別にみると、農業が９９７９人（全体の12％）、建設が１万４２１１人（同17％）、食料品製造が１万４８５３人（同18％）、繊維・衣服が１万39人（同12％）、機械・金属が１万５２５６人（同18％）、その他が

1万8134人（同22％）となっている。

鳥井氏は「こうした職種で技能実習生が働いているのをみると、これは（発展途上国のニーズではなく）日本側のニーズにより技能実習生が各産業部門に配置されていることが分かる」と指摘する。各産業部門のニーズに応じて技能実習生の受け入れが進展してきたのだという。

鳥井氏は「技能実習制度は開発途上国への国際貢献を偽装した労働者受け入れ制度」だと批判する。

## 3　実習生の訴え——「給料未払い」「帰国強制」中国人女性が直面した〝絶望職場〟

シンポジウムでは、岐阜県で技能実習生の支援を継続して行っている岐阜一般労働組合の甄凱《けんかい》さんが、中国人技能実習生と共に参加し、技能実習生支援の現場の声として、それぞれが直面している課題を説明した。

シンポジウムに駆け付けた中国人技能実習生のうちの1人が、王画麗《おうかくれい》さんだ。シンポジウムが始まる前、王さんは日焼けした顔をほころばせ、こちらに笑いかけてくれた。白い花の模様があしらわれた黒いTシャツに、同系色のスカート。髪の毛をうしろにすっきりとまとめている。猛暑に襲われたその日、王さんは「暑いね」と身振りで示し、にっこりと頬を緩《ゆる》ませた。

そんな王さんが甄凱さんやほかの中国人技能実習生と共にステージに上がると、その表情は緊張し強張ったものに変わった。それもそのはず、彼女が日本で経験したことは、来日前に彼女自身も想像しなかった苦しい出来事の連続だったからだ。

権利侵害を訴える中国人の王さん

## 給与未払いと「帰国強制」

王さんは中国・陝西省出身の45歳。来日前は、夫、子どもと暮らしていた。

ある時、王さんは家族の暮らしを支えるためにお金を稼ぎたいと、日本に技能実習生としてわたることを決めた。そして、中国の送り出し機関（仲介会社）に、渡航に向けた〝手数料〟として4万5000元（約74万円）を支払い、来日することとなった。

中国人技能実習生が多額の渡航手数料を送り出し機関に支払うことは、かねてより行われてきた。中国がいくら急速な経済成長を続けてきたとはいえ、4万5000元は明らかに高額だ。王さんはこの資金を手元には持っておらず、親戚から借金をして工面したという。

その後、2016年に来日した王さんは岐阜県内の縫製会社の工場で就労を開始した。しかし、せっかくやってきた日本で、王さんはすぐに失望することになった。その縫製会社では、「給与が支払われず、生活費しかもらえなかった」（甄凱さん）からだ。さらに、この会社は、最終的に破産手続きをとった。

このため、王さんは実習先を移動することになり、2017年後半から別の会社で就労を始めた。やっと別の会社で働くことができたのだ。だが、王さんを困難がさらに襲う。「新たな就労先企業は、王さんを彼女の意思に反して帰国させようとした」（同）という。技能実習生を本人の意思に反して帰国させる「帰国強制」はこれまでに繰り返されてきた。

帰国を強いられそうになった王さんは、甄凱さんのシェルターに駆け込んだ。現在はシェルターで生活しながら、自身の権利の回復に向け、取り組んでいる。家族の生活のためにと、夫と子どもを故郷に残して来日した王さん。日本は彼女と家族にとって、人生を変えるための希望に満ちた場所だったはずだ。けれど、それは裏切られ、行きついたのはシェルターだった。

## 時給４００円、給料払われず生活費だけ支給

王さんと共に駆け付けたほかの中国人の技能実習生たちも、同じように技能実習生として来日して縫製工場で勤務してきた。このうち一人の女性は「岐阜県の縫製会社で、基本給は７万円、残業の時給は４００円という状況で就労を強いられた」と甄凱さんは説明する。

もう一人の女性技能実習生は岐阜県内の別の縫製会社の工場で働いていた。しかし、この女性も「1年目は給与をもらえず、月に1万５０００円の生活費だけしか支給されなかった。給料が支払われたのは2年目からだった」（甄凱さん）。

別の女性技能実習生も岐阜県で働いていたが、「賃金は残業代なども合わせると、平均で1時間７００円ほど」（同）。これは、同県の最低賃金８００円を割っている。

岐阜一般労働組合の甄凱さん

岐阜一般労働組合は以前から外国人技能実習生の支援を継続して行っており、中でも中国語と日本語に堪能で、中国の事情を熟知している甄凱さんが技能実習生支援を主導する。技能実習生を保護することのできるシェルターも備えており、２０１８年7月14日現在、シェルターには12人の技能実習生が保護されている。

技能実習制度は当初、外国人研修生制度としてスタートしたが、最低賃金割れの賃金や未払い賃金、長時間労働、暴力、セクハラ、パワハラなどの問題が後を絶たず、国内外から批判がなされてきた。そして2010年の制度改正を経て、さらに2017年11月に新たな制度が始まった。

一方、現場で技能実習生の支援を行ってきた甄凱さんは現在までの活動を振り返りながら、「技能実習生の問題は何も変わっていない」と、怒りをにじませる。

## 4　カトリック教会が技能実習生と連帯

技能実習生をはじめ外国人に対する人権侵害や労働問題が繰り返される一方、市民の間で外国人支援に乗り出す動きが広がっている。以前から人身取引の被害者を含めた外国人への支援を行ってきたカトリックのコミュニティも様々な活動を進めている。

### 除染勤務の技能実習生が確認された福島県内でのセミナー開催

日本カトリック難民移住移動者委員会（J-CaRM）の人身取引問題に取り組む部会（タリタクム日本）は除染をしていた技能実習生が確認された福島県内で、2018年11月17日、「ベトナム人技能実習生の実態と支援の取り組み」と題するセミナーを開催した。会場は郡山市にあるカトリック郡山教会である。

セミナーでは、日本カトリック難民移住移動者委員会の委員で、NPO法人・移住者と連帯する全国ネットワークの事務局長を務める山岸素子氏が「急増する技能実習生の実態と問題点」を説明。また、技能実習生支援を行う全統一労働組合（東京都）の佐々木史朗書記長が、「ベトナム人技能実習生支援の具体的なケースとその解決に向けた取り組み」をテーマに講演し、当事者である技能実習生からのアピールもあった。セミナー当日はベトナム語と英語の通訳があり、日本語ができない人でも参加が可能。入場料は無料で、事前申し込みなしでも誰でも参加できるようにした。

タリタクムは今回のセミナーの背景について、「いま、ベトナムや中国などのアジア諸国から28万人を超える技能実習生が来日し、日本各地で働いています。外国人技能実習制度は、技術移転を通じた発展途上国への国際協力を目的にしていますが、実際には多くの技能実習生が使い捨ての安価な労働力として、様々な人権侵害にさらされています。国連などの国際社会からは、現代の奴隷制、人身取引の温床などの指摘を受け、制度の改善提案がされています」と説明する。

その上で、セミナーの目的について、「タリタクムセミナーでは、特に急増するベトナム人技能実習生が置かれた状況について知るとともに、ベトナム人技能実習生からの相談事例や解決に向けた具体的な取り組みについて共有し、私たちにできることを参加者全員で考え」るとし、ベトナム人技能実習生の直面する問題の共有を呼びかけている。

## カトリック・コミュニティによる移住者支援の蓄積

こうした活動の背景には、カトリック・コミュニティの外国人に対する支援の蓄積がある。

日本カトリック難民移住移動者委員会は１９６０年、「日本司教団移民委員会」及び「㈶日本カトリック移住協議会」の事務局として設立され、現在までカトリック教会内で在日コリアン、フィリピン、韓国、ベトナムをはじめとするアジアや、ブラジル、ペルーなど南米からの移住者や難民といった人々との連携関係を構築してきた。

同時に、移住者と連帯する全国ネットワーク（移住連）や外国人住民基本法の制定を求める全国キリスト教連絡協議会（外キ協）などのネットワーク構成団体として、省庁交渉などアドボカシー（権利擁護）・政策提言活動に加え、シンポジウムや集会、セミナーの開催などにもかかわっている。

さらに、日本カトリック難民移住移動者委員会の活動では、外国人を対象にその人たちの母語で情報発信していることも注目される。ホームページには、「来日するベトナム人のみなさんへ」と題するページが設けられている（https://www.jcarm.com/activity/vietnam/）。このページでは日本語とベトナム語を併記し、ベトナム人が来日する前に確認すべきことがらや、日本で生活する時に必要な情報、さらに困った時の相談先などの情報を掲載している。

言葉の問題から職場や暮らしの中で困ったことがあっても、相談先を持たない人がいる中、こうした情報はベトナム人の助けになるだろう。技能実習生をはじめとして外国人が労働問題や人権侵害にさらされる事例が後を絶たない中で、市民社会からの取り組みがこうした人たちを草の根で支えている

このような60年代から続く日本カトリック難民移住移動者委員会の移住者支援の動きからは、日本には外国にルーツを持つ人が以前から暮らし、その人たちの中に支援を必要とする人たちが存在し続けてきたことが浮かび上がる。既に多数の移民がこの日本で働いたり、家族を持ったりして、生活している。しかし、その人たちの日本での暮らしを守るための包括的な政策はなく、外国にルーツを持つ子どもたちの就学問題をはじめとする様々な課題が生じてきた。だからこそ、日本カトリック難民移住移動者委員会の活動を含めた市民社会による草の根の支援が続けられてきたのだ。

２０１８年、外国人労働者の受け入れ拡大を盛り込んだ入管法改正が可決され、「移民受け入れ」に関する議論が噴出している。しかし、外国人は「労働力」としてのみとらえられる存在ではない。中国出身者や

在日コリアン、技能実習生、留学生、日系人、日本人と結婚したことでこの国に移り住んだ人たち。あるいは、人身取引の被害に遭ってしまった女性たちや、長きにわたり難民申請を続け、不安定な滞在身分に置かれている人たち。そして、十分な学習環境がない中で時に困難にぶつかる外国にルーツを持つ子どもたち——。外国にルーツを持つ人たちも、ほかの人と変わらない生活者であり、一人の人間だ。人手不足の対処法として「労働力」としての外国人の受け入れが中心的な議題になる半面、生活者としての外国にルーツを持つ人たちに向けた包括的な施策がない中で、外国にルーツを持つ人たちは国籍や民族、言語、文化、宗教、見た目といった要素により、時に課題にぶつかっている。

# 8章　草の根の支援活動――ボランティア日本語教室

## 1　ボランティア日本語教室が学びの場に

日本にいるのに日本語ができない。日本人との交流もない――。

外国人技能実習生は日本で就労し、この国で暮らしている。しかし、日本語学習の機会に恵まれず、十分な日本語能力を身につけられない上、日本人との交流が限られている技能実習生も少なくない。

技能実習生をめぐっては「日本語学習機会の不足」や「人間関係の乏しさ」といった課題も根深い。そんな中、ＮＰＯ法人が無料で学べるボランティア日本語教室を開くなど、日本語教育の面から技能実習生を支援する動きがある。技能実習生に対する支援が十分ではない中、草の根レベルで技能実習生を支えているのだ。

### 土曜の夜に自らの意志で日本語を学ぶ実習生

私が名古屋市で活動するＮＰＯ法人の運営するボランティア日本語教室を訪れたのは、２０１6年9月のことだった。

ボランティア日本語教室の活動拠点となっているのは、名古屋市にある公共施設だ。名古屋駅から10分程度のところにある駅で電車をおりた。駅の改札を出ると、デッキからは整備された道や工場が見下ろせる。工場が多いとされる地区だが、住宅地や学校もあるようだ。

そのボランティア日本語教室を訪れたのは、夜の7時ごろ。すでに授業が始まり、全体で30～40人程度の生徒が集まっていた。ＮＰＯ法人がボランティアで運営する日本語教室だ。生徒の多くは、ベトナム出身の技能実習生だという。

生徒たちはＴシャツや半袖シャツにジーパン、スニーカーといった格好で集まり、机を囲んで学んでいた。みな自らの意志で、日本語を学ぶためにこの場にやってくるのだという。日々仕事に追われる技能実習生だが、ボランティア日本語教室ではリラックスしているようで、笑顔が絶えない。ベトナム語を使い生徒同士で教え合う姿も見える。

生徒たちの日本語のレベルは、日本語能力試験の一番下のレベルの「Ｎ５」（＝基本的な日本語をある程度理解することができる）程度の人が最も多いというが、中には「Ｎ４」（＝基本的な日本語を理解することができる）レベルの生徒もいる。さらに高いレベルの「Ｎ１」（＝幅広い場面でつかわれる日本語を理解することができる）、「Ｎ２」（＝日常的な場面で使われる日本語の理解に加え、より幅広い場面で使われる日本語をある程度理解することができる）、「Ｎ３」（＝日常的な場面で使われる日本語をある程度理解することができる）の学習をしている生徒もいるようだ。

１章で紹介したクイーさんの例のように、日本語能力試験の結果によって、就職の機会や大学入学が可能になるケースがある。また、ＥＰＡ（経済連携協定）により、「インドネシア、フィリピン、ベトナムから

ボランティア日本語教室

来日する看護師・介護福祉士の候補者は、日本語能力試験N5程度（インドネシア、フィリピン）またはN3（ベトナム）以上の認定が必要」とされている（日本語能力試験ホームページより）。

このボランティア日本語教室は無料で受講できるが、見学していると、日本語教師も生徒も和気あいあいとしながらも、真剣に取り組んでいる様子がうかがえる。

## 経験積んだ日本語教師がベトナム語交えて授業

「下の人、私がします。これは、謙譲グループです」

「上の人がいます。社長がします。先輩がします。――これは、尊敬グループです」

「行きます。来ます。参ります」

「行きます。来ます。伺います」

「参ります」「行きます」

「おります」「います」

「～と申します」「～言います」

「拝見します」「みます」

その日は、敬語の授業だった。ボランティアの男性日本語教師がホワイトボードの前でにこやかに立ち、生徒たちに尊敬語と謙譲語の違いを丁寧に説明する。ときおり教師がベトナム語を交えると、生徒たちから笑みがこぼれる。日本語教師は、生徒たち一人ひとりに声を出させ、日常的に使う動詞を次々に活用させていく。声に出すことで、新しい言葉の定着を促すのだ。

敬語表現を使用する際には、相手との関係性を踏まえた上で、動詞を適切に活用させる必要がある。敬語は日本語の母語話者であっても簡単ではない。日本語の母語話者の間でも敬語の誤った使い方がなされることも少なくないだろう。反対に、適切な敬語を使うことができれば、日本社会で生活していく際に様々な立場の人とのコミュニケーションの可能性が広がる。

ただし、日本語の母語話者でも敬語の扱いは難しいため、独学で敬語を理解し、身につけることは容易ではない。経験を積んだ日本語教師による指導を受けながら、ほかの学習者とともに学ぶことのできるこのボランティア日本語教室は、技能実習生にとって日本語の学習を促す場となるのだ。

## 「時間もお金もない」――日本語を学ぶことの困難

ベトナム人の技能実習生は一般的に、日本へ渡航する前に現地の送り出し機関で数カ月間、日本語研修を受け、日本語を学ぶ。来日後も監理団体による日本語の研修を受ける。

ただし、その後は受け入れ企業での就労が生活の中心となり、日本語を学ぶ機会が限られていく。フルタイムで働きながら、生活費を切り詰め、もともと少ない賃金を貯めて故郷の家族に仕送りしているケースが多いため、学費がかかる日本語学校に通うことは現実的な選択肢にはならない。さらに、就業後や休日に自分でテキストを開き、独学で日本語を学ぶことは負担が重い。

言語の習得には時間とお金がかかり、外国語を身につけることはそうたやすいことではない。日本にいるだけでは日本語はそう簡単には身につかないのだ。日本語を身につけ、日本語能力試験のような検定試験に合格するためには、きちんとした教授法を身につけた日本語教師による授業を受けた上で、継続して学習を続けることが求められる。しかし技能実習生にとって、学習のための時間やお金を確保することは難しい。

この教室に通うベトナム人技能実習生は、普段名古屋市周辺の企業で就労している。その多くが近隣の製造業で働き、やっと確保できた空き時間となる土曜日の夜、なんとかして日本語を勉強したいと、この教室にやってくるのだ。「近隣」といっても電車移動が必要な距離から通う生徒も少なくない。かといって電車賃を出す余裕は技能実習生にはない。多くが、交通費を節約するために自転車で30分以上かけて通ってくる。

このボランティア日本語教室は、技能実習生にとって日本語を学ぶことのできる貴重な場となっている。

## 「日本人の友達はいない。でも日本語能力試験を受けたい」

この教室で学ぶ、ベトナム南部バリアブンタウ省出身の20代の男性も、やはり技能実習生として来日した。教室には毎週来ているという。

「ここはとても楽しいです。先生はやさしいし、楽しいし、説明してくれます。みな（生徒）も仲良しだから」

男性は笑顔で、丁寧な日本語で答えてくれた。普段は名古屋市内の企業で機械関係の仕事をしており、仕事のない時間に教室に来るのが楽しみだという。

夏には教室のメンバーで、「花火を見に行った」ことも、よい思い出だ。日本語を学ぶ意欲も強く、「来年はN2を受けたい」と話す。N2は日本語能力試験の上から2番目に難しいレベルで合格するのは簡単ではないが、それでも勉強を続けて試験に挑戦したという。

他にも、ベトナム南部ビンロン省出身の20代の男性は来日後、溶接の仕事をしながら教室に通っている。教室の授業がある土曜日にも仕事があり、朝8時から午後5時まで働いたあと、この教室にやってくる。「土曜日も仕事です。疲れました」と話す。

故郷の家族は農業をしている。家族が経済的な課題を抱えていたことから、ホーチミン市の仲介会社に1億ドン（約49万円）を渡航前費用として支払い、技能実習生として来日した。現在は1日当たり8時間働く。土曜日は時給が８２０円になる。

彼が「古い部屋」だという寮に1カ月あたり2万７０００円の家賃を支払うと、手取りは10万円程度にしかならない。この約10万円を極力使わないようにしてお金を貯め、渡航前費用の借金を返すとともに、故郷の家族の生活を助けている。

「会社の人はいい人です」と話す彼だが、その一方で「日本人の友人はいません」と恥ずかしそうに明かす。彼にとっては、教室での日本語の授業や交流が職場以外で日本人と交流する限られた機会のようだった。

彼も「来年はＮ３を受けます」と言う。家族の暮らしを助けるために借金をしてやってきた日本で毎日の仕事に追われ、日本語を習得するチャンスは十分にはない。それでも勉強を続けている。

## ２　無償で授業する日本語教師

### 「交流の場」をつくる——スポーツサークルやクリスマスのパーティー

「当初はベトナムに関心がある人が集まり、ベトナム語の勉強を始め、その後に活動の一環として日本語教室を開催するようになりました」

このボランティア日本語教室を運営するNPO法人の理事はこう話す。

最初は「趣味の集まり」として、ベトナムに関心を持つ数人でベトナム関係の活動を始め、そのうち、外国人に無償で日本語を教えるボランティア日本語教室をスタートした。現在まで、その活動は日本語教室以外にも広がっている。

実習生など外国人を対象にしたスポーツサークルも主催し、バドミントンや卓球を楽しむ場を提供している。また、旧正月やクリスマスのパーティー、お花見などのイベントも実施し、参加者同士の交流を促す場も設けている。同時に、日本人を対象にしたベトナム語の勉強会も開いている。

このボランティア日本語教室には、かつては留学生や難民として来日した人も生徒として来ていたというが、現在は生徒の多くが技能実習生だ。以前は中国出身の技能実習生の生徒が多かったが、最近ではベトナム出身の技能実習生の増加に伴い、ベトナム人の生徒が増えている。

日本語教室を支えているのは、ボランティアの日本語教師だ。日本語教師は全体で十数人おり、このうち毎週5～6人が教師として教室で教えているという。ベトナム語のできる日本語教師もおり、授業ではベトナム語を交えて日本語を教える風景もみられた。

理事自身も、自費でベトナムを何度も訪れ、バスなどの公共交通機関を使いながら、現地に滞在してベトナム語を学んだ経験を持ち、ベトナム語とともに、ベトナムの社会や文化についても詳しい。日本ではベトナム語のできる人が限られている。ベトナム語を話せる人や自国のことを知っている人がいることは、ベトナム人の生徒たちにとっては嬉しいことだろう。

日本語を学ぶ技能実習生

## 日本語教室を〝無償〟で支える日本語教師

このＮＰＯ法人のボランティア日本語教室の教師はすべて無償で教えている。みな別に本業を持ち、夜や休日に自宅で授業の準備をし、仕事のない土曜の夜に教壇に立っているのだ。このボランティア日本語教室では教師全体の６〜７割が日本語教師の養成講座を修了するなどしているが、この教室での活動からは報酬を得ていない。

日本語教師の養成講座は通常、４２０時間のプログラムとなっており、修了するには一定の期間が必要な上、受講料が50万円を超えるケースも少なくない。日本語教師になるには、時間もお金もかかる。また、養成講座を修了した後も、教壇に立つに当たっては、授業の事前準備が欠かせない。教室にいる以外にもやらなくてはならないことがあるのだ。

このＮＰＯ法人が運営するボランティア日本語教室では、日本語教育の専門的な知識や教授スキルを持った日本語教師が、〝無償のボランティア〟として教室を支えているのだ。このことは「美談」としてとらえられないだろう。

ボランティア日本語教室とそれを支える教師たちが技能実習生の日本語学習を無償でサポートしているという状況からは、公的部門や企業からの技能実習生に対する日本語学習支援が欠けているという状況が浮かび上がる。技能実習生は日本の様々な産業部門を支えているはずだが、なぜ公的部門や企業からの支援が十分にはないのだろうか。

## 予算不足という課題――「技能実習生からは授業料をとれない」

このNPO法人の活動にはさらに、課題もある。

大きな問題は予算だ。日本語教師たちは無償で教えているため、教師に支払う報酬は発生していないものの、教室の場所を借りるお金が必要になる。一室しかない教室のための部屋代が年間10万円かかるという。しかし、技能実習生をはじめとする外国人の生徒たちから授業料をとることはできない。そもそもお金が十分にある人は、有料の日本語学校に通うことができる。ボランティア日本語教室では、最初に教材費の徴収があるものの、基本的に授業料は無料だ。だからこそ、少ない賃金の中から故郷に仕送りしている技能実習生であっても、教室にやってくることができるのだ。

技能実習生は日本の製造業、農業、漁業、建設など様々な産業部門を支えている。その半面、日本で生活していくのに必要な日本語能力を身につける機会は十分に保障されておらず、通常は自力で日本語を学ぶほかには、日本語を習得する道はない。そのような状況の中で、ボランティア日本語教室は技能実習生の日本語学習の受け皿になっている。

こうしたボランティア日本語教室は全国各地にあるが、いずれも教師の無償の取り組みに支えられている。中には予算不足という課題を抱えているボランティア日本語教室もある。

公的部門や企業部門からのサポートが十分にない中で、日本語教師の無償の取り組みが、技能実習生という日本語学習機会に恵まれない人たちの日本語学習をかろうじて支えているのだ。

しかし、技能実習生の中にはボランティア日本語教室のない地域に住んでいたり、教室に行く時間や交通手段が確保できず、通うことができない技能実習生も少なくない。

## 3　裏切られた〝憧れのニッポン〟行き――「それでも私は日本語を学ぶ」

### 「日本は稼げる」を信じて来日――子どもたちのために決断したデカセギ

ボランティア日本語教室にきている技能実習生にはどんな人がいるのだろうか。そう思い、話を聞かせてくれないかと声をかけたのがヒエンさん（仮名）だった。

２０１６年のある日の日曜日、ヒエンさんのもとを訪れた。普段は工場で働き、日々仕事に追われがちだというが、日曜日だからかにこやかな表情だった。

待ち合わせをした地下鉄駅を出て、車道沿いをヒエンさんと話しながら歩く。マンションや個人商店、コンビニエンスストアなどが並んでいる。技能実習生の中には遠隔地や農村部、漁村部で働く人もいるが、名古屋駅から地下鉄で移動することのできるこの地区はそれに比べるとより都市部に近い。交通の便もよく、近隣にはいろいろな店舗があり、生活に便利そうなところだ。

10数分ほど歩いたところに、ヒエンさんの住む部屋があった。決して新しくはないが、モダンな感じのする集合住宅だった。エントランスをくぐり、エレベータで、彼女の住む部屋にむかう。ドアを開けて通された3ＬＤＫあるというマンションはきれいに片づけられ、すっきりとし、居心地がよさそうだ。

平屋の古い家や小さなアパート、あるいは雇用主の家の2階のスペースなどに部屋があてがわれ、そこに二段ベッドが詰め込まれた上で、ほかの技能実習生と共同生活している技能実習生がいる中、名古屋の中心部近くに立地するマンションに案内され、私はヒエンさんが待遇のよい職場で働けているんだと思い、少しほっとした。

ただし、彼女を取り巻く状況は、実際には、そう楽観できるものではなかった。

ダイニンルームにあるテーブルにつくよう促された。イスに座ると、ほかの技能実習生の女性たちも自室から出てきて一緒に席につく。みな、にこやかに接してくれ、一人がコーヒーをいれてくれた。ベトナムのコーヒー最大手チュングエン社のインスタントコーヒーの独特の香りと強い甘みは、以前に暮らしたハノイのことを私に思い起こさせた。

私がコーヒーを喜んだためだろうか、ヒエンさんも緊張がとけたようで、それまでよりもいっそう柔らかな雰囲気になった。

けれど、話題が、技能実習生としての生活について向かうと、それまで笑顔だったヒエンさんはとたんに居心地が悪そうな表情を見せた。

ヒエンさんは1980年代にベトナムの農村部に生まれた。1950年代生まれの父親はベトナム戦争に従軍した後、工員として働いた。母親は農業をしていた。

ヒエンさんは学校を出た後、同年代の男性と結婚し、子どもを産んだ。そして、育児と仕事を並行して行ってきたという。

来日前は400万ドン（約2万円）の月収を得ていた。夫は台湾企業の工場で働き、月収は600万ドン（約3万円）だった。2人で働き得た収入はそこまで悪いものではなかったものの、子どものための教育費など生活は楽ではなかった。市場経済が浸透する一方、医療や教育といった社会インフラの整備が道半ばのベトナムは思ったよりも生活にお金がかかる。子どもがいればなおさらで、教育費を稼ぐ必要に迫られる。

そんな中、ヒエンさんは友人から技能実習生制度のことを聞いた。ベトナムでは日本をいまも「憧れの経済大国」としてみている人が少なくない。仲介会社も「日本の給料は高い」と盛んに宣伝している。子どもを抱え、暮らしが楽ではない中、ヒエンさんにとって技能実習生としての来日は自分と家族の生活を改善させるための「希望」に思えた。

彼女は「日本に行けばもっと稼げる」「家族を助けられる」と思い、まだ幼い子どもを故郷に残して日本にいくことを決断した。

### 100万円超える渡航前費用——借金してでも来たかった「憧れのニッポン」

日本行きを決めたヒエンさんはまず、友人から紹介された仲介者に1500米ドルを支払い、仲介会社を紹介してもらった。そして仲介会社に手数料として5500米ドル、保証金として3000米ドル、来日前の日本語研修費用として1500米ドルを支払った。保証金は3年の契約を満了して帰国すれば返金されるが、もし途中で帰国するなどした場合は返ってこない預け金だ。彼女は技能実習生として来日するために、合わせて1万1500米ドル、日本円にして約130万円のお金を支払ったことになる。

それまでのヒエンさんの収入に比べると、来日費用は非常に大きな額だが、日本での給与が高いと聞いていたため、彼女はこの費用をすべて借金で賄った。年収をはるかに上回る借金をしてでも、日本に技能実習生としてくることを決めたヒエンさん。それほどに日本への期待が大きかったのだ。

その後、半年にわたり日本語研修を受けてから、数年前にヒエンさんは来日し、名古屋市内の製造業で就労をした。

## 「少なくて驚いた」給料

一方、日本での就労はヒエンさんの期待通りにはいかなかった。

「初めて給料をもらったとき、少なくて驚きました」

ヒエンさんはこう打ち明ける。フルタイムで働き、土日は休みという就労スタイルだが、ヒエンさんは「日本の給与はすごく高いと聞いていましたが、月給は14万円で、税金や家賃が引かれると、手取りは9万円だけです」と、ため息をつく。残業はほとんどないため、残業代で稼ぐことはできない。技能実習生は賃金水準が低いため、残業代で稼ぎたいと思う人が少なくないが、彼女の場合はそれは無理だった。そして、ボーナスもない。

ヒエンさんが日本で得た収入はまず借金返済に充てられる。来日前に思っていたほどは日本の給与がよくなかったため、借金返済には2年もかかった。

私が出会ったときは、ちょうど来日2年目が終わるころで、借金を何とか返し終えたところだったため、ヒエンさんは2年間にわたり日本で働いてきたものの、実際には貯金はできていなかった。お弁当をつくり職場にもっていくなどして、毎月の生活費をぎりぎりまで抑えているが、借金額が大きい一方で賃金水準が低いため、お金は貯められない。まだ貯金がないため、このままベトナムに帰るわけにもいかず、日本で働き続けるほかない。

ときおり、技能実習生の問題に関連し、「日本人でも賃金が低い人がいる」という意見を聞くこともあるが、ベトナム人技能実習生の場合は、借金をして来日し、それを返しつつ就労しているほか、その諸権利は「外国人」のために制限されている。さらに、技能実習生は現在のところ最長3年（優良な実習実施者・監理団体に限り5年）までしか日本で働けない[1]。

またヒエンさんのようなベトナム人技能実習生について、来日前に「もっとよく先を見通すべき」だと思う人もいるかもしれない。しかし、ベトナムでは国民の海外出稼ぎは政府によって「国策」として積極的に推奨されている上、仲介会社は「日本は稼げる」と宣伝している。そして、高額の渡航前費用は一般化しており、高いお金を払わなければ来日できないようになっているのだ。

さらに、ベトナムでは医療や教育などの社会インフラの整備が道半ばの一方で、市場経済の浸透に伴い現金を必要とする社会へと変容している。技能実習生の中には農村出身者が多いが、農村出身者が良い待遇の仕事に就くことは難しいため、「稼ぐことができる」と思われている日本にわたることは、庶民にとって、なんとかして家族が生き残っていくための切実な取り組みなのだ。

私が「すっきりしていていいな」と思った彼女の部屋も、ほかの技能実習生の女性たちと5人での共用で、一つしかないお風呂やトイレを順番で使ったり、寝室も相部屋となっていたりと、共同生活上の様々な苦労があった。一日の仕事のあと、疲れて帰宅しても、お風呂にはすぐに入れず、ほかの人が終わるのを待つほかない。プライバシーもない。その上、もうすぐ別の技能実習生が数人新たに来日するため、共同生活者がさらに増えるという。

## 「私たちは差別されています」――日本人より劣る待遇に不信感

来日後にショックを受けたヒエンさんが、「日本に対する思い」をさらに変化させていくきっかけになったのは、技能実習生の処遇が日本人の社員と大きく異なることだった。

ヒエンさんは「私たちはボーナスがありませんし、給料も日本人よりも少ないです。でも日本人と同じ仕事をしています」と、思い詰めた表情で語った。

私が日本人だからか、それまで日本についてあまり直接的な批判をしなかったヒエンさんだったが、日本での仕事や生活に対する不満や落胆をずっと心のうちにため込んでいたのだろう。ヒエンさんはため込んでいた思いを吐露したことで、なにかふっきれたのかもしれない。話を聞くうちに、彼女は真剣な表情で、「私たちは差別されています」と、言い切った。

ヒエンさんは9万円の手取りから食費などの生活費を捻出しているが、食事はすべて自炊し、仕事のある日はお弁当をつくり職場に持っていくことにより、できるだけお金を使わないようにしている。彼女がほかの技能実習生と計5人で暮らす部屋の片隅には炊飯器が2つ置いてあった。朝晩だけではなく、職場に持っていくお弁当もあるため、炊飯器が2つ必要なのだ。

交通費を節約するため移動手段は自転車。名古屋市という大都市に住んでいながらも、繁華街に行くことや外食することはほとんどなく、行動範囲は限られる。彼女にとっては、土曜日の夜に自転車で通うボランティア日本語教室が、やっと職場以外でほかの人との交流を持てる場所なのだ。

しかし、そうやって生活費を切り詰めながら働いても、高額の借金を背負った彼女は、稼ぎの大半を借金返済に向けざるを得なかった。家族のため、子どものためだと思い、家族と離れ離れになり、借金してまでやってきた日本だったのに、借金を返すためだけに長い時間を費やしてしまった。

ベトナム北部の農村で暮らしていたとき、ヒエンさんは子育てをしながら、販売店で勤務していた。その販売店では日本の有名メーカーの二輪車を扱っており、彼女はそのことからも日本に対して親近感や憧れを持っていたという。しかし、ヒエンさんの素朴な日本への憧れと大きな期待は、技能実習生として日本で働くうちに打ち砕かれていった。

「会社の日本人に『私たちはボーナスをもらえない』と言ったら、その人は『かわいそう。社長、悪いね』と言いました。でも、助けてはくれませんでした」
ヒエンさんはこう悲しそうにつぶやいて、顔をふせた。

## ボランティア日本語教室や職場の人、地域の人との交流

そんなヒエンさんにとって、ボランティア日本語教室での学習は心のよりどころとなっている。ボランティア日本語教室に行けば、日本語教師との交流がある上、ほかのベトナム人技能実習生ともやりとりできる。私がボランティア日本語教室を訪れた日、彼女はほかの技能実習生と机を囲んで、互いに教え合いながら勉強していた。授業の合間や帰り道にはほかの技能実習生とおしゃべりもでき、息抜きにもなるようだ。ボランティア日本語教室が主催するイベントも、技能実習生にとっては日本の文化に触れる貴重な機会となる。

地域の人が無償のボランティアで支えている草の根の活動が、技能実習生の日本語支援だけではなく、人とのつながりの形成を支えているのだ。

さらにヒエンさんにとって、職場の日本人社員との交流も大きなよりどころとなっている。同じ職場に面倒見のよい男性がおり、ヒエンさんをはじめ技能実習生になにかと気をかけて親切にしてくれるのだという。この男性を交えて、技能実習生みなで一緒に食事をすることもある。

男性はベトナム語が少しできるなどベトナムに関心を持ち、ベトナムやベトナム人を知ろうとする好奇心にあふれた人のようだ。さらに、ユーモアがあり、冗談を言い合ったりしながら、ベトナム人との交流を楽しみにしてくれているらしかった。この男性は職場では、ほかの日本人とのコミュニケーションをサポートしてくれているという。

日本人の職員も技能実習生も、コミュニケーションに課題がある場合は、この男性を間に挟んで会話をするなど、技能実習生にとって仕事の上でも頼りになる存在となっている。

ヒエンさんにとって、よりどころとなっている人はほかにもいる。近所に住む日本人の女性が声をかけてくれるなどして、交流しているのだという。

この日本人女性はベトナムの〝国民的作曲家〟と評されるチン・コン・ソンの歌を歌える人のようで、ベトナムの文化や音楽に関心を持っているらしかった。ベトナムの音楽を知る人がいることは、ヒエンさんにとって心強いことだろう。

## 4　技能実習制度が構造的に構築する〝歪み〟

### 「人間関係の構築」や「社会とのつながり形成」からの排除、行政の取り組みは?

本章で紹介したヒエンさんのような技能実習生の中には毎日の仕事に追われているほか、経済的な理由から行動範囲がそう広くはない人が少なくない。日本のこともよく知らず、日本語も十分にはできない。これまで低賃金や長時間労働、労働法規の違反など、技能実習生に対する経済的な搾取について注目されてきたが、技能実習生は〝人間関係の構築〟や〝社会とのつながり形成〟の面でも排除されていると言えるだろう。

日本語力の問題に加え、経済的な余裕のなさゆえに「人間関係の形成」から技能実習生は排除されている。そのことは技能実習生が日本に暮らし、日本の産業部門を支えながらも、社会的な関係構築からはじかれ、社会的に孤立させられていることを意味する。

しかし、それでも地域のボランティア日本語教室の草の根の活動に加え、職場や地域社会での人と人との交流が、技能実習生の日本での暮らしに光を与えている。地域のボランティア日本語教室や、ヒエンさんの職場や地域社会での交流は、日本社会の側が技能実習生の支援で何ができるのか、ヒントを与えてくれる。

ただし、それでも私が取材したNPO法人によるボランティア日本語教室は予算不足に直面しているほか、こうした活動は日本語教師が無償で働くという「善意」に支えられていた。また技能実習生の誰もが地域のボランティア日本語教室にアクセスできるわけではない。

さらに、ヒエンさんは職場や地域社会でよりどころとなる日本人と出会えたが、それは偶然だと言える。場合によっては、職場や地域社会で頼ることのできる人に巡り合えないケースもある。〝草の根〟の支援や交流は、日本の社会において外国人とともに生きていくために重要だが、それだけでは十分ではないだろう。より多くの技能実習生が日本社会の中で居場所を確保し、地域の人々と共に暮らしていくためには、公的部門によるもっと広範な取り組みが必要になる。

日本語学習や日本人との交流は、なにも技能実習生本人だけに利益をもたらすものではない。技能実習生を雇用している受け入れ企業に加え、日本社会全体にとっても、技能実習生が日本語学習により日本語を覚えたり、日本人との交流により日本の文化や情報を理解したりしていくことの意味は大きい。

公的部門が、日本語教室や出身・文化・言語の異なる人同士の交流の場などを設けるとともに、ボランティア日本語教室のような市民による取り組みに連帯していくことが待たれている。そして、なによりも技能実習制度が構造的に作り出している〝歪み〟とそれにより生じる課題について対応するため、この制度のあり方を見直し、制度そのものを抜本的に改革することが求められる。

## 各種要素が絡み合い、一概化することは難しい

技能実習生の送り出し国は中国、ベトナム、フィリピン、インドネシア、カンボジアなど複数にわたる上、それぞれの国の中の送り出し地域も多様だ。さらに、学歴やジェンダー、年齢、家族・婚姻状況、就労経験・職業スキルといった技能実習生それぞれの属性も一定ではない。送り出し地の各国政府の移住労働政策にも違いがあるほか、送り出し機関の事業状況も様々だろう。

受け入れ国である日本においても、就労先企業の立地や業種は多様だ。同じ業種の企業であっても、地域差や、受け入れ企業ごとの違いもある。たとえば、中国出身で技術系の短期大学の学歴を持つ独身の男性が日本の東海地方の製造業で技能実習生として働くケースもあれば、ベトナム出身の高卒で子どものいる既婚女性が日本の東北地方で水産加工の仕事に従事するケースもあり、技能実習制度の下での就労について、一概に語ることは難しい。

また、送り出し／受け入れの時期や、送り出し地／受け入れ地の社会・政治・経済状況についても考えていく必要があり、複層的な状況が存在している。こうした各種要素が複雑に関係し合う「外国人技能実習制度」をみていくために、多少難解ではあるが、ここで移民研究の知見を導入したい。

## 移民研究の知見から見た外国人技能実習制度

移民研究ではかつては人間が低所得の地域から高所得の地域へと移動する傾向を強調したり、移民を景気循環に伴う景気変動に関連づける「プッシュ―プル理論（push-pull theories）」などの理論により、移住現象を説明してきた。[2]

だが、これらの理論だけでは現実的な移住現象を十分に説明できない。

国際社会学者の小井土彰宏一橋大学教授は、これまでの移民研究の議論では送り出し／受け入れる国民国家が、それぞれ独立した経済単位であるとみなしてきたが、実際には国境を越える移民が発生するのは相互に深い関係にある複数の国の間である上、こうした説明は事態を予測するような説明力を持たず、経済学的な説明は限界を持つと指摘している。経済的な理由などにより移住主体の「移住動機」が形成されたとしても、移住を可能にする制度が無かったり、移住するのに必要な「移住能力」を移住主体が持つことがなければ、移動はできないからだ。[3]

説明の不備を解消するため、移民研究ではこれまでに、人の移動にかかわる「メゾレベル」（ミクロとマクロの中間レベル）の要因に注目し、移住システム論や移住ネットワーク論を発達させてきた。国家や市場をマクロレベル、移住主体の移住動機や移住能力をミクロレベルの要素とした場合、マクロレベルの要素とミクロレベルの要素をつなぎ、移住主体に移住に必要な資源を提供するあっせん組織（技能実習制度では「送り出し機関（仲介会社）」など）や人的ネットワークなどがメゾレベルの要素となる。

このように「国境を越える人の移動」には、様々な要素が複雑に絡み合うのだ。

技能実習制度においては、送り出し地の政府の政策、政府の認可を受けた送り出し機関の事業展開、送り出し地の社会・経済状況と移住主体の社会・経済状況、受け入れ先の日本政府の政策、日本企業の状況などが複雑に連関しあっている。

そのため技能実習制度のもとでの移住労働の学問的分析においては、国家、市場、あっせん組織、移住主体、受け入れ先企業、監理団体などの多様な要素を包括的に組み入れて議論することが求められる。そして、各要素を組み入れつつ、それらを送り出し地と受け入れ地の歴史・社会・経済・政治的な文脈に位置付けるために、「移住制度」論を用いて分析することが必要になるだろう。

Goss & Lindquist（１９９５年）[4]は「移住制度は、個人、アソシエーション、組織の入り組んだアーティキュレーション（articulation＝接合）であり、これらのエージェント（行為主体）とエージェンシー（行為主体性）との間の社会的行為と相互行為を拡張するものである」と説明している。また移住制度は「knowledgeableな（知識のある）個人、組織のエージェント（移民アソシエーションから多国籍企業まで）、その他の制度（親族から国家まで）から成る複合的な制度である」とする。「移住制度」は、移住主体や受け入れ企業の個別の水準にとどまらずに、移住労働という現象をより包括的にみるための分析視角となりうるだろう。

技能実習制度をめぐっては、これまでに受け入れ先企業による違反行為や技能実習生への人権侵害やハラスメントなどが伝えられてきた。技能実習生の職場から逃げることについても多々報じられてきた。こうした技能実習制度にかかわる問題を論じるとき、個別の企業や技能実習生個人のみを議論の遡上《そじょう》にあげるのではなく、より総合的に送り出し地と受け入れ地の社会、経済、政治的な背景を考えながら、技能実習制度を取り巻く要素を組み入れて議論することが求められる。

**注**

1　法務省入国管理局「新たな外国人技能実習制度について」、https://www.otit.go.jp/files/user/190219-1.pdf

2　S・カースルズ、M・J・ミラー（１９９６年）「第1章　現代の国際移民」、『国際移民の時代』名古屋大学出版会

3　小井土彰宏（２００５年）「第1章　国際移民の社会学」、『新・国際社会学』梶田孝道編、名古屋大学出版会

4　Goss, J. and Lindquist, B., Conceptualizing International Labour Migration: a Structuration Perspective, *International Migration Review* 29. 1995.

# 9章　ベトナム難民だった神父が、台湾で行う支援活動

## 1　強姦された女性からの助けを求める声と支援活動

ベトナム人労働者の主要な出稼ぎ先となっている台湾には、助けを求めるベトナム人を支援している一人の神父がいる。神父は、元インドシナ難民で、命の危機にさらされながらもなんとか生き延び、現在は台湾で同胞の支援に尽力している。

### 「私はフン神父に助けられました」――ベトナム人労働者に知られた支援活動

「あのとき、たくさんのベトナム人女性が強姦被害に遭っていることが分かりました」

２０１６年8月半ば、台湾・桃園市にあるカトリック教会の中に設置されたベトナム人移住者の支援組織「ベトナム人移住労働者・花嫁事務所（Vietnamese Migrant Workers and Brides Office）」を訪れた私に、ベトナム系オーストラリア人のペーター・グエン・バン・フン神父は、こう語り始めた。

桃園は、台湾の空の玄関口である国際空港を抱えるほか、周辺には工場が集積し、そこでは多数の外国人

フン神父

出稼ぎ労働者が就労している。しかし、フン神父の教会のある辺りは小さな商店が集まり、車やバイクがひっきりなしに行きかう、ぐっと庶民的な場所だった。

教会の建物の2階にある事務所に通されると、一人の男性が現れた。

白いシャツにズボンを合わせたシンプルな身なりのこの男性が、台湾でベトナム人労働者の支援活動を長年にわたり行っているペーター・グエン・バン・フン神父、その人だった。小柄な体躯に親しみやすい笑顔のフン神父だが、すっと背筋を伸ばしている。その動きはきびきびとし、よくみるとその眼光はするどい。

フン神父とは、その日が初対面だったが、神父の名前は私の記憶に刻まれ、彼に会うことは私にとって以前からの希望だった。神父の顔を見ながら、私はベトナムの農村部で出会った女性たちの顔を思い浮かべた。

それは台湾を訪れる前のことだった。

２０１５年3月から16年2月まで、私はベトナムの首都ハノイ市に滞在しながら、ベトナム北部ハイズオン省の農村部の訪問を繰り返し、海外に移住労働に出た経験を持つベトナム人女性たちへのインタビューを行っていた。とりわけ私が集中して話を聞いたのは、家事労働者として海外で働いたことのある女性たちだった。

家事労働者とは、日本では「家政婦さん」や「メイドさん」と呼ばれ、家庭内で料理、洗濯、掃除、育児、介護などの家事労働を行う労働者のことを言う。世界的にみて、家事労働者として出身国の外に出て就労する労働者は少なくない。

ベトナムからも女性たちが海外へ移住家事労働者としてわたり就労してきた。そして、その渡航先の多くを台湾が占めていた。台湾政府は労働力不足に対応するため、海外から移住労働者を政策的に受け入れている。そうした政策の中で、インドネシア、フィリピン、ベトナムなど各国からやってきた外国人労働者が、台湾の産業を支えているのだ。

家事労働者の多くが女性である一方、その就労状況には課題が指摘されてきた。私がベトナムで聞き取りをした移住家事労働経験者からは、台湾など海外での厳しい就労の実態が聞かれた。そうしたインタビューをするうち、耳に入ってきたのが、フン神父のことだった。

複数の移住家事労働の経験者が、「私はフン神父に助けられました」「台湾ではよく知られているフン神父という人がいます」と話していたのだった。

## 日本へ逃れて様々な仕事を経験、オーストラリアで神学校に

フン神父は、ベトナム戦争中の1950年代にベトナム南部で生まれ、その後に、小さな船でベトナムを脱出した経験を持つ。いわゆる「ボートピープル」としてベトナムを逃れた難民だった。

船で逃れた神父がたどり着いたのは日本だった。フン神父は、難民キャンプで過ごした後に日本の工場や

建設現場などで働いた。当時、日本人労働者の日当が８０００円のところ、フン神父の日当は４０００円だったという。ベトナムからの難民であるがゆえの賃金差別に直面しながらも、様々な仕事をし、日々を乗り切ろうとしていた。

フン神父は日本での暮らしをこう説明しながらも、日本人の私に気を使ったのか、日本の難民キャンプでは「ヤマグチさん」という支援者から助けられた上、日本のキリスト教コミュニティから支援を受けたことを、丁寧に、そして静かに話してくれた。

フン神父はその後、日本からオーストラリアに移り、現地の神学校で学び、神父となった。

## 台湾で出会った強姦被害のベトナム人女性たち

フン神父が台湾と出会ったのは、80年代後半のことだ。１９８８年に教会の指示で、台湾にある教会に派遣されたのだった。さらにその後、フン神父は台湾でベトナムからの移住労働者に多数出会うことになる。きっかけは、90年代後半に、ベトナムと台湾が移住労働者の送り出し／受け入れに関する二国間協定を結んだことだった。それ以降、台湾で働くベトナム人労働者が増加していく。この動きの中で、家事労働者として台湾で就労するベトナム人女性も増えていった。

しかし、２００１年に入ると、台湾で就労する多数のベトナム人女性からフン神父のもとに、様々な相談の電話が入るようになる。台湾に移住労働者として入ったベトナム人女性がブローカーから強姦され、助けを求めるといった内容のものが多かった。中には、強姦被害に遭ったために、就労先から逃走し、後に非正規滞在を理由に台湾当局に拘束された女性もいたのだった。

被害者の女性たちは、家事労働者として働く人が大半であったという。こうしてフン神父はベトナム人移住家事労働者の苦境を知ることになり、女性たちからの相談を受け始めた。

２００１年から２００４年にかけ、フン神父に強姦被害を相談したベトナム人女性は約１００人に上った。ベトナム人の家事労働者がなんらかの形で強姦被害に遭うケースが多発していたのだ。ブローカーらは、ベトナム人女性を「強制的に帰国させる」と脅すなどして、強姦していたようだ。こうした中で、グエン神父は、女性を強姦したブローカーらを裁判で訴えるような取り組みを始めた。

さらに、フン神父は台湾で記者会見をし、メディアを通じてベトナム人女性移住労働者の苦境を発信した。同時に、ほかのＮＧＯと連携し、台湾政府に対して、ベトナムからの家事労働者の受け入れを停止するよう働きかけた。

また、支援を続けるうち、女性たちの中には、渡航前に「前借金」を負う契約書にサインさせられ、台湾での就労期間の最初の半年間、「借金返済」の名目で給与が出なかった人がいたなど、ベトナム人家事労働者が様々な課題に直面していることも分かったという。

## ２　日本社会の教訓となる取り組み

### 労働法の改正を求めて活動、ＮＧＯと移住労働者エンパワーメントのために組織結成

「ベトナム人移住労働者・花嫁事務所」の活動で特徴的なことは、政府の政策レベルへの働きかけがあることだ。

家事労働者を労働法の適用対象に含めるよう訴えるなどの活動を実施している。フン神父は「台湾の労働法では、家事労働者は現在も適用対象外となっており、これまで長年にわたり、ほかのＮＧＯと連携するな

どして、労働法適用を求めてきました」と説明する。

そうした中、フン神父は現在までに、台湾の複数のNGOと連携して、「台灣移工聯盟（Migrant Empowerment Network in Taiwan ＝MENT）」というネットワークを結成し、労働法を改正し、家事労働者を対象に含めるよう訴えている。さらに、国際社会からの圧力を期待し、米ワシントンDCを2回訪問し、米国務省に対して、台湾における移住労働者の状況を訴えた経験もある。

## 収容施設を訪問して拘束されている女性たちを支援

一方、フン神父の活動は、ベトナム人移住労働者へのより踏み込んだ支援にも広がっている。ベトナム人移住労働者からの電話相談を受け付け、助言をし、問題があれば直接雇用主と交渉したり、裁判をしたり、政府に訴えたりもするのだ。また、台湾当局によって非正規滞在を理由に拘束されたベトナム人移住労働者がいる場合には、フン神父自ら収容施設を訪問し、そこに拘束されているベトナム人を支援している。

私がベトナムでインタビューを行った台湾での家事労働経験者の女性たちの中には、雇用主宅を逃走後に、なんらかの形で台湾当局に拘束されて収容施設に収容されていたところ、実際にフン神父本人から支援を受けた女性が複数いた。こうした女性たちは雇用主宅から逃走後に、家事労働者として別の個人宅で勤務したり、市場や飲食店で働いていたりしていたが、ある日突然、当局に拘束され、それまでの賃金を受け取れなかったケースが少なくない。そのような場合、フン神父が未払い賃金の支払いを求めて、女性たちの代わりに就労先と交渉することもあるという。

## シェルターで移住労働者を保護、動画によるネットでの情報配信

ほかの「ベトナム人移住労働者・花嫁事務所」の活動として、就労先から逃走してきたベトナム人移住労働者を教会内に設置したシェルターに保護している。桃園の教会内にあるシェルターは60人を収容することが可能で、私が訪問した2016年8月時点では40人のベトナム人移住労働者が保護されていた。この40人の中には家事労働者だけではなく、工場労働者、建設労働者、漁業労働者も含まれている。性別は男女ともにおり、ベトナム北部出身者が多いとのことだった。また、台湾での就労先は台北、桃園、台中をはじめとした台湾全土から集まっているのだ。

神父は、移住労働者が精神的に打撃を受けていることを知り、オーストラリアで心理学の修士号を取るなどカウンセリングの専門知識を身につけており、その知識を生かし、毎週決まった時間に1時間半ほどのカウンセリングをベトナム人移住労働者向けに教会内で行っているのだという。

さらに、ベトナム人移住労働者に対して情報発信・啓蒙活動を行うためのベトナム語と中国語の動画を作成し、フェイスブックにアップするという活動も実施している。このネットを使った試みは最近始めたものだ。家事労働者らにとって、動画のほうがより事態を理解しやすいと判断して、動画投稿を始めたという。

動画の内容は、台湾の労働法に関するものや移住労働において何らかの被害に遭ったベトナム人労働者のインタビューなどだ。撮影は教会内に設置したスタジオで行っている。

## ベトナム人移住家事労働者の課題と裏切られる期待、言語・情報・差別・長時間労働という困難

しかし、なぜベトナム人の移住家事労働者は、台湾で困難に直面してきたのだろうか。

フン神父は、「ベトナム人家事労働者の課題として、中国語ができないことに加え、台湾の文化を十分に

知らないということがあります。それに、台湾の法律を知らないことも課題となっています」と語る。現地の言語や文化に関する知識やスキルが十分ではない上、台湾の法律を知らないことから、ベトナム人移住家事労働者は、リスクにさらされやすい状況であるという。そうした中で、ベトナム人家事労働者は雇用主との間の非対称的な力関係の下に置かれることになり、課題が生じることが多く、ベトナム人家事労働者が雇用主と一緒に食事をさせてもらえなかったり、雇用主に殴られたりするケースが出ている。

さらに、高齢者介護を担っている家事労働者を中心に、長時間の重労働にさらされる例が多い。

台湾にわたる前のベトナム人家事労働者は、大きな希望を持っている。ベトナム人女性はベトナムよりも経済的に発展した台湾で、出身地よりも高い収入を得て、なんとかして故郷の家族に仕送りをしたいと考えている。しかし、実際の就労現場では様々な困難に直面している。

フン神父によると、家事労働者の女性たちはこうした困難を自分だけで抱え、家族に相談することもしないという。このため問題が表面化しにくいのだ。

## ベトナム―台湾間の移住制度に埋め込まれた搾取と人権侵害

台湾におけるベトナム人移住労働者をめぐる課題とは何だろうか。

私がベトナムで実施した、台湾での移住家事労働を経験した女性に対する聞き取り調査では、移住家事労働を経験したベトナムの農村出身女性はそもそも出身地の農村での農業による仕事では現金収入を得ることが難しく、台湾での移住家事労働は、現金を安定して得られる限られた機会としてとらえられていた。

このため、高額の渡航前費用を仲介会社に払い、台湾に移住家事労働に出ていたのだ。

さらに、台湾での就労期間中、自分に与えられた環境の中で、できるだけ多くの現金を得るために、契約書上は休みとされている日曜日も就労して残業代を得ようとするなど、休みをとるよりも就労を優先していた人が少なくないことが分かった。同時に、雇用主との関係において、対等な関係性になく、自分の意見や考えを言うことができずに、何かあっても我慢していたという人も少なくなかった。

先に見たように台湾の労働法では家事労働者と介護労働者が守られていないことに加え、ベトナム人女性たちの経済的な背景、女性たちと雇用主との非対称的な力関係を背景に、女性たちは長時間労働や過重労働にさらされるリスクを抱えていると言える。

実際に、私の聞き取り調査では、台湾の移住家事労働経験者は、台湾での3年の就労契約期間中、1日も休日がなかったという人が多かった。就労時間は朝起きてから夜寝るまでと長時間に及ぶ上、夜中にトイレ介助などのために起こされて介護を行う例が少なくなかった。

女性たちに就労時間を問うと、多くの女性が「24時間」「家事労働者に決まった就労時間はない」と答えていた。このように一日中働き詰めの上、休みのない就労状況はもはや当たり前のものとなっており、労働者としての権利や人権が保護されているとは言い難い。

とりわけ「ベトナム人移住労働者・花嫁事務所」設立のきっかけとなった、移住家事労働者に対する強姦のような深刻な事例は今も発生している。同組織が現在も活動を継続し、かつ現時点でも同組織のシェルターに逃げ込んだベトナム人移住労働者がいるという状況からは、ベトナム人労働者の権利や人権が過去にも困難な状況に置かれ、それが現在も続いていることを指し示す。

こうした移住家事労働をめぐる課題について、家事労働者個人や雇用主個人にその責任のすべてを帰することはできない。むしろ、これまで見てきた日本の例と同じく、経済格差のあるベトナムと台湾の間で、経済的課題を抱え現金収入を得る必要に迫られたぜい弱性の高い労働者を、送り出し／受け入れているあり方をみる必要がある。

さらに、ベトナム人女性たちを、労働者としての権利保護が十分ではない住み込み家事労働という就労分野に配置するという、ベトナムと台湾との間の移住制度が生み出した構造には、ベトナム人女性家事労働者が搾取や人権侵害にさらされる危険性があらかじめ埋め込まれている。

では、どうすれば、こうした構造的課題を解決できるのか。その解決策を導き出すことが、台湾とベトナムの両政府、移住労働産業を展開する仲介会社、ベトナム側の送り出し社会、台湾側の受け入れ社会に、問われている。

# あとがき

## フランスで意識した移民・移住者の存在

そもそも私が移民、移住者という存在を意識し出したのは、1年ほど滞在したフランスでの暮らしの中でのことだった。私がパリに暮らしたのは2006年から2007年にかけてだが、ちょうどその少し前、2005年にバンリュー（Banlieue）と呼ばれるパリ郊外地域で若者による暴動が起きた。発端は北アフリカ出身の若者たちが警察に追われ、逃げる際に入り込んだ変電所で感電し、死傷したことだった。これを受けて通りで車が燃やされ、建物に放火がなされ、若者と警察との衝突が起きた。一方、当時、内務大臣だったニコラ・サルコジが移民の出自を持つ若者たちに厳しい言葉を投げつけたことがメディアを賑わせ、移民の受け入れや社会統合が議論となった。

移民というと、最近フランスにきた人たちを思い浮かべる人もいるかもしれない。しかし実際にはフランス生まれフランス育ちの移民2世、3世が多数暮らしている。移民1世といっても、長くフランスに暮らし、そこで人生を築いてきた人たちだ。「移民」とくくられる人たちはそのルーツがフランス以外にあったとしても、社会的な現実としてはフランス語を話し、その土地で生きているフランス人だ。その人たちについて、内務大臣の立場にある人が公の場でひどい言葉を投げつけることに背筋が凍る思いがした。フランスにおける移民への差別や移民の出自を持つ人が置かれた困難を見聞きする中で、自分が生まれ、暮らしてきた日本についても、そこで暮らしている外国にルーツを持つ人たちをはじめ、様々な背景の人たちについてきちんと考えたことがないという、私自身の不勉強さを痛感した。

サルコジに対する評価は様々だった。パリに長く暮らす白人のフランス人からはサルコジの強硬な姿勢を評価する意見を聞いたが、マグレブ（北アフリカ）系の友人からはサルコジへの批判がつきなかった。マスコミの注目を集め、反発と賛同を呼んでいたサルコジは、２００７年の大統領選挙で社会党のセゴレーヌ・ロワイヤルを破り、大統領の地位に就くことになる。偶然カフェで隣り合せたマグレブ系の若者は、この選挙についての話になると、「移民への締め付けが厳しくなるかもしれない」と、苦々しい顔をした。

パリという街を歩くと、移民と呼ばれる人たちの存在はごく自然に肌で感じられる。ベルヴィル地区は多様な背景を持つ人たちがあちこちから集まり、地下鉄の駅を降りて少し歩くだけで、様々なルーツ持つ人の姿が見えてくる。プラス・ド・イタリー（パリ13区）にある中華系スーパーマーケットに足を運ぶと、アジア各国の料理に欠かせない新鮮な野菜や食材を買うことができる。新鮮な野菜や果物、アジア各国の調味料や特別な食材がずらりと並んでおり、見ているだけで食欲を刺激される。その活気ある様子は世界各地から様々な背景を持つ人が集まるパリを象徴するように感じられる。

## 移民のルーツを持つフランス人

通っていったフランス語学校は、19区のスターリングラード駅の近くにあった。パリ北東部に位置する19区は移民の多い地区とされる。フランス語クラスの生徒の背景も多様で、ベトナム、チェコ、シンガポール、香港、日本、スペイン、ロシアというように、国籍は様々だった。出身地を離れてフランスに移り住んできた若者たちにとって、語学学校は、この国で生きていくための一歩を踏み出す場所になっていた。ここで言葉を学んだ後に大学や専門の資格が取得できる学校に進学したり、仕事を探したりするのだ。生徒たちの中には将来、フランスで長く暮らすことを望んでいる人も少なくなかっただろう。

かといって、フランスで移民のルーツを持つ人が、国籍や民族、人種、言語、学歴、性別といった要素が複雑に絡み合い形成された社会階層の階段を上ることは、そう容易ではない。

パリ郊外に暮らすベトナム系フランス人の友人、アレックスからはこの街で仕事を探すことの難しさを知らされた。フランス風の名前を持つ20代の彼は、難民としてフランスに来た家族の一員だった。ルーツがベトナムにあるといっても、彼はフランスで教育を受けており、ベトナム語は学校で勉強したことはない。祖父母とはベトナム語で会話をするというが、彼が最も得意とするのはフランス語だ。彼は当時、カフェで働きつつ勉強を続けていた。なんとかしてカフェやレストランといった外食部門で正規の仕事に就きたかったようだが、思うようにはいかなかった。

ある日、街中のカフェで一緒にコーヒーを飲んでいたとき、彼は「ここは差別があるよ」と、残念そうにつぶやいた。彼の手は水仕事や重労働のためにいつもガサガサに荒れていた。すらりとした体形に、メガネをかけたやさしい顔立ちの彼は常ににこやかで、一度会っただけでは職探しの厳しさは感じられない。けれど、その手だけは彼を取り巻く現実を強く物語っていた。フランスで教育を受け、フランス人である彼だったが、なかなか良い仕事が見つからない。自分の出自に対する差別がその理由であると、彼は感じていた。

アレックスがそうであったように、移民の置かれた立場は楽観的なものではなかった。地下鉄の駅構内で、警察官がマグレブ系の若者とみられる若い男女2人のボディチェックをしているのに出くわしたこともある。皆の見ている公の前だったが、2人は何も言わず静かにあきらめたように従っていた。

そうかと思うと、内戦から逃れ、パリで作家活動をしていたセルビア人男性はフランスという国に感謝をしていた。確かにフランスは今に至るまで難民を受け入れてきた国でもある。移民にルーツを持つ人の中には社会的に成功を収めている人もいた。様々な出自を持つ人を多数受け入れてきたフランスでは移民、難民といっても一枚岩ではなく、移民、難民の間にも経済格差や社会的地位の違いが存在する。

パリでの何気ない日常の暮らしの中で出会い、共に街を歩き、時にはコーヒーを飲んだり、食卓を囲んだりし、とりとめもなくいろいろな話をした友人たち。語学学校で机を並べ、文法問題に頭を悩ませたり、教師の冗談に大笑いしたりした同級生たち。彼ら、彼女らはあの街で、移民、難民という背景を背負いながら生きていた。

その姿は、「他国からやってきたことで差別される弱者」なのか、「国境を越えてでもその土地で生き抜くバイタリティーあふれる存在」なのかといった、単純な二項対立的な見方ではとらえられないものだった。

それから私はインドネシアのジャカルタと、フィリピンのマニラで、日系メディアの記者として働いた。東南アジアでかいま見たのは、フランスとは異なり別の国に働きに行く人たちの姿だった。

## インドネシアで目にした家事労働者の女性

フランスを発ち、ドーハ経由でインドネシアに到着し、ジャカルタにある新聞社を面接のために訪れたのは2007年の夏のことだった。面接の日に、編集長から取材に出るよう命じられた。今思えばそれは入社試験だったのだろう。

言われるままに出向いたのは在インドネシア・サウジアラビア大使館だった。その建物の頑丈そうな鉄の門の前で1人の小柄なインドネシア人女性が座り込みをしていた。インドネシアからはサウジアラビアなど中東諸国や香港などへ家事労働者として渡航する女性がいる。女性たちは雇用主宅に住み込みで仕事をすることが多いが、就労先で虐待や搾取の被害にあう例がある。ひどいケースでは雇用主に移住女性が殺されたり、強姦されたりするケースもある。家庭内という密室の空間で働く上、家事労働者の仕事は低い評価にさらされがちだ。この女性は、そうした事態に抗議し、ジャカルタの炎天下の下、車道沿いの屋根もなにもないようなアスファルトの通りで、排気ガスや太陽の強い光もかまわず、たった一人で座り込みをしていた。

まったく知識がなかった私は単なる野次馬のようにその光景をみていた。けれど、刺す様な太陽の光をもろともせず女性が単独で座り込みを行うという光景から、ただごとではないということだけは理解できた。頭を何かで殴られるような衝撃だった。

一緒に現場に来てくれ、インドネシアについて右も左も分からない私を案内してくれたレイモンド記者は「こういう問題はたくさんあるよ」と、さらりと言ってのけた。それほどにインドネシア人女性が移住労働先の国で危険な目にあう事例は多々あるという。

この取材を簡潔に記事にまとめ編集長に提出したものの、インドネシアからの国境を越える移住労働の広がりや女性移住労働者が直面する権利侵害や人権侵害について勉強していなかったため、不十分な記事しか書けなかった。けれど家事労働者として海外に単身で働きに出る女性がいること、その女性たちが虐待や搾取に直面していること、しかし、そうした女性たちの困難について怒りを持ちサウジアラビア大使館の前で座り込み行動を起こすという女性がいることは、忘れがたいものとなった。

## フィリピンで出会った移住労働者たち

その後に働いたフィリピンでは、さらに移住労働者と出会うことになる。

フィリピンは言わずと知れた移住労働者の送り出し国で、「フィリピン人海外出稼ぎ労働者（ＯＦＷ）」という略語が地元紙の見出しに頻繁に使われるなど、社会に浸透していた。

フィリピンは、マルコス政権時代から国策として自国民の海外への送り出しを推進しており、数多くのフィリピン人が世界各国で就労している。移住労働先での職種は工場労働、船員、家事労働、看護、介護、医師、会計士、企業の管理部門など職種も幅が広い。さらにOFWがフィリピンに送金するのは相当の額で、フィリピンのマクロ経済指標の一つになっているほどだ。移住労働者の送り出しは、すでに巨大な産業になっているだけではなく、移住労働は送金や家族の別離など様々な形で人々の生活にも影響を与えている。

フィリピンにも、単身で海外に働きに行き、家事労働をしながら、故郷に仕送りをして家族を助けている女性たちがたくさんいた。それがどれほど大変なことだろうか。フィリピン人の家事労働者について知ったとき、彼女たちの底知れないパワーに打たれる思いがした。しかし、インドネシア人の家事労働者同様、フィリピン人の家事労働者の中にも就労先で虐待されたり、搾取されたりする人が後を絶たなかった。

## 「女性」と「仕事」

もう一つ、フィリピンといえば、フィリピン人女性による日本への興行ビザでのエンターテイナーとしての移住労働が広がっていた。興行ビザで来日した女性たちの中には、その後に日本人と結婚し、子どもをもうけたり、仕事を続けたりして、日本に長く暮らすことを選んだ人もいる。成田からマニラ線に乗ると、ふるさとの家族のためだろうか、段ボール箱いっぱいのお土産を持ったフィリピン人女性をよくみかけた。

実は、彼女たちの存在は他人事には思えないものがあった。私にとって「女性」と「仕事」という観点は看過できないものになっていたからだ。

私は大学入学後、20歳くらいから数年にわたり映画監督の熊谷博子さんのアシスタントをしており、その中で日本最大の炭鉱であった九州の三池炭鉱のドキュメンタリー映画づくりを手伝う機会を得た。映画は、三池炭鉱の歴史とそこで生きた人々の物語を丁寧に追うものだった。その中でも、熊谷さんは三池で生きる女性たちの生きざまをすくいとろうとしていた。

１９６０年の三池争議はたしかに男性が中心になった出来事だったかもしれないが、当時の記録映像には女性たちが運動に参加する様子が映されていた。同時に、争議を行う間、暮らしを支えたのは女性たちだった。その後の１９６３年に起きた炭じん爆発事故により夫を亡くしたり、事故による一酸化炭素中毒で夫が後遺症を負ったりした女性たちが、のちに運動を展開しはじめた。中には暗い炭鉱に降りていき、そこで抗議の座り込みを試みた女性たちもいた。さらに女性たちはその後も長きにわたり、運動を継続してきた。

同時に私はこの時期、大学に通いつつ、生活費と渡航費を稼ぐため色々なアルバイトをしていたが、その中には料亭での掃除の仕事と、銀座でのホステスの仕事があった。

料亭は古い日本家屋だった。石畳の残る一画にある黒塀に囲まれた趣のある建物で、これをきれいに維持するためには、夏でも冬でもはたきがけと雑巾がけをはじめとする丹念な掃除が欠かせない。好きなように掃除するのではなく、手順を理解し、必要な方法を知らなければ、きちんとした掃除はできない。小さいころ京都の置屋に移り住み、そこで家事仕事や芸事を仕込まれ、後に芸子になった女将さんの掃除の技術は見事なものだった。

おかみさんはよくこう言っていた。

「京都のおうちには芸子になれない女の子もいたけれど、そういう場合は掃除や料理を覚えて、それで食べることができた。掃除を覚えなさい。なにか仕事を覚えれば女も食べていける」

銀座７丁目のクラブのママさんは沖縄の出身で、「パスポートをもって本土に来たさ」と話す人だった。

沖縄から銀座に来て、ホステスとして芸者出身のママさんのいる店で修行した後、80年代に銀座に店を持った。銀座には沖縄出身のママさんたちのネットワークがあり、文字通り海をわたり「本土」と呼ばれる土地に働きに来た女の人たちが助け合いながら、働いていた。私はホステスの仕事にとても向いているとは言えないタイプだったが、ママさんは、あの街でどうやって仕事をすればいいのかを、私たちに丁寧に教えてくれた。

こうしていろいろな女性たちに助けられながら働き、かつ女性が働くということに抜き差しならない関心を持った私にとって、海外で家事労働者やエンターテイナーとして働く東南アジアの女性たちは自分と地続きの存在に思えた。そして、たった一人で国境を越えて別の国に働きに行き、仕送りをして家族を助けるという女性たちは、自分に比べてはるかにたくましい存在に思えた。一方で、移住労働の様々なリスクを知り、女性たちの移住の軌跡や経験を理解することができないかと考えるようになった。

## 誰にも相談できなかった技能実習生の物語

これまで聞き取りを進める間、日本で話を聞いた何人もの技能実習生が滞在期限を迎えて帰国していった。日本ではテレビや新聞で技能実習生をめぐる問題が報じられ、技能実習制度の課題が指摘される場面も少なくないが、そうした日本社会の動きとは別のところで、技能実習生は日々仕事をしながら日本で暮らし、そして契約の期間が終われば帰国するという一連の流れの中で過ごしている。技能実習生はよほどのひどいことがなければ、外部には相談をしない。相談さえできず、ずっと我慢を続ける人もいる。本書で取り上げた技能実習生の物語は彼ら彼女らが外部に相談したことで明るみに出たが、実際には相談先がなく、どこにも相談できずに、そのまま帰国していく技能実習生は少なくない。そして、誰にも相談しなかった技能実習生の物語は、日本の社会において誰にも共有されないままに、なきこととされてしまう。

30万人近くの技能実習生は本来、多様な背景と個性を持つ存在だ。そのことがなかなか知られないままに、メディアを通じて「外国人労働者の受け入れの是非」が本人たちの思いや考えを置き去りにして展開されている。当事者の気持ちや人生は考慮されないままに、日本の経済や社会のために「有用な労働力」の受け入れ議論がなされていく。しかし、技能実習生とは、いうまでもなく、労働力ではなく、人間だ。

ベトナム人女性のトゥオンさん（仮名）もまた、彼女が技能実習生として就労中に日本で話を聞いた後、何度かSNSでやり取りを続けるうちに時が過ぎ、3年の技能実習を終えて帰国していった。彼女はメディアに取り上げられるようなあまりにもひどい事態には出会うことはなく、3年の技能実習を終えた人だ。けれど、彼女の移住労働の軌跡をみていくと、そこには搾取と排除の痕跡がみえる。

技能実習生がどのような会社で働けるのかは運次第であるけれど、「運が良い」ほうであったとしてもなお、期限付きの労働者であり、職場を変える自由はなく、家族帯同もできないなど諸権利が制限されている。そのことを彼女とのやり取りの中で何度も突き付けられた。

## 日本人と一緒にご飯を食べる

彼女と出会ったのは、2017年4月のこと。佐賀市内で日本語教室「かけはし」を運営する越田舞子さんに会うために同市を訪問したときのことだった。かけはしの生徒の大半はベトナム、インドネシア、カンボジア、中国などから来た技能実習生だ。トゥオンさんはほかの技能実習生とともに、週に1度開かれるかけはしの日本語教室に通い日本語を学んできたのだ。

その日、越田さんたちかけはしのメンバーは帰国する技能実習生のための送別会を開いた。公共施設の調

佐賀駅

理室と和室を借り、技能実習生に日本語を教えている日本人のボランティアと技能実習生とが集まり、みなで作った料理を囲んでのパーティーとなった。

「みんな、マイペースだからね。なかなか決まった時間に集まらないの。今日だってもっと早く始まるはずだったんだけど」

日ごろから技能実習生の相談を受け、複雑な労働問題から日常生活の心配事まで幅広く支援をしている越田さんは、こう語りながらも、にこやかに技能実習生の相手をしている。調理が終わると、みなで和室に食事を運んでパーティーとなった。

日ごろ慣れない日本で仕事に追われる技能実習生は、言葉や文化の壁、金銭的な問題もあり、なかなか日本社会とのつながりを作ることができないケースも多い。日本に暮らしながらも「日本人の友達はいない」「日本人と一緒にご飯を食べたことはない」という技能実習生もいる。かけはしに参加できる技能実習生はその意味で、恵まれていると言えるかもしれない。彼らは日本語を学ぶチャンスがあるだけではなく、ほかの技能実習生や日本人と一緒に過ごし、時に、こうしてパーティーで一緒に食事をしながら話をする機会がある。

かけはしでは講師が無償で日本語を教えており、日本語を学びたい人はコピー代を払うだけで授業を受けられる。越田さんの気さくな雰囲気やほかのボランティア講師の努力があるようで、佐賀市内の技能実習生が集まってくる。インドネシア、ベトナム、カンボジア、中国と、出身国の違う技能実習生たちが和気あいあいと授業を受けている。授業だけではなく、お花見や海水浴などいろいろな行事も企画され、みなで一緒に出掛ける機会も少なくない。このおかげもあり、技能実習生は日本社会とのつながりを構築することができ、職場以外の場で友人を作ることができていた。

このパーティーにトゥオンさんも来ていた。がっちりとした体躯のインドネシア人の男性技能実習生たちがわいわいと話をする一方、トゥオンさんたち女性技能実習生は幾分かおとなしかった。特にトゥオンさんは静かにすみのほうに座っていた。私もすみに座り、何人かのベトナム人の女性技能実習生と話をした。そこにトゥオンさんも加わったが、にこにことしながらも、芯の強そうなまなざしが印象的だった。

それから少し経ち、トゥオンさんからフェイスブックでメッセージがとどいた。きっちりと書かれた日本語の文章。丁寧な言葉遣い。自分の気持ちがしっかりと書いてあった。かけはしで日本語を熱心に学んでいるというトゥオンさんは、そのとき、既に日本語能力検定の「N３」に合格していた。フルタイムで働く合間に、日本語の勉強を続け、見事N３を取得したのだった。それだけでなく、N３よりも一つ上のレベルの「N２」の試験も受験済みで、結果を待っているところだった。敬語も上手に使い、私のぞんざいな日本語よりもはるかにきれいな日本語を話す。外国語学習は時間がかかる上、フルタイムで働きながら学ぶには相当の努力が必要になる。それでも彼女は勉強を続けていた。

## 佐賀での再会

私たちは何度かSNSでやり取りをし、2017年8月に私が佐賀市を再訪したときにもう一度会うことになった。

その日、トゥオンさんからのメッセージを受け取り、私は彼女が帰るのを待ち、彼女の寮の近くまで出向いたのだった。トゥオンさんはその日、友人との東京観光から帰宅したばかりだった。

そこは佐賀駅から歩ける距離ではなく、駅からタクシーに乗った。夏の日の夜7時半過ぎ。まだそこまで遅い時間ではないけれど、周辺にはあまり光がない。タクシーの窓から外をのぞいていくと、あたりに広がる畑が目に入ってきた。民家とコンビニエンスストアの明かりが見える以外は、静かな場所だった。時折見える家の灯りがあたたかく感じられる。

トゥオンさんの寮というのは、彼女の職場である工場の隣に建てられた低層のアパートだった。道路沿いに建てられたそのアパートの近くには商店は夜になると閉まってしまうようで、少し先にセブン-イレブンの蛍光灯の光が灯台のように周囲を照らしているのが見えるだけだった。地元出身だというタクシーの運転手さんは、「このあたりではタクシーは拾えないから、駅に戻るときは電話で呼んでもらうほかないですね」と話す。確かに時折、自家用車が通り過ぎるだけで、タクシーの姿は見えない。

アパートと道を挟んだ反対側でタクシーを降りた。すぐに寮の前の道に立っていたトゥオンさんが見えた。黒く長くまっすぐに伸びた髪を後ろで一つに結んで、体を柔らかに包む木綿の部屋着を着ていた。トゥオンさんは私に気が付くと、東京から帰ったばかりで疲れているはずなのに、笑顔でひらひらと手を振った。車が途切れるのを待ってから、トゥオンさんは小走りに私のいるほうへと道を渡ってきてくれた。

私たちは通りに面した小道に置かれたバス停のベンチに腰を下ろした。すぐわきには丈の高い夏草の生えた原っぱがある。ベンチにすわると湿った草の匂いが少しだけした。8月の佐賀は、昼間は日差しが強く暑かったものの、夜になると暑さが和らぎ、だいぶ過ごしやすくなっていた。

「東京はどうでしたか」と聞くと、彼女は「楽しかった」と、満面の笑みを見せた。

## 月収の30倍を払って来日

26歳の彼女は2015年に来日し、海苔などの乾物を生産する会社で働いていた。海苔は佐賀県の特産品だが、労働者の確保のために技能実習生は欠かせない存在になっている。地場の名産品を作っているのは技能実習生なのだ。

「どうして日本に来ることを決めたんですか?」

あの夜、バス停のベンチに座り、トゥオンさんのほうを向きながら、私はこう尋ねた。

「もっとたくさん給料がほしかったです。それに日本語を勉強すれば、ベトナムに帰国した後、もっと良い仕事につけると思いました」

彼女は、はっきりと答えた。

トゥオンさんは4人兄弟の末っ子として、ベトナム北中部のハティン省に生まれた。両親は海藻など乾物の販売をして生計を立て、子どもたちを育てあげた。一番の上の兄は高校を出た後、オーストラリアに働きに行った。ベトナムでは海外への移住労働の広がりの中で、世帯内で複数の人が海外に働きに行く例がある。トゥオンさんの家族もまた、子ども2人が外国に出稼ぎに出たのだ。

トゥオンさん自身は高校を出た後、短大で3年間、会計について勉強をし、卒業後はハノイ市にある企業で会計の仕事をしていた。この企業では2年間働いた。月給は400万ドン。日本円では2万円程度だ。そうして働いていたとき、姉の夫から日本に技能実習生を送り出している送り出し機関の職員を紹介された。今ベトナムでは海外への移住労働は大きなブームとなっている。特に海外就労を仲介する送り出し機関が積極的に事業活動を行っている。こうした中、トゥオンさんは日本行きを決めた。

「日本に技能実習生としていくことは私が自分で決めたんです。両親も同意してくれたし。両親は私を信頼してくれています。大人だから、自分で決めたんです」

トゥオンさんは、紹介されたホーチミン市にある送り出し機関を通じて来日することを決め、渡航前費用として5000米ドル（約60万円）を支払っている。月給2万円ほどだったトゥオンさんはこの資金を出すことはできず、両親が全額を捻出した。この際、乾物の取り引きを手掛けていた両親は、5000米ドルの費用を借金せずに工面できたという。多くの技能実習生が渡航前費用の支払いのために借金をしている中で、トゥオンさんは例外的に借金なしで来日したのだ。とはいえ、5000米ドルの費用は彼女の来日前の給与2万円の30倍にもなる額だ。両親はどんな気持ちでこれだけのお金を払ったのだろうか。

トゥオンさんは来日後、佐賀市内の企業で海苔の検品作業の仕事に就いた。勤務先には、トゥオンさんと同じ技能実習生のベトナム人女性数人が働いている。他は50～60代の日本人の50代以上の女性が中心だという。この職場は、技能実習生の20代のベトナム人女性と日本人の中年女性が主力となって、地場産業を支えていた。

技能実習生の就業時間は変則的だ。仕事は午後1時にスタートし、午後10時まで。この合間、午後4時半から5時半までが夕ご飯の時間となっている。ただし、繁忙期は前倒しで正午に仕事を開始することもある。特に忙しい時期は午前9時に仕事を始め、終わるのは午後10時という日もあった。休みは月に5日程度。日曜は必ず休みになるものの、土曜日は出勤することが少なくない。

賃金からは家賃・水道・電気代として計２万５０００円が引かれ、手取りは10～11万円。ここから生活費を出す。基本的に外食はせずにすべて自炊をしていて、食費は月に1万円にとどめている。それに化粧品などそのほかの費用に月1万円を使い、生活費は月２万円程度に抑えている。そして生活費以外のお金はすべてベトナムに暮らす両親に送金する。寮も共同生活だ。会社の工場の隣に建てられているアパートの２ＬＤＫの部屋にほかのベトナム人技能実習生と計６人で暮らしている。個室はなく、小さい部屋を２人、それよりも大きめの部屋を４人で使い、同じ職場で働く仲間と文字通り寝食を共にしている。

あの日は、ほかの技能実習生との共同生活をし、生活費を切り詰めながら生活をする中で、やっとのことでためたお金を使っての東京行きだったのだ。

## 前を向いて働き続ける強さ

「会社の人はみな優しい。関係は普通だと思う」

トゥオンさんはこう話す。

彼女は手取り10万円程度で働いており、月に5日だけの休みに変則的な勤務時間。住まいもほかの技能実習生と一緒で、共同生活。２ＬＤＫの部屋には台所と風呂、トイレがついているが、これを６人の女性みなで共同で使用する。しかし、彼女はこの状況を受け入れながら、働いている。

「仕事は不規則だけれど大変ですか？　大丈夫ですか？」

「大丈夫です。佐賀はいいところなんです。みんな優しいんです」

トゥオンさんはそれまでと同じようににこにことした表情を変えずに、こう話した。

彼女が受け入れ企業で親切にされていることにほっとする思いがした。けれど、それでもなお、渡航前費用の高さや処遇のことを考えると、複雑な思いがぬぐえなかった。しかし、同時に自分が置かれた状況の中で、前を向いて働き続ける彼女の強さに打たれる思いがした。

静かな空間の中、そこだけが別の場所のように煌々とした蛍光灯の光がまぶしいコンビニエンスストアの駐車場で、タクシーが来るのを待つ間、トゥオンさんは帰らずに私と一緒にいてくれた。「夜遅いし、疲れただろうから、帰ったほうがいいよね。遅くまでごめんなさい」と言ってはみたけれど、トゥオンさんはそのまま私のそばにいてくれた。真っ黒い車体のタクシーがすっと駐車場に入ってきたが、彼女と別れがたかった。私はただ彼女の話を聞かせてもらっただけで、結局は私は何もできずにいただけだった。タクシーが駐車場を出ると、寮に向かって歩いているトゥオンさんはこちらをみながらふわりとした動作で手を振った。私も手を振りつつ、視界から消えるまで彼女から目が離せなかった。

## 普通の若者たちの貴重な20代

２０１８年の春、トゥオンさんは3年の日本での就労を終えて、帰国した。23歳で来日した佐賀市にやってきたトゥオンさんはこの町で仕事をし、「かけはし」にも通い、友達もできた。日本語の勉強も続け、帰国前にＮ２にも合格してしまった。

けれど技能実習生は、たとえどれほど日本語ができても、どれほど真面目に働いても、必ず帰国しなければならない。技能実習生とやり取りをしていると、必ず帰国という場面に直面する。そうやってトゥオンさんもまた、期限がきたことで、佐賀からいなくなった。

同じ日本という国にいながらも、技能実習生については、彼ら彼女らの日常の暮らしや仕事についてはよく知られていない。企業側の違反行為や暴力、セクハラなどの問題に直面した技能実習生が労働組合やＮＰ

Oなど支援者のもとに駆け込んでから初めて、私たちは技能実習生を取り巻く様々な課題を認識する。言葉の問題や情報の不足から、外部に相談すること自体が本来は難しい。30万人近くの技能実習生の大半はなにかあっても外部にはなかなか相談できない。そして、誰にも注目されることなく、あらかじめ決まった期間だけを日本で働き、期限がくれば帰国していく。

技能実習制度は「国際貢献」の建前の下で、アジア諸国の労働者を受け入れる一つのチャンネルになっている。しかし、何度も書いたように、技能実習生は職場を変えられず、転職の自由がない。家族を呼びよせることもできず、期限が終われば必ず帰国することが求められる。

技能実習生は本来、自分の身一つで国境を越えて外国で働こうという、主体的な存在であったはずだ。自分で自分の人生を切り開く人たちのはずだ。この本で私が書いた技能実習生はそれぞれ困難にぶつかりながらも、状況を改善するための戦いをやめることはなかった。

本書では書けなかったが、技能実習生も恋愛をしたり、友人との交流を楽しんだりすることもある。技能実習生同士で交際し、帰国後に結婚に至ることもあり、元技能実習生のカップルに何度か出会った。夫婦で技能実習生として来日し、共に日本で働きながら、休日にパートナーとの時間を作る技能実習生もいる。みな普通の若者だ。

しかし、制度上の制約ゆえに、技能実習生は帰国を前提にしてしか日本で働けない。同時に、仕事を変える自由を奪われ、交渉力の弱い労働者となる。制度が技能実習生の力を削ぐのだ。技能実習制度は国籍、民族にもとづいて、借金漬けの労働者を日本の労働部門に送り込んだ上で、結果的に諸権利の制限された労働者として扱い、技能実習生の受け入れ企業と監理団体に対する力を弱めてしまう。

２０１８年８月。ハノイ市の新興開発地区のロンビエン区で私はトゥオンさんに再会した。日本での技能実習生として就労期間を終えて帰国した彼女は結婚をし、新たな暮らしを始めていた。ロングヘアをおろし、淡い色のワンピースを身に着けた彼女は以前より大人っぽくなっていた。

2人でショッピングモールの中を歩いていると、トゥオンさんは前回と変わらないきれいな日本語を話した。帰国したばかりで、仕事を探している段階だというが、チャンスがあれば、ベトナムで事業展開する日系企業で働きたいという彼女。けれど、希望するのは技能実習の職種以外だという。

遠く離れたベトナムでも、トゥオンさんは日本を忘れていない。

彼女は20代の貴重な3年間を日本での技能実習に費やした。

そこで何を経験し、何を得たのか。

そして、日本は果たして、彼女たちの頑張りに報いることができたのだろうか。

## 技能実習制度の構造的問題

技能実習制度はその構造から、技能実習生を結果的に入れ替え可能な、交渉力の弱い労働者としてしまう。国籍や民族により労働者を選別し、その人たちの諸権利を制限し、結果的に搾取や差別にさらすという状況を常態化させてしまっている。これは、日本社会におけるモラルハザード（倫理観の欠如）ではないだろうか。そして、既存の問題をそのままに、外国人を労働力としてだけみて受け入れ、期限がくれば帰ってもらう現行の制度のままでは、さらにモラルハザードが進むだろう。

企業にとって人、もの、金は事業に欠かせないもので、それを確保できなければ会社は倒産する。しかし技能実習制度はある意味で、経営資源のない会社の延命措置になっているのではないだろうか。企業努力をして人、もの、金を確保するというのが通常のあり方だろうが、技能実習生受け入れ企業はそれが一定期間、免除されることになる。

もし制度が変わり、技能実習生も職場移転の自由が保障されれば、技能実習生は良い会社に集まることになり、人を集められない会社はつぶれるなど、企業の淘汰が起きる可能性がある。地域の経済政策や産業政策を講じながら、企業が賃上げするなどして従業員の処遇改善をはかり、適切な雇用ができるようにしなければ、経営力も落ち、企業の力も削がれるのではないだろうか。

制度が諸権利の制限された労働者を生み出し、技能実習生の搾取を招いているのであれば、制度を変え、転職や転居の自由を認めながら、技能実習生ではなく、正面から労働者として受け入れ、その上で彼ら彼女らを労働力ではなく人間としてとらえ、定住政策を講じる必要がある。都合のよい労働力としてのみ、使い捨てることはできない。それが移住労働者を社会が受け入れるということなのだ。

## 謝辞

本書では、私が出会った技能実習生一人ひとりに起きた個別の出来事を伝えることを重視した。技能実習生というのは記号でもなんでもなく、私たちと変わらない一人の人間であり、技能実習制度そのものに埋め込まれた搾取や差別により、その人たちの人生が時に、揺さぶられていることを伝えたかったからだ。技能実習生が直面した困難は制度により構築された構造的な問題に起因すると言える。それぞれの技能実習生が直面した問題について、ベトナムという送り出し地と日本という受け入れ地の歴史、社会、政治、経済、文化などを踏まえた上で、技能実習制度とそれを取り巻く様々なファクターの中でなぜ技能実習生への搾取と人権侵害が起こるのかをつかむ必要がある。

本書はこうした技能実習生を取り巻く状況の中で、２０１６年４月からYahoo！ニュースに寄稿した記事をもとに大幅に加筆修正したものだ。できるだけ多くの方にベトナム人技能実習生の実情を伝えたいと聞き取りをし、少しずつ書き続けてきたものが一冊の本になり、うれしく思う。無名の私に書く場を与えてくださったYahoo!ニュース編集部の竹野雅人さん、丁寧なメールでわざわざご連絡をくださった花伝社の平田勝社長、煩雑な編集作業を担当してくださった編集者の山口侑紀さんに心からお礼を言いたい。

私の記事を読み監理団体や受け入れ企業の関係者の方から連絡をもらい、お話を聞いたこともあった。そさったの中で、監理団体や受け入れ企業の関係者の方の中に、現在の技能実習生制度のあり方を疑問視する人や技能実習生の就労・生活状況を心配する人がいることも分かってきた。同時に、監理団体や受け入れ企業といった技能実習生と最も近いところにいる人が「技能実習生を大事にしたい」と話すのを聞くと、立場の違いはあるものの、ほっとすることさえあった。こうした関係者の方とのやり取りの中では、それぞれの方が技能実習制度の矛盾や現在進行形で起きている技能実習生への搾取や人権侵害を直視するとともに、なんとかしたいと考えていることも理解できた。現場にいて、日々技能実習生と顔を合わせることから、技能実習生の置かれた状況を看過できないと思う人が出てきていることを、改めて感じている。

最後になったが、貴重な時間を割き私の聞き取りに協力してくださった労働組合の関係者や法律家の方、ボランティア日本語教室の関係者など、技能実習生の支援者の皆さんにお礼を言いたい。お世話になった方がとても多いため一人ひとりお名前をあげられないが、支援者の方にお話を聞く中で、日本社会に技能実習生を草の根で支援し、技能実習生の暮らしを足元から支えている方がたくさんいることが分かったことは、一つの希望として感じられた。同時に、支援者の方の中には無償で支援に取り組んだり、時に、夜遅くや休日にも支援活動を行う方もいて、頭の下がる思いがした。支援者の皆さんの取り組みが、孤立しがちな技能実習生を支えている。

そして、私に、自らの移住労働者の経験を丁寧かつ詳細に語ってくださったベトナムの人たちに心から感謝の気持ちを伝えたい。ありがとうございます。
Cảm ơn rất nhiều.

２０１９年1月20日、ケベックにて、巣内尚子

| | |
|---|---|
| 織布運転●△ | 準備工程 |
| | 製織工程 |
| | 仕上工程 |
| 染色 | 糸浸染 |
| | 織物・ニット浸染 |
| ニット製品製造 | 靴下製造 |
| | 丸編みニット製造 |
| たて編ニット生地製造● | たて編ニット生地製造 |
| 婦人子供服製造 | 婦人子供既製服縫製 |
| 紳士服製造 | 紳士既製服製造 |
| 下着類製造● | 下着類製造 |
| 寝具製作 | 寝具製作 |
| カーペット製造●△ | 織じゅうたん製造 |
| | タフテッドカーペット製造 |
| | ニードルパンチカーペット製造 |
| 帆布製品製造 | 帆布製品製造 |
| 布はく縫製 | ワイシャツ製造 |
| 座席シート縫製● | 自動車シート縫製 |

**6　機械・金属関係（15職種29作業）**

| 職種名 | 作業名 |
|---|---|
| 鋳造 | 鋳鉄鋳物鋳造 |
| | 非鉄金属鋳物鋳造 |
| 鍛造 | ハンマ型鍛造 |
| | プレス型鍛造 |
| ダイカスト | ホットチャンバダイカスト |
| | コールドチャンバダイカスト |
| 機械加工 | 普通旋盤 |
| | フライス盤 |
| | 数値制御旋盤 |
| | マシニングセンタ |
| 金属プレス加工 | 金属プレス |
| 鉄工 | 構造物鉄工 |
| 工場板金 | 機械板金 |
| めっき | 電気めっき |
| | 溶融亜鉛めっき |
| アルミニウム陽極酸化処理 | 陽極酸化処理 |
| 仕上げ | 治工具仕上げ |
| | 金型仕上げ |
| | 機械組立仕上げ |
| 機械検査 | 機械検査 |
| 機械保全 | 機械系保全 |
| 電子機器組立て | 電子機器組立て |
| 電気機器組立て | 回転電機組立て |
| | 変圧器組立て |
| | 配電盤・制御盤組立て |
| | 開閉制御器具組立て |
| | 回転電機巻線製作 |
| プリント配線板製造 | プリント配線板設計 |
| | プリント配線板製造 |

**7　その他（14職種26作業）**

| 職種名 | 作業名 |
|---|---|
| 家具製作 | 家具手加工 |
| 印刷 | オフセット印刷 |
| 製本 | 製本 |
| プラスチック成形 | 圧縮成形 |
| | 射出成形 |
| | インフレーション成形 |
| | ブロー成形 |
| 強化プラスチック成形 | 手積み積層成形 |
| 塗装 | 建築塗装 |
| | 金属塗装 |
| | 鋼橋塗装 |
| | 噴霧塗装 |
| 溶接● | 手溶接 |
| | 半自動溶接 |
| 工業包装 | 工業包装 |
| 紙器・段ボール箱製造 | 印刷箱打抜き |
| | 印刷箱製箱 |
| | 貼箱製造 |
| | 段ボール箱製造 |
| 陶磁器工業製品製造● | 機械ろくろ成形 |
| | 圧力鋳込み成形 |
| | パッド印刷 |
| 自動車整備● | 自動車整備 |
| ビルクリーニング△ | ビルクリーニング |
| 介護● | 介護 |
| リネンサプライ●△ | リネンサプライ仕上げ |

**○社内検定型の職種・作業（1職種3作業）**

| 職種名 | 作業名 |
|---|---|
| 空港グランドハンドリング● | 航空機地上支援 |
| | 航空貨物取扱 |
| | 客室清掃△ |

（注１）●の職種：「技能実習評価試験の整備等に関する専門家会議」による確認の上、人材開発統括官が認定した職種　（注２）△の職種・作業は２号まで実習可能。
出典：https://www.mhlw.go.jp/content/000465403.pdf

# 技能実習制度移行対象職種・作業一覧

（平成30年12月28日時点80職種144作業）

| 1　農業関係（2職種6作業） | |
|---|---|
| 職種名 | 作業名 |
| 耕種農業● | 施設園芸 |
| | 畑作・野菜 |
| | 果樹 |
| 畜産農業● | 養豚 |
| | 養鶏 |
| | 酪農 |

| 2　漁業関係（2職種9作業） | |
|---|---|
| 職種名 | 作業名 |
| 漁船漁業● | かつお一本釣り漁業 |
| | 延縄漁業 |
| | いか釣り漁業 |
| | まき網漁業 |
| | ひき網漁業 |
| | 刺し網漁業 |
| | 定置網漁業 |
| | かに・えびかご漁業 |
| 養殖業● | ほたてがい・まがき養殖 |

| 3　建設関係（22職種33作業） | |
|---|---|
| 職種名 | 作業名 |
| さく井 | パーカッション式さく井工事 |
| | ロータリー式さく井工事 |
| 建築板金 | ダクト板金 |
| | 内外装板金△ |
| 冷凍空気調和機器施工 | 冷凍空気調和機器施工 |
| 建具製作 | 木製建具手加工 |
| 建築大工 | 大工工事 |
| 型枠施工 | 型枠工事 |
| 鉄筋施工 | 鉄筋組立て |
| とび | とび |
| 石材施工 | 石材加工 |
| | 石張り |
| タイル張り | タイル張り |
| かわらぶき | かわらぶき |
| 左官 | 左官 |
| 配管 | 建築配管 |
| | プラント配管 |
| 熱絶縁施工 | 保温保冷工事 |
| 内装仕上げ施工 | プラスチック系床仕上げ工事 |
| | カーペット系床仕上げ工事 |
| | 鋼製下地工事 |
| | ボード仕上げ工事 |
| | カーテン工事 |
| サッシ施工 | ビル用サッシ施工 |
| 防水施工 | シーリング防水工事 |
| コンクリート圧送施工 | コンクリート圧送工事 |
| ウェルポイント施工 | ウェルポイント工事 |
| 表装 | 壁装 |
| 建設機械施工● | 押土・整地 |
| | 積込み |
| | 掘削 |
| | 締固め |
| 築炉△ | 築炉 |

| 4　食品製造関係（11職種16作業） | |
|---|---|
| 職種名 | 作業名 |
| 缶詰巻締● | 缶詰巻締 |
| 食鳥処理加工業● | 食鳥処理加工 |
| 加熱性水産加工食品製造業● | 節類製造 |
| | 加熱乾製品製造 |
| | 調味加工品製造 |
| | くん製品製造 |
| 非加熱性水産加工食品製造業● | 塩蔵品製造 |
| | 乾製品製造 |
| | 発酵食品製造 |
| 水産練り製品製造 | かまぼこ製品製造 |
| 牛豚食肉処理加工業● | 牛豚部分肉製造 |
| ハム・ソーセージ・ベーコン製造 | ハム・ソーセージ・ベーコン製造 |
| パン製造 | パン製造 |
| そう菜製造業●△ | そう菜加工 |
| 農産物漬物製造業●△ | 農産物漬物製造 |
| 医療・福祉施設給食製造●△ | 医療・福祉施設給食製造 |

| 5　繊維・衣服関係（13職種22作業） | |
|---|---|
| 職種名 | 作業名 |
| 紡績運転●△ | 前紡工程 |
| | 精紡工程 |
| | 巻糸工程 |
| | 合ねん糸工程 |

巣内尚子（すない・なおこ）
1981年生まれ。フリージャーナリスト。現在はカナダ・ケベック州のラバル大学博士課程に在籍。研究分野は国際社会学と移住現象のジェンダー分析。東京学芸大学卒業後、日本で就労。その後、フランス滞在を経てインドネシア、フィリピン、ベトナム、日本で記者、ライターとして働く。2015～2016年、ベトナム社会科学院・家族ジェンダー研究所（IFGS）客員研究員、2017年、一橋大学大学院社会学研究科修士課程修了（社会学修士）。修士論文「移行経済下の国際移住労働と女性の経験――2000年代におけるベトナム人女性移住家事労働者の体験から」

本文写真：特筆のないかぎり著者撮影
159頁写真：「東京都港区港南5丁目にある東京入国管理局」by User:Kentin (commons.wikimedia.org) under a Attribution-ShareAlike 3.0 Unported (CC BY-SA 3.0)
Full terms at https://creativecommons.org/licenses/by-sa/3.0/deed.en

カバー写真
表右上：工場で勤務するベトナム人の技能実習生（毎日新聞社）
表中央右・裏右上：Developing garment industry in Vietnam by UNIDO (https://www.flickr.com/photos/unido /18415923985/、https://www.flickr.com/photos/unido/18415922485/) under a Attribution-NoDerivs 2.0 Generic (CC BY-ND 2.0)
Full terms at https://creativecommons.org/licenses/by-nd/2.0/
※本文中に登場する人物・会社・組織等とは一切関係がありません。

**奴隷労働――ベトナム人技能実習生の実態**

2019年3月20日　初版第1刷発行
2020年6月25日　初版第3刷発行

著者――――巣内尚子
発行者 ―――平田　勝
発行――――花伝社
発売――――共栄書房
〒101-0065　東京都千代田区西神田2-5-11 出版輸送ビル2F
電話　03-3263-3813
FAX　03-3239-8272
E-mail　info@kadensha.net
URL　http://www.kadensha.net
振替　00140-6-59661
装幀――――生沼伸子
印刷・製本――中央精版印刷株式会社


ISBN978-4-7634-0880-8　C0036

# マッドジャーマンズ

## ドイツ移民物語

ビルギット・ヴァイエ　著
山口侑紀　訳

定価（本体 1800 円＋税）

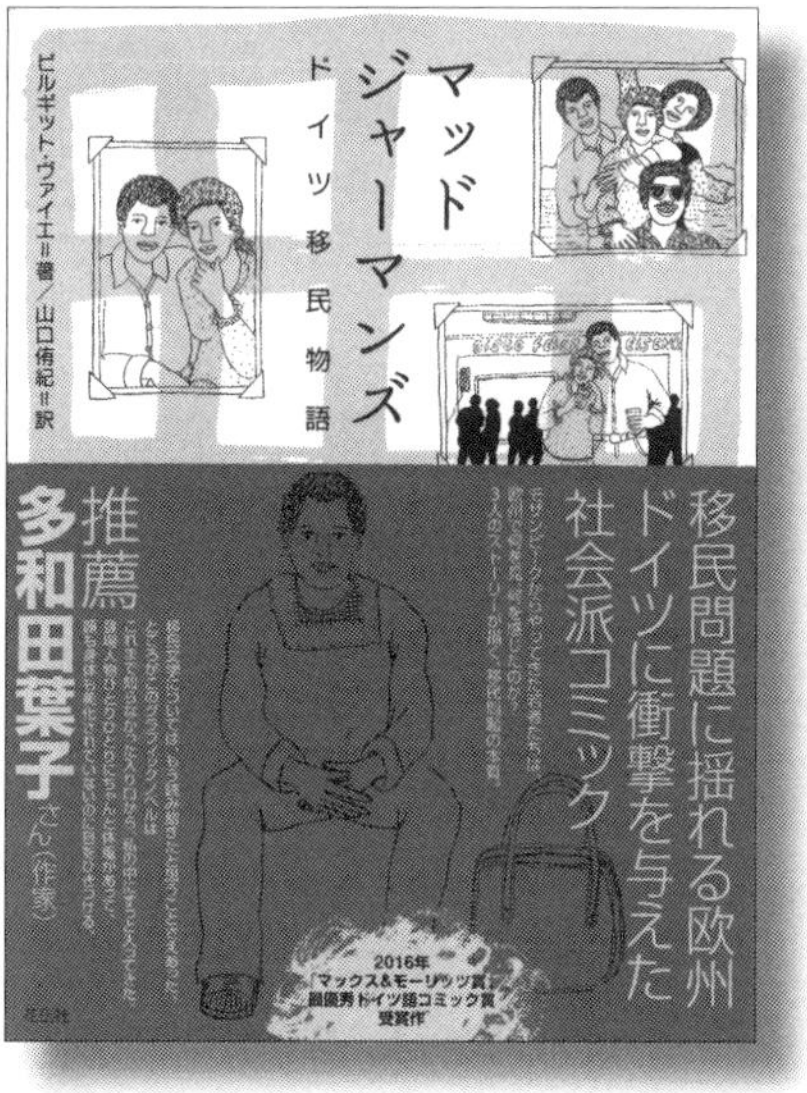


**移民問題に揺れる欧州**
ドイツに衝撃を与えた社会派コミック。モザンビークからやってきた若者たちは、欧州で何を見、何を感じたのか？
3人のストーリーが描く、移民問題の本質。
推薦　多和田葉子さん（作家）